Sociology and Social Systems

社会学と
社会システム

山西裕美・玉里恵美子　編著

学 文 社

執筆者

＊山西　裕美　熊本学園大学（第1・4・8・13-1章）

関水　徹平　明治学院大学（第2・5章）

野田　陽子　淑徳大学（第3章）

藤本　延啓　熊本学園大学（第6章）

＊玉里恵美子　高知大学（第7・11・13-2, 3・14章）

田並　尚恵　川崎医療福祉大学（第9章）

下山　昭夫　淑徳大学（第10章）

鈴木　未来　弘前大学（第12章）

杉本　　学　熊本学園大学（第15章）

（執筆順・＊は編者）

はしがき

2019（令和元）年度の厚生労働省による教育内容等の見直しにより，社会福祉士養成課程科目「社会理論と社会システム」は「社会学と社会システム」になった。そして，今回のカリキュラム改訂で目指された養成カリキュラム内容の充実の一つとして，従来の複数科目から１科目を履修することとしていた科目群の必修化が図られ，「社会学と社会システム」も，必修科目となった。このような改訂の背景には，社会福祉士の仕事には，少子高齢化の進展など，社会経済状況の変化によるニーズの多様化・複雑化を理解したうえでの課題解決や，複合化・複雑化した個人や世帯へも対応できる実践力がより求められるようになったことがある。

これを受け，「社会学と社会システム」の教育内容も，変化がいちじるしい現代社会の特性や，さまざまな分野で進行する多様化，複雑化といった社会現象に，より焦点が当てられる改訂内容となっている。そのため，改訂以前からある社会システム，社会変動，地域，人口，家族といった内容に加え，今回の改訂ではグローバリゼーション，環境，社会政策，災害，健康，労働など，産業発達や経済のグローバル化によってもたらされた新たな社会的課題が取り上げられている。今日の社会福祉現場における利用者ニーズの多様化，その背景にある社会変化の速さと複雑化など，「社会学と社会システム」は，社会福祉士養成課程科目の中でも人間と社会及びその関係性を理解する科目として重要性が高まっているといえるだろう。

「社会学と社会システム」は，社会福祉分野の他の実践的科目と異なり，科目の対象である現代社会自体が大きくまた抽象的で捉え難く，皆さんにとってハードルの高い科目かもしれない。しかし，本書はこれまでも大学などで社会学を担当し，社会福祉士養成課程の内容を理解している方々に執筆をお願いしている。社会福祉士の国家資格取得を目指す皆さんが利用しやすいよう，これまでの授業体験からも図表などを用いてわかりやすく解説し，欄外にはポイントとなる用語の説明欄を設けてある。各章もできるだけ簡潔にページ数を少なくし，社会福祉の仕事に必要な最低限の事項を理解できるように組んでいる。

基礎教養科目として現代社会の理解のために，また社会福祉士国家試験対策として学ぶためなど，皆さんの用途に応じて，是非本書をご活用いただければ幸いである。

2021年３月

編著者　山西　裕美
玉里恵美子

目　次

はしがき ………………………………………………………………………………… i

第1章　社会学の歴史と対象 ——————————————————— 1

1　社会学の視点—社会と個人との関係を捉える ……………………………… 2
2　社会学の成立と発展 ……………………………………………………………… 2
(1) 社会学の創成期—近代社会の成立　2／(2) 第二期の社会学—社会学の確立期　3／(3) 第三期の社会学—第二次世界大戦後の社会学　5／(4) 第四期以降の社会学—1980 年代以降　6

第2章　社会システム ——————————————————— 11

1　社会システムとは ………………………………………………………………… 12
(1) 社会システムの考え方　12／(2) 文化と規範　14
2　社会システムの捉え方 …………………………………………………………… 17
(1) 産業と職業　17／(2) 社会階級と社会階層　18／(3) 社会指標　21

第3章　組織と集団 ——————————————————— 25

1　社会集団とは何か ………………………………………………………………… 26
2　社会集団の類型化 ………………………………………………………………… 27
(1) 集団の成立原理に着目した類型化　27／(2) 集団の境界もしくは構造化に着目した類型化　28
3　社会集団の維持・存続 …………………………………………………………… 29
4　社会組織－その合理性と非合理性 ……………………………………………… 30
(1) 集団的諸過程の統一としての社会組織　30／(2) 合理的組織としての官僚制　31／(3) 合理的組織の非合理的側面—官僚制の逆機能　31
5　学校・病院・施設 ………………………………………………………………… 33
(1) 機能集団としての学校・病院・施設の特殊性　33／(2) 全制的施設　33

第4章　現代社会の人口問題 ——————————————————— 37

1　日本の人口問題 …………………………………………………………………… 38
2　人口学の基本概念 ………………………………………………………………… 39
3　人口転換と社会 …………………………………………………………………… 42
4　日本社会の少子高齢化 …………………………………………………………… 44

第5章　社会変動とグローバリゼーション ——————————————————— 51

1　社会変動と現代社会 ……………………………………………………………… 52
(1) 社会変動の概念　52／(2) 近代化という社会変動　52
2　グローバル化する社会 …………………………………………………………… 56
(1) 国境を越える人・モノ・資本・情報の移動　56／(2) 移民，エスニシティ，多文化，国籍　57／(3) グローバルエイジング　61

第 6 章　環境破壊と災害・復興 —— 65

1　現代における環境問題 …… 66
(1)“おとな”への警鐘　66 ／ (2) 気候変動とリスク　66 ／ (3) 気候変動に対応するしくみ　67 ／ (4) 生物多様性　67 ／ (5) 循環型社会と 3R　68 ／ (6) 海洋プラスチック問題　69 ／ (7)「持続可能な開発」と SDGs　69
2　いかに環境問題を論ずるか …… 70
(1) 現代日本社会における環境問題の論点　70 ／ (2) 分析枠組みとしての「受益圏－受苦圏論」「社会的ジレンマ論」　71
3　災害対応 …… 72
(1) 頻発する多様な災害　72 ／ (2) フェーズと自助・共助・公助　72 ／ (3)「災害弱者」への配慮　73 ／ (4) 災害支援ボランティア　74 ／ (5)「復興」―見えることと見えないこと―　74

第 7 章　地域社会 —— 77

1　地域とコミュニティ …… 78
(1) 地域と地域社会　78 ／ (2) コミュニティ　78
2　都市化と地域社会 …… 79
3　過疎化と限界集落 …… 81
4　地域の「絆」への期待 …… 82

第 8 章　家族とジェンダー —— 85

1　家族について …… 86
(1) 家族の概念　86 ／ (2) 家族と世帯　86 ／ (3) 家族の分類　87
2　家族の変容 …… 89
(1) 家族機能の変化　89 ／ (2) 家族形態の変化　90 ／ (3) 未婚化の進行　91
3　家族と男女共同参画 …… 92
4　家族問題 …… 93
(1) ひとり親家庭の子育て　93 ／ (2) 介護と 8050 問題　94 ／ (3) 家庭内の暴力　95

第 9 章　社会的格差 —— 99

1　所得格差 …… 100
(1) 生活の豊かさと所得格差　100 ／ (2) 雇用格差　103 ／ (3) ジェンダーによる格差　105
2　教育格差 …… 107
(1) 社会的地位の配分原理　107 ／ (2) 教育機会の拡大と高度化がもたらす帰結　107 ／ (3) 学歴をめぐる議論―技術機能主義と葛藤理論　108 ／ (4) 学歴の階層間格差　109
3　健康格差 …… 110
(1) 健康に関する社会学的研究と疫学研究　110 ／ (2) イギリスにおける健康格差研究　110 ／ (3) 社会疫学の知見にみる日本の健康格差　111

第 10 章　社会政策と社会問題 —— 113

1　福祉国家と福祉社会 …… 114
(1) 福祉国家の基本構造　114 ／ (2) 福祉国家への批判そして転換　116 ／ (3)「福祉社会」の創造　118

2　社会運動 …… 119
(1) 社会運動へのアプローチ　119 ／ (2) 社会運動の展開と意義　120
3　公共空間 …… 121
(1) 公共空間の捉え方　121 ／ (2)「サードプレイス」からのアプローチ　122 ／ (3) 福祉社会における公共空間　123

第 11 章　社会的排除と差別 —— 127

1　社会的排除 …… 128
(1) 社会的排除とは何か　128
2　逸脱とラベリング理論 …… 129
3　マイノリティとの共存 …… 130
(1) 国際結婚　130 ／ (2) セクシャル・マイノリティ　130
4　社会的孤立 …… 132
(1) 高齢者の社会的孤立　132 ／ (2) 子どもの社会的孤立　133
5　社会的つながりの再生 …… 133
(1) 貧困と格差　133 ／ (2) 社会的つながりの「場」　134

第 12 章　健康と労働 —— 137

1　健　康 …… 138
(1) 心身の障害，慢性疾患　138 ／ (2) 治療と仕事の両立　139 ／ (3) 依存症と自殺　140
2　ある職場（社会福祉事業所）での出来事 …… 141
3　労　働 …… 142
(1) ワークライフバランス　143 ／ (2) 女性の活躍推進　145 ／ (3) 正規雇用，非正規雇用　146 ／ (4) 失業と過労死　148

第 13 章　ライフコースと世代 —— 151

1　ライフコースと世代 …… 152
(1) 世代と時代　152 ／ (2) ライフステージとライフコース　153
2　個人化 …… 155
(1) 家族の個人化　155 ／ (2) 晩婚化，未婚化，生涯未婚　155
3　世代間交流 …… 156
(1) 無縁社会　156 ／ (2) 世代間交流とソーシャル・キャピタル　157

第 14 章　自己と他者 —— 161

1　社会と個人 …… 162
(1) 社会形成と個人形成　162 ／ (2) 他者あっての自己　162 ／ (3) 役割期待・役割遂行・役割葛藤　163
2　社会化としつけ …… 164
(1) 自己と主我の関係　164 ／ (2) しつけ　165
3　アイデンティティの確立と生涯発達論 …… 165
(1) アイデンティティの確立　165 ／ (2) 生涯発達論　166 ／ (3) 老年期の発達課題　166

第 15 章　相互行為 —— 169

1　相互行為の概念と基礎理論 …… 170

(1) 相互行為論の源流―ジンメルの形式社会学　170／(2) 相互行為の不確実性　171／
(3) 社会を作り合う相互行為　172
2　コミュニケーションとメディア……175
(1) コミュニケーション的行為　175／(2) コミュニケーション・メディアの発展　176／
(3) 個人間コミュニケーションの変容　177
3　現代における社会関係の諸相……178

人名索引……181
事項索引……182

第1章

社会学の歴史と対象

1　社会学の視点―社会と個人との関係を捉える

社会学（sociology）は政治学や経済学など他の社会科学（social science）同様，社会現象の解明を行う一分野として位置づけられる。特に社会学は，社会現象の分析において，個人と社会との繋がりをさまざまな仕組みから分析していくことにより明らかにしていくといえる。

皆さんが社会福祉の領域で対象とする個々人は，それぞれ家族や近隣，職業集団など諸種の集団の中で，つまり社会で暮らしている。さらに，本人は意識していなくても住む国の産業や人口の構成，政策，さらに国際政治の影響や，人や物が国境を越えて行きかうグローバリズムの影響も受けている。このように社会学では，人間が社会を形成し動かす一方で，個人は社会から影響も受けている，つまり個人は生きて行くうえで社会との関係が不可欠であり，人間を社会的存在として捉えていく。

社会的存在
人間は家族という社会集団に生まれ，その後も地域社会や，遊び仲間，学校，職場などの社会集団と一緒に過ごし，関りを持っていく。人間は社会から影響を受ける社会的存在でありかつ社会を形成していく存在でもある。

社会のいろいろな構成要素の相互作用の中で，人びとの暮らしや労働，人間関係などが成り立っている。そう考えると，目の前のクライエントのかかえる個々の問題には，その背景に複雑に絡まり合った社会の構成要素の影響があり，クライエントの課題を解決するためにはまず原因となっている社会の仕組みを読み解いていく力が必要である。

社会学とは，人間の社会生活について，その因果関係や法則性を見つけ出し，客観的に解明しようと試みる学問である。そして社会の変化に対する解釈の仕方を多様な視点から試みることによって，社会の仕組み，社会システムを捉え，社会の現状を分析しその課題の解決方法を見つけ出そうとする分野であるといえる。

2　社会学の成立と発展

(1) 社会学の創成期―近代社会の成立

社会学の創成期となった19世紀は，産業社会の発展と民主主義社会の実現という近代社会の成立時期である。それまでの前近代的社会とは生産手段も異なり工業化され，身分制社会も終焉を告げる新しい社会の幕開けの時期でもあった。創成期の社会学はこの新しい時代をどう捉えるかという課題に対するものであった。

オーギュスト・コント
フランスの実証主義哲学者。社会学の言葉を作った社会学の祖と言われる。社会の発展について神学的段階から形而上学的段階へ，そして実証的科学に基づいた段階へ三段階の法則を唱えた。

社会学の祖と言われるのはフランスのコント（Comte, A.）である。コントは師匠のサン・シモン（Saint-Simon）とともに産業社会の発展は，客観的に解明し，因果関係や法則性を見出す「実証主義」に基づき形成されると考えた。コントは社会が，それまでの一切の現象を神話によって説明した神学的段階から，抽象的思考の概念による説明にとどまった形而上学的段階へ，そして実証的科学に基づいた段階へと社会を三段階の法則として捉え，産業社会を実証主義の時代と規定した。コントは，ラテン語の“socius”（市民）と“ligos”（論理学）の単語からの造語である社会学（sociologie）の名付け親である。

同時期にイギリスでも，ミル（Mill, J. S.）や，スペンサー（Spencer, H.）らが社会学を提唱している。イギリスの代表的功利主義の経済学者であるミルは，経験的法則に基づき帰納法の体系化を通じ，コントの実証主義をイギリスへ紹介した。コントの影響を受けたスペンサーは，「進化」（evolution）の立場にたち，社会を個々人が機能的に未分化で同質的な単純社会から，強制労働による軍事社会を経て，個人の自発的協力からなる産業社会へ，そして完全社会までの進化として捉える社会進化論を唱えた。また，社会を有機体として把握する社会有機体論も，社会をシステムとして理解した先駆者でもあった。社会全体を対象としたこの時期の社会学は総合社会学とも呼ばれ，社会哲学的側面とともに，産業社会の発展に伴う新しい歴史認識が形成された。

社会進化論
コントの影響を受けたスペンサーは，社会は未分化で同質的な単純社会から，軍事社会を経て，産業社会へ「進化」するとして社会進化論を唱えた。

このように，産業社会の初期は，技術革新による工業の発展がもたらす社会の豊かさを進化や発展として望ましいものと認識する視点が強かったが，産業社会の発展はやがてその負の側面も産み出した。エンゲルス（Engels, F.）は，『イギリスの労働者階級の状態』（1845）において，産業発展を一躍成し遂げたイギリス資本主義社会の中でアイルランド農民の労働者の置かれた過酷な生活環境や労働の実態を描き，工業化が人間にもたらしたのは豊かさだけではなかったことを示した。

(2) 第二期の社会学—社会学の確立期

資本主義の確立は工業化の進展や生産力の向上と，富の拡大をもたらした。創成期の社会学は総合社会学として始まったのに対し，第二期の社会学の確立期には当時の社会の課題として，この急速に進んだ工業化によってもたらされた豊かな生活や都市化，貧富の格差がもたらした問題など，産業化がもたらした諸問題に社会学的観点から取り組むことになった。

この時代は社会学の確立期に相当し，デュルケム（Durkheim, É.），テンニース（Tönnies, T.），ジンメル（Sinmmel, G.），ウェーバー（Weber, M.），パレート（Pareto, V.）らが，アメリカではサムナー（Sumner, W.G.），ヴェブレン（Veblem, T.）ら後世に引きつかれる代表的社会学者を輩出した。

先の社会学の第一世代の代表者たちは，産業社会では個人は自由に契約を結んで協力し合い，社会の拘束は弱まると考えたのに対し，産業化の進展は必ずしも個人に全くの自由をもたらしたわけではないことが判明してきた。

コントの実証主義の後継者であるデュルケムは，複雑な社会はそれだけで大きな社会的圧力や拘束力をもって個人を縛り，個人主義そのものが制度として人びとを拘束していると考えた。社会は個人を外から拘束する外在性をもつも

アノミー
社会的無規制な状態をさす。産業社会の進行による社会の発展と都市化による親密な人間関係の喪失などにより，個々人を統制する規範が弛緩・崩壊し，社会が個人の欲求を適切にコントロールすることができない無規制状態になること。

のであり，慣習や世論など「社会的事実」は，内側からも個人を拘束することを明らかにした。さらに，産業社会の無規制（アノミー）な分業のあり方が社会的連帯を壊すとして，個々人の没個性的な分業からなる機械的連帯から，個性的な諸個人による分業からなる有機的連帯へと社会の発展を社会的連帯のあり方から捉えた。

同時期に，ジンメルは，創成期の社会学に見られた総合社会学ではなく，社会学の個別科学化として，社会的相互作用に着目した。ジンメルは社会的相互作用が人びとの間における心的相互作用であるとし，この心的相互作用によって社会的存在としての個人が形成されるとともに，社会が形成されると考えた。この心的相互作用を通じて社交，支配，競争，闘争などさまざまな「社会化」の諸形式を取り扱う「形式社会学」を確立した。ジンメルは近代化に伴う貨幣経済の浸透など，人びとのミクロな生活に焦点を当て，客観的な生活の形式から逃れられなくなる近代人の精神に焦点を当てた。この社会的相互作用論は社会的交換理論やシンボリック相互作用論へと繋がっていくことになる。

テンニースは，社会集団を人間の意志から形成される集団として考え，全人格的融合と信頼に基づく共同的集団であり本質意思からなるゲマインシャフト（共同社会）と，合理的選択と契約による利益集団であり選択意志からなるゲゼルシャフト（利益社会）に類型化した。そして，社会の歴史は全体としてゲマインシャフトからゲゼルシャフトへの移行を示す。テンニースのこの主張は19世紀末ドイツにまだ残っていた前近代的な非合理主義への批判とともに，近代化で形成されるゲゼルシャフトの疎外などの欠陥への近代批判的側面も含まれていた。テンニースは共同組合を念頭にゲノッセンシャフトという集団類型での歴史的発展を展望していた。

マルクス（Marx, K.）は，エンゲルスとともに，資本主義の高度な発展による資本家と労働者による階級対立は，最終的には社会主義・共産主義の到来をもたらすという必然性を説いた。社会の変化を，経済活動を基礎として捉えるこの視点は，唯物史観（史的唯物観）と呼ばれる。

社会的行為
ウェーバーによって提唱された概念。人間が社会で行っている行為ということ。行為者の主観的意味をもち，その意味が他の人びとと関連しているとして，社会学の分析対象とした。

一方，ウェーバーは，人びとの社会的行為の過程や結果の因果関係を，人びとがその社会的行為に含ませた主観的意味から理解する理解社会学という方法を提唱した。特に，宗教倫理による禁欲と生活の合理性に注目し，西洋近代の資本主義の発展を位置付けた歴史解釈は，マルクス主義の唯物史観に対抗するものとして注目に値する。

技術革新による豊かな社会と民主主義による平等な社会の実現は，人間を取り巻く種々の環境と社会の変化をもたらした。たとえば，資本主義の最先進国であったイギリスでは，ブース（Booth, C.），ウェッブ夫妻（Webb, S. & Webb, B.）やラウントリー（Rowntree, B.S.）らによる実証研究に基づく貧困調査からの福祉政策への諸提言などは，その後のイギリスの福祉国家の形成にもつながるものであった。この時期の社会学はこれらの現実的諸問題に取り組み解明と解決を試みるものであった。

(3) 第三期の社会学―第二次世界大戦後の社会学

社会学の創成期から20世紀初頭の社会学は，工業化と産業化，民主主義など，時代の変化やそのもたらした社会問題を課題として取り組まれたといえるだろう。これに対して，1930年代に入ると，ヨーロッパ社会では，第一次世界大戦による敗戦に加え，世界的金融恐慌で経済的混乱が生じていたドイツに，ヒットラー率いるナチス＝ドイツによるファシズムが台頭し，ヨーロッパ社会に大きな影響力を持つことになった。社会学の関心として，この時代の変化をいかに理解するのかということが大きな課題となった。

ナチス＝ドイツに同調した人びとの分析は，フランクフルト大学の社会研究所に結集したフランクフルト学派の人びとにおいて詳しく解明されることとなった。マンハイム（Mannheim, K.）は，都会では人と人との関係が希薄になり精神的に弱い存在となり，人びとは「甲羅のない蟹」のようになると分析した。また，ホルクハイマー（Horkheimer, M.）やアドルノ（Adorno, T.）はナチスに協力した一般の人びとの心理的傾向である権威主義的パーソナリティーについて解明を行った。フロム（Fromm, E.）も，近代の資本主義の発達がもたらした自由によって，自由を恐れ逃避し，全体主義による拘束に自ら身をゆだねることになる近代人の社会的性格を分析した。

これらのフランクフルト学派の人びとは，ナチス＝ドイツが政権をとると多くが亡命したが，ホルクハイマーやアドルノらはドイツに戻り，フランクフルト大学に社会学研究所を再興し，その研究の流れはハーバーマス（Habermas, J.）などの第二世代，第三世代へと引き継がれることとなった。さらに，ドイツでの社会学は，ルーマン（Luhmann, N.）や，ベック（Beck, U.）らへと続いていくことになる。

フランクフルト学派
フランクフルト大学および同大学社会研究所に所属するアドルノ，ホルクハイマー，マルクーゼ，ハーバーマスらを中心メンバーとした一学派。メンバーの多くがユダヤ人であったため，ナチス＝ドイツの政権下では多くがアメリカに亡命した。

他にも，ヨーロッパでは，このフランクフルト学派の流れとは別に，マリノフスキー（Malinowski, B.），モース（Mauss, M.），レヴィ・ストロース（Lévi-Strauss, C.）ら構造主義を基底とする交換理論が，また近代社会の権力について論じたポスト構造主義とも呼ばれるフーコー（Foucault, M.），またトゥレーヌ（Touraine, A.）による社会運動論や脱産業社会論などの発展も見られた。

もう一つの社会学の潮流は，ヨーロッパ社会における理論中心の社会学研究から，1920年代以降アメリカに広がった調査に基づく実証研究である。文化人類学者のリンド夫妻やウォーナー，ホーソン実験を行った労働科学者のメイヨーなども含まれる。社会学における実証研究は，戦後の日本でもSSM調査など，大きな地位をえて，戦前のヨーロッパ理論中心の社会学から，戦後のアメリカ的社会学へと大きく移行していくこととなる。

この当時のアメリカ社会学における実証研究の拡大やパーソンズ（Parsons, T.）の社会システム理論に代表されるグランドセオリーと呼ばれるマクロな社会学の展開に対して，ミルズ（Mills, C. W.）は『社会学的想像力』において，抽象化された概念は個人と社会との関係を適切に分析できないとして批判を打ち出した。

構造機能分析
パーソンズに代表される方法論。構造とは社会の構成要素，機能とはそれが社会に対して果たす役割の意味から，構造機能主義の社会学では，各種の構造が如何にして社会全体を維持しているのか，これを解明しようとする社会学理論であるといえる。

先のパーソンズも含め，原理論構築の動きの中で，パーソンズによるマクロな社会学理論に対して，マートン（Merton, R. K.）は，社会調査による成果を元に，個別の事例と抽象的理論との間の橋渡しとしての中範囲理論の必要性を唱えた。

(4) 第四期以降の社会学―1980 年代以降

1980 年以降のアメリカの社会では，パーソンズのマクロな社会学に対して，新たにシュッツ（Schütz, A.）やバーガー（Berger, P.L.）をはじめとする現象学や，ゴッフマン（Goffman, E.）による社会的相互作用論，ガーフィンケル（Garfinkel, H.）によるエスノメソドロジーなどの方法論が試みられた。

ヨーロッパでも，フランスのブルデュー（Bourdieu, P.）やイギリスのギデンズ（Giddens, A.）など，後期近代社会の理解に対する古典的業績に基づく研究が続けられている。

1989 年にベルリンの壁が崩壊し，ソビエト社会主義連邦の崩壊に伴いマルクス主義が凋落した。旧ソビエト・東欧に代表される社会主義イデオロギーとアメリカを中心とする資本主義社会のイデオロギーとの対立構図も崩れ，世界体制の大きな転換によるパラダイムロスト時代へと突入した。

さらに 21 世紀に入って，2001 年のニューヨークで起きた同時多発テロやイスラム原理主義によるテロ活動に代表される第三世界の問題，新型ウイルスの世界的な感染拡大がもたらした深刻な経済的打撃も見られた。「国際化」とは異なり，人や物，経済，文化などが国という枠組みを超えて地球規模で移動していく「グローバリゼーション」の進行がもたらす影響という新たな課題が分析対象として提示されることとなった。ドイツのベック（Beck, U.）は，グローバリゼーションが進行することにより政府のコントロールが効きにくい時代に入り，われわれはさまざまなリスクを抱える社会になったと警鐘をならした。ベックはギデンズと一緒に再帰的近代化を唱え，近代社会における産業の発達が環境破壊をもたらし，改めて近代の合理化がもたらした破壊と向き合うことが必要と唱えた。

文化的再生産
フランスのブルデューは，資本を経済資本・人的資本・文化資本の３つに分け，文化資本も世代をわたって再生産されるという概念を文化的再生産と表現した。

再帰的近代化
ギデンズとベックらが提唱した概念。産業化・工業化された近代社会において近代を担う個人・組織・社会自体が，あらためて近代の概念を内面化する過程のことを指す。

さらに近代社会の民主主義に対して，現代社会ではポピュリズム政党の台頭や，移民の排斥，保護貿易などの自国主義など，社会の分断が危惧されており，民主主義のイデオロギーと逆行していく大きなうねりが世界的規模で広がっている。米中の経済対立など，あらたなグローバルな対立図式がおきつつある現代社会において，常に社会学の課題はいかにその時代の社会を読み解き，解決方法を模索できるかであることには変わりはないだろう。

【参考】社会学の歴史に関する人物と主な文献の紹介

―創成期―

シモン, S.（仏　Claude Henri de Rouvroy，Comte de Saint-Simon, 1760-1825）

フランスの社会主義思想家。産業階級の重要性を説いたサン＝シモン主義はその後の社会主義思想に影響を与えた。空想的社会主義とも指摘された。主な著書は『産業者の教理問答』（1823-1824）。

コント, A.（仏　Auguste Isidore Marie Fraçois Xavier Comte, 1798-1857）

フランスの実証主義哲学者。主著は『実証哲学講義』（1830-1842）。

ミル, J.S.（英　John Stuart Mill, 1806-1873）

イギリスの代表的哲学者・経済学者。自由主義・功利主義の立場に立ち，主著に『論理学体系』（1843）がある。

スペンサー, H.（英　Herbert Spencer, 1820-1903）

イギリスの思想家，社会学者。主著『総合哲学体系』（1862-1896）。ダーウィンの『種の起源』における自然選択思想を，「適者生存」として社会学にも適用可能と捉え社会進化論を唱えた。

エンゲルス, F.（独　Friedrich Engels, 1820-1895）

盟友であるマルクスと一緒に科学的社会主義を創始した。主著には『イギリスにおける労働者階級の状態』（1845）や『家族・私有財産および国家の起源』（1884）がある。マルクスとの共著には『資本論』がある。

―第二期―

デュルケム, É.（仏　Émile Durkheim, 1858-1917）

『社会分業論』（1983）の中で，社会は分業によって発達し，社会的分業に見られる個人や組織における社会的連帯が，同質な人びとの結合よりなる機械的連帯から異質な個々人による相互補完的結合からなる有機的連帯へと進化すると考えた。しかし，社会進化の過程で起こる規範や価値の混乱により，限度を超えた欲求が亢進し無規制状態を生じやすく，これをアノミー（anomie）と呼んだ。

ジンメル, G.（独　Georg Sinmmel, 1858-1918）

ドイツの哲学者，社会学者。生の哲学に依拠しつつ，社会が人びとの心的相互作用から織りなされ形成されるとし，人間相互の関係を「社会化」と呼び，社会学の独自の研究対象とした。社会化の形式である社交，競争，闘争，支配など多様なテーマを選んで議論し，このような社会学は形式社会学と呼ばれている。主な著書は『社会分化論』（1890）。

テンニース, F.（独　Ferdinand Tönnies, 1855-1936）

あらゆる集団は人間の意志と思考により形成されるとして，人間の意志の分析から本質意思からなるゲマインシャフト（共同社会）と選択意志からなるゲゼルシャフト（利益社会）とに分類した。主著は『ゲマインシャフトとゲゼルシャフト』（1887）。

ウェーバー, M.（独　Max Weber, 1864-1920）

『プロテスタンティズムの倫理と資本主義の精神』（1904-1905）において，西洋近代資本主義を発展させた原動力は，プロテスタントの宗教的倫理から生み出された世俗内禁欲と生活の合理化であるとし，理解社会学に基づきマルクスと対立する見解を展開した。

ブース, C.（英　Charles Booth, 1840-1916）

20世紀初頭のリバプールの五大海運会社の社長。1886年から17年間に渡って行われたロンドンでの民衆の調査結果は，『ロンドンの民衆の生活と労働』（全17巻　1902-1903）としてまとめられた。1908年老齢年金成立に大きな役割を果たした。

―第三期―

マンハイム, K.（洪　Karl Mannheim, 1893-1947）

ハンガリーのユダヤ人社会学者で，知識社会学の提唱者。主著に『イデオロギーとユートピア』（1929）がある。人間の思想を歴史的，社会的状況下における知識の存在拘束性との関係性で社会的に形成されるとする知識社会学を提唱した。

フロム, E.（独　Erich Fromm, 1900-1980）

『自由からの逃走』において，近代ヨーロッパにおける資本主義的生産様式の発達は，一方で自由な個人を創出しつつ，同時にその自由を恐れ，そこからの逃避を志向するような性格特性を内面化した社会的類型を生み出したとして，ナチス＝ドイツを支持した当時のドイツ人の社会的性格を分析した。

ハーバーマス, J.（独　Jürgen Habermas, 1929-）

主著は『公共性の構造転換』（1962）など。18世紀の市民社会で見られた言論の自由に基づく公共性は，19世紀に入り，マスメディアが支配的になる大衆社会において公共性の構造が再び18世紀以前のように支配的なものとなり，構造が転換したと指摘した。

レヴィ・ストロース, C.（英　Claude Lévi-Strauss, 1908-2009）

代表的書物『親族の基本構造』（1977-1978）において，インセストタブー（近親相関の禁止）は，母，姉妹，或いは娘をとることを禁止する規則というよりは，他人に与えることによる集団間の互酬的交換体系を維持する規則であると指摘し，構造主義の祖といわれる。

フーコー, M.（仏　Michel Foucault, 1926-1984）

主著『狂気の歴史』（1961）において，狂気をめぐる認識の歴史について，近代社会において，狂気や犯罪その他の異常とみなされるものは，排除され閉じ込められ監視されることになったと指摘した。近代社会の権力により管理化が強化されたという知識社会学を展開した。

ミルズ, C.W.（米　Charles Wright Mills, 1916-1962）

主著は『パワーエリート』など。権力構造の分析では，マルクスの階級理論と異なり，大衆を操作する支配層として，政治や経済など権力を独占する支配的ポストについているパワーエリートを摘出した。また，「社会学的想像力」として，社会学が広い視野を持ち大きな問題と向き合うことの重要性を語った。

パーソンズ, T.（米　Talcott Parsons, 1902-1979）

パターン変数，AGIL図式を提唱するなど，機能主義の代表的研究者。社会一般に渡る一般理論の構築を目指した。AGIL図式は，社会システムが存続していくために充足されなければならない4つの機能のことで，それらのうちどれかの機能の充足が阻害されれば，その社会システムは深刻な打撃を受けると考えた。主著は『行為の総合理論をめざして』（1951）。

マートン, R.K.（米　Robert King Merton, 1910-2003）

中範囲理論の提唱者。また，パーソンズの社会的機能による社会システムの安定・維持の構造機能理論に対して，行為の機能分析では社会構造への順機能だけでなく，社会構造に対する逆機能もあることを指摘した。主著には『社会理論と社会構造』がある。

―第四期―

ブルデュー, P.（仏　Pierre Bourdieu, 1930-2002）

現代フランスの代表的社会学者の一人。「ハビトゥス」をキー概念に人びとの日常行動の論理を分析し，構造と実践との相互規定的ダイナミズムを解明した。

また，ハビトゥスとともに文化資本の概念を軸とする文化的再生産過程の分析を行い，社会構造が再生産されていくメカニズムを究明した。主著に『ディスタンクシオン—社会的判断力批判』がある。

ギデンズ, A.（英　Anthony Giddens, 1938-）

イギリスの社会学者。マルクス，デュルケーム，ウェーバーなど古典的社会理論の比較研究を経て，構造と主体からなる構造化理論の体系化を図るとともに，国家論，世界社会論などマクロな社会学を展開。1990年以降は，「再帰的近代化」のコンセプトを軸に後期近代社会の解明に当たっている。主な著書に『資本主義と近代社会理論』がある。

ベック, U.（独　Ulrich Beck, 1944-2015）

1986年のチェルノブイリ原発事故と同時期に出版された著書において，この事故が伝える象徴性として，グローバルなリスクの存在を指摘した。誰にも平等に襲ってくるこのグローバルな危険性は，社会の安定性を奪うものであり，世界を不安定化に陥れる。近代社会が経済発展や利便性を追求してきた帰結として，後期近代社会はさまざまな危険性を内包するリスク社会であるとのメッセージを発信した。著書に『危険社会』がある。

参考文献

塩原勉『社会学の理論 I—体系的展開—』日本放送出版会，1985年
作田啓一・井上俊『命題コレクション　社会学』筑摩書房，1986年
森岡清美・塩原勉・本間康平編『新社会学辞典』有斐閣，1993年

プロムナード

人びとの暮らしや労働，人間関係など，社会とは多様な構成要素の相互作用の中で成り立っています。社会福祉現場においても，目の前のクライエントのかかえる個々の問題には，その背景に複雑に絡まり合った社会の構成要素の影響が反映されています。クライエントの課題を解決するためには，まず原因となっているクライエントの背景にある社会の仕組みを読み解いていく力が必要です。社会学とは，歴史を通じその時代の人間の営む社会生活について，そこに多様な因果関係や法則性を見つけ出し，その社会の持つ特徴を客観的に解明しようと試みる学問です。

学びを深めるために

トッド, E. 著，大野舞訳『大分断』PHP 出版，2020年

現代社会に起きている社会の分裂において，教育における社会的再生産が，社会の格差拡大の原因になっているということを指摘した日本の読者のために語り下ろした一冊。

日本社会で少子化や未婚率の上昇がどうして起きているのか，その背景にある社会的要因について考えてみよう。

福祉の仕事に関する案内書

永吉希久子『移民と日本社会』中公新書，2020年

第 2 章

社会システム

1　社会システムとは

(1) 社会システムの考え方

1) 社会システムとは

システムとは，一つひとつの部品が一定のパターン（型）で配置され，かつ個々の部品もしくは全体が一定の作用を果たしている，そのような一まとまりのことを指す。部品と部品の結びつきのパターンを「構造」と呼び，その結びつきのパターンが生み出す作用・はたらきを「機能」と呼ぶ。たとえば，椅子は座面，背もたれ，ひじ掛け，脚などが一定のパターンで結びつくという構造をもち，人が座ることを可能にするという機能を果たしている。つまり，個々の部品が結合した椅子というひとつのまとまりは，構造と機能を有しており，それゆえひとつのシステムをなしている，ということができる。

社会をひとつのシステムとして，つまり社会システムとして考える場合，パーソンズ（Parsons, T.）の社会システム論では，社会システムの部品（構成要素）は，人間の「行為（action）」だと考える。社会システムにおいては，複数の人間（行為者：actor）たちの行為同士が結びつき，一定の安定的なパターンをもった「相互行為（interaction）」が成り立っている。この安定的な相互行為の集積こそが，社会システムである。

社会システム論
社会システム論は，情報学などの分野で発達したシステム論の考え方を取り入れて形成された。社会システム論をはじめて体系化したのはパーソンズだが，その後，ドイツの社会学者ルーマン（Luhmann, N.）は，生物学などの学問分野でのシステム論の展開を取り入れ，行為ではなくコミュニケーションを単位とするオートポイエーシス（自己制作）のメカニズムとして社会システムを分析した。

つまり，社会システムの構造（社会構造）とは，行為と行為の安定した結合パターンのことであり，具体例としては，教員と学生の関係，客と店員の関係，親と子の関係などをあげることができる（実際のメンバーは入れ替わったとしても，その関係性のパターン自体は安定的に持続する）。より抽象的な関係性のパターンとしては，敵対関係，支配－被支配の関係といった，さまざまな相互行為のパターンがある。

一方，社会システムの機能とは，相互行為の一定のパターン（構造）のもとで，ある行為が他の行為に対して与える作用や効果を指す。教員－学生という相互行為の例では，教員が学生に対して遂行する役割行為（たとえば，教えるという作用）が機能にあたる。また，システム自体も他のシステムや社会システム全体に対して一定の機能を果たしている。たとえば，教員－学生という相互行為パターンを含む学校組織というシステム（社会システム全体からみれば部分システム）が社会システムに対して果たす役割として，人材の育成・配分といった機能をあげることができる。

なお，社会システムを構成する要素が，社会システムの維持・発展に貢献する機能を果たしている場合，その機能は「（順）機能」と呼ばれる。一方，社会システムの維持・発展に貢献しない（ネガティブな影響を与える）場合，その機能は「逆機能」と呼ばれる。

パーソンズの高弟マートン（Merton, R.K.）は，当事者が自覚している機能を

「顕在的機能」，当事者が自覚していない機能を「潜在的機能」と呼んで区別し，この区別を順機能・逆機能の区別と組み合わせて，機能分析を展開した。たとえば，アメリカ先住民族のホピ族が集まって雨乞いの儀式を行い，その結果として集団の結束が強まったという場合，この雨乞いの儀式は「潜在的順機能」（本人たちの自覚していない肯定的な機能）をもつといえる。一方，官僚制組織（たとえば企業や市役所等）が，事務手続き（規則）の順守を絶対視することで，結果として組織としての目標（顧客・市民のための商品・サービス提供）を達成できなくなるとすれば，それは「潜在的逆機能」（本人たちが自覚していないネガティブな機能）だといえる。

2）社会システムのさまざまなレベル（水準）

このように，社会システムには，数人の相互行為というミクロなレベルから，集団・組織というメゾレベル，そして全体社会（たとえば日本社会というレベルや，グローバル社会）というマクロなレベルまで，スケール（規模）の違う多様なシステムが含まれている。最大規模のマクロな社会システムは「全体社会」と呼ばれ，その一部に含まれるような規模のシステム（集団・組織といったメゾレベルや，個々の行為の関係，つまりミクロレベルの相互行為システム）は「部分社会」と呼ばれる。従来の社会学では「全体社会」として，日本社会・アメリカ社会といった，国民国家規模の社会システムを想定することが多かったが，相互行為が国境を超えてグローバルに（地球規模で）なされることが常態化している現代社会では，社会システムも，国民国家の規模を超えたグローバルな規模で捉えることが増えている。その場合は，グローバル社会（地球社会）が，全体社会と位置づけられる。

ちなみにミクロとは，「虫の目」，つまり低い視点から部分を細かく具体的に見ていく見かたを指し，マクロとは「鳥の目」，つまり広い視野から全体を大きく捉える見かたを指している。メゾとは「虫の目」と「鳥の目」の中間にあたるような見かた（個別的視点と全体的視点の中間），という意味である。社会システムを，マクロに（鳥の目で），地球規模の相互行為システムとして捉えれば，グローバル社会という全体社会がみえてくるし，視点をミクロに（虫の目に）切り替えてみれば，個々人の相互行為という部分社会システムがみえてくる。なお，相互行為と相互作用は，どちらも interaction の訳語であり，基本的には同じ意味だと考えてよい。ただし，「相互行為」という場合には人間の意図的な行為が主題化されるのに対し，「相互作用」という場合には，意図的な行為以外のさまざまな作用を含む，というニュアンスの違いがある。

3）社会システムにおける地位と役割の分析

どんな社会システムも，構造と機能を有している。ある社会システムの構造において，ある人物（行為者）が占める位置を「地位（status）」と呼び，地位には，それに相応しいふるまい方・行為の様式（権利・義務を含む）が伴う。このふるまい方・行為の様式は「役割（role）」と呼ばれる。役割とは，その地位に期待される「機能」だということもできる。

ある集団，たとえば家族を考えてみよう。家族という社会集団には，一般的に，親・子といった地位とそれに相応しいふるまい方（役割）が存在する。親には親としての役割が期待され，子には子としての役割が期待される。行為者に向けられるこうした期待を「役割期待（role expectation）」と呼ぶ。パーソンズは，親の子に対する役割期待と，子の親に対する役割期待のように，役割期待が双方向にうまくかみ合っていることを「役割期待の相補性（complementarity of role expectations）」と呼び，役割期待の相補性が成り立つことで，お互いの役割が円滑に遂行される（社会システムが円滑に機能する）と考えた。

社会システムを構造と機能の観点から分析することは，地位と役割という観点から分析することでもある。社会システムの分析とは，マクロには全体社会，メゾレベルでは組織・集団，ミクロレベルでは相互行為システム，それぞれのスケールのシステムにおける行為者の地位・役割を分析することである。

行為者は集団や相互行為の中で特定の地位を占め，一定の役割を担うにあたって，しばしば矛盾や葛藤を経験する。たとえば，学校という組織で，教員の役割を担う人がいたとして，その人の子どもが同じ学校に入学した場合，その人は子どもに対して，教員としての役割と親としての役割を同時に担うことになる。そこでは矛盾や葛藤が経験される場合があるだろう。このように，ある人が，担う役割の遂行にあたって経験される矛盾や葛藤を「役割葛藤（role conflict）」と呼ぶ。役割葛藤には，教員の役割と親の役割を同時に担う場合に生じる葛藤のように，同一人物に向けられる複数の役割期待の間での葛藤（「役割間葛藤」）もあるが，ひとつの役割について異なる役割期待が向けられることで生じる葛藤（「役割内葛藤」）もある。役割内葛藤の例としては，「教員として生徒に公平に接するべき」という役割期待と，「教員として生徒一人ひとりの特性に配慮して接するべき」という役割期待との間での葛藤をあげることができる。

なお，ある社会システムの中で，行為者が参加して一定の地位を確保し，一定の役割を担うようになるプロセスは「社会化（socialization）」と呼ばれる。社会化とは，他者からの役割期待を内面化（「役割取得」）し，役割期待に応えて「役割遂行（role performance）」を果たせるようになるプロセスだということができる。

(2) 文化と規範

1）文化とは

文化（culture）とは，クラックホーン（Kluckhohn, C.）によれば集団の全体もしくは特定のメンバーによって共有される生活様式である。この生活様式には，行為の仕方などの外面的なものだけでなく，価値観や考え方などの内面的なものも含まれる。文化は，人が共同生活を通じてつくり出し，受け継がれてゆくものである。人は，生まれ落ちた集団の中で共有されている文化を後天的に受け入れていくことで，その集団の一人前のメンバー（成員）となっていく。この文化の内面化の過程が，「社会化」である（ただし，社会化は新しいメンバーが一方的に集団の既存の文化を内面化する過程であるだけでなく，個人が参加の過程を通じて集団の文化に影響を与える，双方向的な過程でもある）。

このように，文化は，ある社会が存続しているとみなされる場合に，そこに継続的にみられる相互作用のパターンの総体を指すが，パーソンズの社会システム論は，文化が「文化システム」として体系性をもつことを強調する。文化システムは，社会システムの中に制度化されており，社会化を通じて個人のパーソナリティの中に内面化されることで，人びとの行為を方向づけている。

2）規範とは

この文化システム（価値システム）を存続させるために，個々の行為を規定（拘束）する規則が「規範（norm）」である。具体的な行為者のふるまい方を規定（拘束）する規則は，ミクロに見れば個々の行為者が担う「役割」として現れるが，マクロに見れば，多様な役割を貫く「規範」として見出される。「規範」とは個々の行為者の「役割」を統合する体系的な規則だといえる。

規範は，慣習，モーレス（習律），法などに分類することができる。慣習（custom）とは，習俗，伝統，流行を含み，ある社会集団の中で長期間持続している，人びとの標準的なふるまい方である。慣習を遵守することは，社会の存続にとって重要であると人びとに認められている。慣習の具体例としては，お盆の墓参りの伝統的行事などが挙げられる。

モーレスとは，サムナー（Sumner, W.G.）がフォークウェイズ（習俗）と対比的に用いた用語である。フォークウェイズがある集団の中で自然発生的に現れた共通の行動様式を指すのに対して，フォークウェイズの中でも集団成員の意識を拘束する度合いが高く，個々人を犠牲にしてでも守られなければならないと自覚されるようになった規則が，とくにモーレスと呼ばれる。たとえば，前近代的な集団では「長幼の序」（年少者は年長者を敬い，年長者は年少者を慈しむこと）といった儒教的な道徳が，モーレスとして存在する。

法（law）とは，とくに明示的に文章化された実定法に見られるように，規則を貫徹させるために強制力（とくに刑罰のような物理的強制力）が作動する規則を指している（明文化された実定法以外に，実定法の体系の中で効力を認められている慣習法も法に含まれる）。

3）社会統制と制度的統合

慣習もモーレスも法も，規則から逸脱したふるまいをすれば負のサンクション（制裁）が加えられ，逆に規則の遵守に対しては正のサンクション（褒賞）が与えられる。サンクションは，嘲笑や賞賛のように不定形の場合もあれば，禁固刑や勲章のように明確な形態をとる場合もある。このような正・負のサンクションを加えることで規範への同調を促す作用が「社会統制（social control）」である。パーソンズの社会システム論の観点からすれば，法という規範からの逸脱を監視し取り締まる警察や，日常生活における慣習からの逸脱に対処する精神医療といった機関は，社会統制の代表的な装置である。

パーソンズは，「親－子」「教員－学生」「店員－客」といった相補的な役割期待が行為者の間に内面化される（行為者が社会化される）一方で，サンクション（制裁と褒賞）の仕組み，つまり社会統制が制度化されることによって社会秩序は安定的に維持されると考えた。このように，社会システムにおいて社会化と社会統制が制度化されている状態を「制度的統合」と呼ぶ。

パーソンズは，ホッブズ（Hobbes, T.）の「万人の万人に対する闘争」をめぐる議論から，「自然状態では，人間は強い者が弱い者を従える弱肉強食の世界になるはずだが，なぜそのような自然状態に陥らずに社会秩序（相互行為の安定したパターン）が成り立っているのか」という問いを立てた。これが「秩序問題」と呼ばれる問題である。秩序問題に対して，パーソンズは，規範の内面化（社会化）と規範からの逸脱に対する社会統制（正・負のサンクション）という規範の実在を前提とする2つのプロセスによって回答を与えた。

なお，規範という個人の実在を超越した集合的なものが実在することを前提として社会秩序を説明する理論的立場は，「方法論的集合主義」と呼ばれる。一方，個人の実在を超越する集合的なもの（規範）の実在を想定せず，個人の実在から社会秩序の成立を説明しようとする立場は，「方法論的個人主義」と呼ばれる。前者の立場に立つ社会学者の代表が，デュルケムやパーソンズである。後者の立場に立つ社会学者の代表として，社会的行為の主観的意味を理解するとともに，行為の経過と結果の客観的因果関係を説明することが肝要だと主張する「理解社会学」を提唱したウェーバー（Weber, M.）がいる。ジンメル（Simmel, G.）は，個人，集合的なもののどちらでもなく，相互作用（関係）という視点から社会秩序の成り立ちを説明しており，この立場は「方法論的関係主義」と呼ばれることがある。

4）社会システムとAGIL図式

パーソンズの社会システム論は，社会システムの存続について，どんな社会システムであっても，システムとして存続するためには，4つの「機能要件（functional requisites）」を満たす必要があると説明する。機能要件とは，社会システムがその存続のために満たさなければならない機能であり，パーソンズは，A・G・I・Lという4つの機能を想定している。Aとは「適応（Adaption）」の機能であり，システムが周囲の環境に適応し，外部環境の変化に対処する機能である。Gとは，「目標達成（Goal-attainment）」の機能であり，社会システムの側で立てた目標を，周囲の環境に働きかけて達成する機能である。Iとは，「統合（Integration）」の機能であり，システムを構成する諸要素がバラバラにならないように連帯を維持し，円滑に相互作用するように調整する機能である。Lとは，「潜在的パターンを維持する機能（Latent pattern maintenance）」であり，システムの内部に働きかけてシステム固有の潜在的なパターン（＝文化）を維持・継承する機能を指す。

高校の吹奏楽部という集団を例に考えてみよう。吹奏楽部は，まず「適応（A）」の機能として，部活動の継続に必要な練習場所，活動資金，新入部員などを，外部環境に働きかけて獲得する必要がある。また「目標達成（G）」の機能として，たとえば吹奏楽コンクールでの優勝といった目標を立て，その目標の達成に向けて外部環境に働きかけ，その目標をある程度達成する必要がある。目標を失い，あるいは目標達成に一向に近づけない集団は，その存続が危ぶまれるからである。「統合（I）」の機能としては，部長を選出したり，パートリーダーを決めたり，それぞれの担当楽器を決めたり，互いに日常的に連絡を取り合ったり，といったシステム内部の調整がある。このような調整が働かなければ，やはりシステムは存続の危機に陥る。最後に，「潜在的パターンの維持（L）」とは，集団が共有する文化の維持に関する機能である。たとえば音楽・演奏を楽しむ，地域の人たちに喜びを届けるといった，吹奏楽部の活動を支える基本的な価値観が弱まったり，共有されなくなったりすると，集団として存続することが難しくなる。また，新しい部員が入ってきたときにも，そうした文化が継承され，吹奏楽部としての基本的な連帯感情が維持される必要がある。

今あげたのは吹奏楽部という集団の例だが，より大きな社会システム，たとえば全体社会についても，存続するためには4つの機能要件が満たされることが必要である。全体社会システムにおける「適応（A）」の機能は「経済」の機能として，「目標達成（G）」は「政治」の機能として，「統合（I）」の機能は「共同体（community）」の機能として，「潜在的パターンの維持（L）」は「宗教」などの機能として充足される，とパーソンズは考えた。

2 社会システムの捉え方

(1) 産業と職業

社会学は，とくに産業社会（industrial society）と呼ばれる社会の出現と，その社会システムの分析に力を注いできた。産業という言葉は広義には，第一次産業（農林漁業），第二産業（工業・製造業），第三次産業（サービス産業）のすべてを含むが，狭義には第二次産業（工業・製造業）に限定して用いられる。産業社会とは，第二次産業が生産活動の中心となっているような社会を指す。

産業社会以前の社会は，第一次産業を中心とする社会である。そこでは農業・林業・漁業など自然を直接相手にした生産活動が行われている。そこでの生産活動は，血縁集団（親族集団）や地縁集団（村落共同体）を中心として取り組まれており，現代社会でいう「職業選択の自由」は考えにくかった。

産業革命によって機械を用いた大規模な商品生産が可能になり，産業社会が成立する。都市部には工業が発達し，農漁山村から多くの人びとが仕事を求めて都市部に移動してくる。産業化は親族集団や村落共同体から人びとを解き放つ。一方，産業化は，工場・土地などの生産手段を所有する「資本家」と，生産手段を有さず，労働力の提供と引き換えに賃金を得て暮らすしかない「労働者」という2つの社会階級の分化と対立をもたらす。産業化がさらに進展すると，多数の従業員を雇い，指揮命令系統を発達させた企業（官僚制組織）が登場する。

産業化とは，工業化（industrialization：産業構造が農業中心から工業中心に移行すること）と同義である。産業化の進展は，都市化，階級対立，官僚制組織の増大などさまざまな社会変動をともなうが，それだけでなく，あらゆる財やサービスが商品として生産・交換される「資本主義経済」（市場経済）の拡大をともなう。より効率的な財・サービスの生産を行うための分業（division of labor）が進む。

産業社会においては，職業の構造を分析することがその社会のあり方を理解するうえで重要である。たとえば，日本の国勢調査では，総務省「日本標準職業分類」（2009年改定）に基づいて職業構造を把握しており，大項目としては以下の12分類がある（小項目は329分類）。「管理的職業従事者」「専門的・技術的職業従事者」「事務従事者」「販売従事者」「サービス職業従事者」「保安職業従事者」「農林漁業従事者」「生産工程従事者」「輸送・機械運転従事者」「建設・採掘従事者」「運搬・清掃・包装等従事者」「分類不能の職業」である。社会学では，しばしば「専門的」「管理的」「事務的」「販売的」「熟練的」「半熟練的」「非熟練的」職業という7分類が用いられる。職業が重要なのはそれがその人の社会的地位を構成する要素のひとつだからである。

(2) 社会階級と社会階層

1）社会階級とは

社会システムの地位構造を捉える視点のひとつに階級がある。社会階級（social class）については，マルクス（Marx, K.）による定義がよく知られている。彼は，生産手段の所有と非所有によって，資本家階級と労働者階級という2つの階級を区別した。生産手段とは，商品をつくる手段（工場などの設備，土地，原材料など）を指す。生産手段を所有し，労働者を雇って働かせる立場が「資本家（ブルジョアジー）階級」であり，生産手段をもたず，資本家に雇用されて働く立場が「労働者（プロレタリアート）階級」である。労働者階級は，生産手段を持たず，資本家階級に労働力を提供し，その対価として賃金を受け取って生活する。生産手段を持たないという意味で「無産階級」とも呼ばれる。

マルクスは，資本家階級は労働者階級を「搾取」することで利潤を上げ続け，搾取される労働者階級は貧困・飢餓から抜け出せない構造があると，資本主義を鋭く批判した。そして，資本家階級と労働者階級の間の「階級対立」が激しくなれば，やがて労働者たちは団結して資本家階級を打ち倒す「共産主義革命」が起きると予言した。

共産主義とは，労働者が生産手段を資本家階級の手から奪い取り，労働者たち自身で共有し，コントロールするという考え方を指す。共産主義を目指してロシアをはじめ世界各地で革命が起き，20 世紀には多くの社会主義国（生産手段を国有とする共産主義の前段階：ソビエト社会主義連邦，中華人民共和国など）が誕生したが，その後，20 世紀の終わりには社会主義体制が崩壊する国も出てきた。

なお，自分の土地を所有している農民や商工自営業者は，古くから存在する「資本家階級と労働者階級の中間」という意味で「旧中間階級（old middle class）」と呼ばれる。これに対して「新中間階級（new middle class）」は，雇われて働く労働者でありながら専門的・管理的な業務に従事し，組織の中で相対的に高い地位にある労働者（ホワイト・カラー）を指す語である。近年では，資本家階級・新中間階級・旧中間階級・労働者階級という階級構造（クラス）よりも下に位置する階級という意味の「アンダークラス」という言葉が注目されている。アンダークラスとは，生活すらままならない低賃金で働かざるを得ない，非正規雇用の労働者（貧困層）であり，その人数の増加が指摘されている。

> **アンダークラス**
> 労働者階級に含まれるものの，従来の労働者階級（プロレタリアート）と異なり，労働力の再生産すら困難な労働条件で労働に従事する労働者を指す（労働力の再生産とは，①労働者が自分の労働力を回復させるための生活サイクルと，②労働者の子どもを産み育て次世代の労働力を再生産するサイクルである）。橋本健二によると，単身の非正規雇用労働者がアンダークラスに該当するが，2010 年代半ばのデータで日本のアンダークラスは約 930 万人おり，拡大傾向にある。

2）社会階層と社会成層

社会階級が生産手段の有無を基準とする分類であり，人びとは明確な階級意識をもつと考えられるのに対して，職業，収入，学歴などの社会的地位（social status）の高低を示す指標（地位尺度）によって，同程度の社会的地位にあると判断される人びとの集合を，「社会階層（social stratum）」と呼ぶ。階層には，明確な境界はなく，連続的である。階層を測るためのモノサシ（地位尺度）はさまざまなものが開発されてきたが，代表的な地位尺度として，人びとにさまざまな職業の威信（威厳・信頼）の度合いを評価してもらい，そのスコアによって職業を序列化した「職業威信（occupational prestige）スコア」がある。

社会階層は，連続的な地位尺度によって人びとの地位を測定するが，職業威信・所得・学歴など複数ある地位尺度のうち，どの尺度で人びとの社会的地位を測り，どのように階層を区切るかによって，社会階層の捉え方は異なってくる。学歴は高いが所得は低いといったケースのように，地位尺度の高・低が一致しない場合もある（これを「地位の非一貫性」と呼ぶ）。とはいえ，一般的には同一階層の中では生活態度などに共通性がみられることが想定される。

また，社会階層が積み重なった全体を社会成層（social stratification）と呼ぶ。

社会的地位の高低を基準としてみると，社会システムはピラミッド型の社会成層をなしていると考えることができる。

社会階層の中での移動は「社会移動」と呼ばれ，「地理的移動（空間的移動）」と区別される。より高い社会階層への移動が「社会的上昇移動」であり，低い社会階層への移動が「社会的下降移動」である。個人の一生の中で起きる社会移動は「世代内移動」と呼ばれ，親の社会的地位（社会階層）に対する子どもの社会的地位（社会階層）の変化は「世代間移動」と呼ばれる。親の社会階層に対して子どもの社会階層が高くなることは「世代間上昇移動」と表現される。逆に子どもの階層が出身階層（親の社会階層）よりも低くなることは「世代間下降移動」である。

近年では，出身階層を，親（保護者）の学歴・年収・職業などをもとに「社会経済的地位（SES：Socio-Economic Status）」として数値化し，出身家庭の社会経済的地位の指標とそこで育った子どもの教育達成（学力や学歴）との関連などが研究されている。こうした研究からは，出身家庭の社会経済的地位が，子どもの学力・学歴達成に大きく影響していることが明らかにされている。

社会階層の調査・研究は，不平等や格差を論じる土台となるデータを提供する。日本の代表的な階層調査としては1955年から10年ごとに実施されてきた「社会階層と社会移動（SSM：Social Stratification and social Mobility）全国調査」がある。これは日本の計量社会学者たちが共同で実施してきた全国調査で，日本の社会階層や社会移動の変遷を知る上できわめて重要な調査である。

3）社会意識

社会意識とは，ある社会集団に共有されている意識という意味だが，この場合の社会集団は，全体社会，階級，世代などさまざまでありうる。どちらかといえば，マクロな集団についていう場合が多い。

社会心理学者のフロム（Fromm, E.）は，集団・階層の成員が共有する生活様式の結果として形成される，その集団・階層に特徴的な性格を「社会的性格」と呼んだ。フロムは，第一次世界大戦後のドイツで，ヒトラー率いるナチス・ドイツが政権を握ったのはなぜかという問いに対して，資本主義の進展の中で地域社会のつながりから切り離され孤立した人びとの孤独や不安がナチスのファシズムを支えた，と考えた。このような，自分より上位の権威・権力に追従・服従することで自分が抱える孤独や不安から逃れようとする当時のドイツ国民の心性を，フロムは「権威主義的パーソナリティ」という社会的性格として分析した。

また，リースマン（Riesman, D.）は『孤独な群衆』の中でE. フロムの議論を発展させ，社会的性格を，①伝統指向型，②内部指向型，③他人指向型（外部指向型・レーダー型），の3つに分類した。第1の「伝統指向型」は，所属集団の伝統に従って生きることをよしとする社会的性格である。人生の目標も目標の達成手段も，伝統的なあり方（儀礼や慣習）に基づくことを重視する社会意識である。第2の「内部指向型」は，幼児期に親から引き継いだ人生の目標を羅針盤として生きることをよしとする。だが，目標の達成手段はただ伝統に従うのではなく，自分で考えて判断するという社会意識を指す。第3の「他人指向型」は，幼児期に内面化された人生の目標を羅針盤とするのではなく，目標もその達成手段も，自分の周囲の他人の様子を観察し，その都度決定するという，他人同調的な社会意識のあり方を指す。

リースマンによれば，「伝統指向型」は，多産多死型の社会（生まれる子どもの数が多いが死亡率が高いため人口は低水準で安定している社会）に特徴的な社会的性格である。なぜなら，そのような社会では，伝統に従って生き，現状を維持することがよしとされるからである。「内部指向型」は，死亡率が下がり，人口規模が拡大する過渡的成長期に特徴的な社会的性格である。経済成長期においては，安定した人生の指針に従ってたゆまぬ努力を続けることがよしとされるからである。「他人指向型」は少産少死型の社会（生まれる子どもの数は少ないが死亡率も低いので，人口水準は高めに安定する社会）に特徴的な社会的性格である。少産少死型の社会は消費社会であり，サービス産業中心の社会であるため，他人の顔色を伺いながら生きることがよしとされるからである。セネット（Sennett, R.）は，ポスト産業社会における社会の流動化のさらなる高まりによって，現代の人びとはますます「自分は何者か」を自問しながら生きるようになっていると指摘している。

なお，特定の階級・階層・集団が共有する社会意識の体系は，「（社会的）イデオロギー」と呼ばれることがある。イデオロギーとは，一貫性をもった世界観であり，価値体系である。その世界観・価値体系は，個人的なものというよりも，その人の属する階級や社会的な立ち位置（社会的地位）に規定されている。

(3) 社会指標

社会指標（social indicator）とは，経済指標（economic indicator）の限界を補うために作られた指標である。望ましい社会の状態を測定するための指標としては，GNP（国民総生産）やGDP（国内総生産）のような経済指標が用いられることが多く，現在でもこれらの指標は頻繁に参照されている。だが，経済指標だけでは，望ましい社会状態が実現されているかどうかは十分に測定・評価できないという反省・批判があり，その中で作成されたのが社会指標である。

社会指標は，社会の状態についてバランスのとれた判断を行うために，健康状態，治安（犯罪の発生率），衛生，医療，教育達成の程度，住まい，社会サービスへのアクセス可能性，芸術，余暇，防災，交通など多岐にわたる。

現在でも，さまざまな社会指標が開発されている。たとえば，福祉指標（welfare indicators）は，① 人びとのよりよい暮らし（welfare）の実現の程度や

② 福祉サービスの提供実態を測定・評価するためにつくられた指標である。① の測定におけるキーワードは，「生活の質（QOL：Quality of Life）」である。福祉指標の具体例として「国民福祉指標（NNW：Net National Welfare）」がある。これは GNP（国民総生産）から，防衛費のような国民の福祉に結びつかない費目を除く一方で，余暇などの福祉的要素を加えて作られた指標である。1980年代以降は，「国民生活指標（NSI：New Social Indicator）」の指標化が進められてきた。これは，健康，教育，勤労生活の質，余暇，家族生活など，経済生活だけに限定されない，生活の諸領域における質を測定・評価しようとするものである。主観的な QOL を客観的に測定する指標の作成は難しく，試作が続けられている。

参考文献

長田攻一『社会学の要点整理（改訂版）』実務教育出版，1987 年
ウェーバー, M. 著，清水幾太郎訳『社会学の根本概念』岩波文庫，1972 年
ジンメル, G. 著，清水幾太郎訳『社会学の根本問題―個人と社会』岩波文庫，1979 年
セネット, R. 著，森田典正訳『不安な経済／漂流する個人―新しい資本主義の労働・消費文化』大月書店，2008 年
田中正人・香月孝史『社会学用語図鑑』プレジデント社，2019 年
富永健一『社会学講義―人と社会の学』中公新書，1995 年
パーソンズ, T. 著，佐藤勉訳『社会体系論』青木書店，1974 年
フロム, E. 著，日高六郎訳『自由からの逃走　新版』東京創元社，1952 年
社会理論と社会構造（日本語）単行本―1961/9/10
マートン, R.K. 著，森東吾ほか訳『社会理論と社会構造』みすず書房，1961 年

プロムナード

ルーマンは，チリの生物学者マトゥラーナ（Maturana, H.）とバレラ（Varela, F.）のオートポイエーシスという考え方を社会システム理論に取り入れ，その理論的変革を成し遂げました。オートポイエーシスとは，「自己生産」を意味し，オートポイエーシス的システムとは，システムの構成要素を自ら（システム自身が）生産するようなシステムを指します。ルーマンは，社会システムを，脳・神経システム，心的（意識）システムと並ぶ，オートポイエーシス的システムのひとつ（コミュニケーションを構成要素とするシステム）と捉えています。ルーマンのシステム論では，行為や心（意識）は社会システム（コミュニケーション・システム）の構成要素ではなく，脳・神経や意識は，社会システムとは独立した（閉鎖的な）システムだと捉えられます。脳・神経や意識が社会システムとは独立しているといわれてもピンとこない人が多いかもしれませんが，たとえば意識システムの作動は，ため息や顔の表情などコミュニケーションの次元に現れて（コミュニケーション・システムの構成要素となって）はじめて，他のコミュニケーションと接続することができます。このように，社会システムと他のシステムが接続することを，カップリングと呼びます。ただし，このカップリングは，あくまでもコミュニケーション・システムによる他のシステムの観察として生じており，他のシステムの要素（意識，脳・神経の神経生理学的作用など）が直接コミュニケーション・システムに参加しているわけではありません。

学びを深めるために

日本の格差・階級社会の現状については，橋本健二『新・日本の階級社会』（講談社現代新書，2018 年）などが参考になります。N. ルーマンの社会システム論についてはルーマン自身の著書の翻訳以外にも，G. クニール＆ A. ナセヒ『ルーマン 社会システム理論』（新泉社，1995 年），長岡克行『ルーマン／社会理論の革命』（勁草書房，2006 年）などの解説書が出版されています。

あなたの出身階層（たとえば，親・保護者の学歴・職業など）が，あなたの社会的地位や生き方にどのように影響しているかを検討し，社会階層について考えてみよう。

あなたの出身階層とは異なる，さまざまな出身階層（学歴・職業・所得等）を想像して，それがそこで生まれ育つ人の社会的地位や生き方にどのように影響するのかを考えてみよう。

福祉の仕事に関する案内書

湯浅誠『反貧困―「すべり台社会」からの脱出』岩波新書，2008 年
飯島裕子・ビッグイシュー基金『ルポ　若者ホームレス』ちくま新書，2011 年
宮本節子『ソーシャルワーカーという仕事』ちくまプリマー新書，2013 年

第 3 章

組織と集団

1　社会集団とは何か

日常的になじんだ言葉であっても，本節タイトルのように改めて問われるととまどう言葉は少なくない。集団という言葉は，そのひとつであると思われる。とまどう理由はいくつかあろう。人の集合を指している語だということまでは容易に了解されても，人の集合は，その規模や範囲，集合化の契機，集合継続化の根拠や意義等がさまざまだからであり，わたしたちは，日々経験する集合を，その都度いずれが集団とみなされうるかを考えながら生活しているわけではないからである。

問いのかたちを少し変えてみよう。「学校は社会集団か」。このように問えば，ほぼ全員がイエスと答えるだろう。学齢期に達する前後から，「集団生活のルールを守る」という文脈で「集団」という言葉になじんできている日本人にとって，学校は，「集団」を象徴する集合であるといってよい。では，本書を用いた授業を受講するために教室に集まっている人たちは，社会集団であろうか。あるいは，通学のために利用する駅に一時的に集合する人びとはどうであろうか。このように，生活の中で経験する集合のそれぞれに同様の問いを発し続けてみると，おのずとわたしたちが社会集団とみなしている集合の輪郭が浮かび上がってくる。

そのような生活実感をもとにしつつ，社会集団研究において集団の概念化に取り組んだ研究[1)]を参考にしながら，ここでは小題の問いに，議論の余地はあろうが，集団の成立要件と特性を明らかにするというかたちで，次のように答えを出しておく。

すなわち，社会集団とは，① 一定の関心や志向性が共有されていること（集団という集合の求心力の源），② 成員としての相互行為や相互作用に持続性がみられること（集団という集合の境界の維持），③ その相互性の範囲が限定されていること（成員性の相互規定による所属性の確認），を要件として成立する集合体である。

上記の３点から，a）成員の行動を規制する規範的秩序が存在すること，b）共属感情が分有されていること，という社会集団の特性が導き出される。a）の「規範的秩序の存在」とは，何らかの関心や志向性が共有され，相互行為・相互作用が持続的に展開されるようになると，おのずと成員間に何がしかの地位や役割の分化がみられるようになり，それに伴い相互的期待の束が生じることを意味する。b）の「共属感情の分有」とは，関心や志向性を共有する，限定された範囲内の人びとが相互作用するうちに，成員間に同じ集団に属する成員としての感情的絆（「ウチの会社」「ウチのクラス」等の表現に現れる「われわれ感情」）が生じることを意味する。

以上を踏まえると，大学を含む学校は社会集団であっても，講義科目を受講するために教室に集まる人びとは，境界例ではあるが，社会集団とはいえないことがわかる。確かに，① 一定の関心や志向性は共有されるかもしれない，また② 相互行為，相互作用に多少の持続性はみられることがあるかもしれない（ノートの貸し借り等）が，③ 受講者に共有される成員性（メンバーシップ）の意識はほとんどなく，結果として a）成員の行動を規制する特殊な規範的秩序は内生せず，b）共属感情も通常生じない，とみることができるからである。

ただし，大学あるいは短期大学の授業でも，1 年次の基礎ゼミ相当科目や，3, 4 年次の専門ゼミ相当科目における履修生の集合は，ほとんどの場合，上記成立要件と特性にあてはまる社会集団を構成するといってよい。このことは，社会集団は，重層的，多元的に構成されうることを表している。

2 社会集団の類型化

上記のように，社会集団として概念化される集合体をある程度限定的に捉えたとしても，そこには多種多様な集団が含まれる。さまざまな集団を整理して理解しようとする類型化の試みは，古くから行われてきた。いくつか代表的な類型化を紹介することにしよう。

(1) 集団の成立原理に着目した類型化

まずあげられるのが，テンニース（Tönnies, F.）によるゲマインシャフトとゲゼルシャフトという類型化である[2)]。ゲマインシャフトとは，実在的で自然的な本質意志に基づき，あらゆる分離にもかかわらず本質的に結合し続ける，信頼に満ちた親密な共同体のことである。家族，近隣，村落共同体などがここに含まれる。対してゲゼルシャフトとは，観念的で人為的な選択意志に基づき，あらゆる結合にもかかわらず本質的に分離し続ける，相互に独立する人びとの単なる並存としての機械的な組織体のことである。市場，大都市，国家などがここに含まれる。テンニースは，両者を並存的なものと捉えつつも，近代化の進展とともに人びとの生活にゲゼルシャフトの占める比重が増大し，時代が自己の利益優先，敵対感情といった精神に支配されるようになりつつある事態を憂え，ゲマインシャフトとゲゼルシャフトとが融合した形態であるゲノッセンシャフトにゲマインシャフト的精神の復活を託した。

次に，第一次集団と第二次集団という類型化があげられる。第一次集団とは，クーリー（Cooley, C. H.）が提起した概念であり[3)]，直接的（face-to-face）接触による親密な結びつきと協同を特徴とする小規模集団のことを指し，家族，遊び仲間，近隣，地域集団などがこれにあたる。これらの集団は，人間の自我や社会性の基礎を築くという意味において第一次的と命名された。この第一次集団との対比において，のちに，企業や政党，国家のように，特殊な利害関心に

ゲノッセンシャフト

テンニースのいうゲノッセンシャフトとは，相互扶助といったゲマインシャフト的な経済原理を，結社というゲゼルシャフト的な形式によって実現しようとする協同組合のような集合体のことである。

家族

家族は，「子どもが生みこまれる集団」と，「結婚という契約によってつくられる集団」という２つの側面をもつ。前者に着目してクーリーは家族を第一次集団に分類し，後者に着目してマッキーバーは家族をアソシエーションに分類した。

よって形成され，間接的な相互作用を特徴とする大規模集団を，第二次集団と呼ぶようになった。

さらに，マッキーバー（MacIver, R. M.）のコミュニティとアソシエーションという類型化[4]も重要である。コミュニティとは，風習，伝統，言葉使い等の独自な共通の諸特徴をもつところの，村落，都市，国民社会，人類社会といった共同生活の領域のことを指す。アソシエーションとは，コミュニティに生きる人びとが共同の関心を追求するために，コミュニティの器官として契約によって結成する組織体のことであり，関心の種類に応じて家族，教会，企業，政党，国家等が創りあげられる。コミュニティが全体的かつ包括的性格をもつのに対して，アソシエーションは部分的かつ限定的性格をもつ。

以上の3つの類型化は，概念化の焦点や用法は異なるが，〈ゲマインシャフト・第一次集団・コミュニティ〉は，「そこにいる」ということにおいて結びつく，自然発生的な傾向が強い集団として，他方〈ゲゼルシャフト・第二次集団・アソシエーション〉は，「何かをする」ということにおいて結びつく，人為的傾向が強い集団として総括することができる。現代社会学では，前者のような特質をもつ集団を基礎集団，後者のような特質をもつ集団を機能集団と呼ぶ。

なお，テンニースのみならず，クーリー，マッキーバーが上記のような類型化を行った背後には，近代化に伴う機能集団の台頭と共同体的な連帯の後退という共通の時代認識があった。社会学における著名な集団類型化が19世紀末から20世紀初頭にかけて集中してみられることには，そうした時代性が色濃く反映されているといってよいが，その問題提起には，現代社会の分析にもなお通用する意義ある多くの視点が含まれている。

(2) 集団の境界もしくは構造化に着目した類型化

集団の成立原理に焦点を合わせるならば，その違いによって家族や仲間集団，近隣，企業，政党，国家といった種々の具体的社会集団を類別することが可能となる。しかし，類型化の試みのすべてが，具体的集団の類別に結びつくような議論を展開しているわけではない。具体的集団の性格がいかなるものであれ，個別の諸集団が，それぞれ他の集団とは異なる集団として一体性を獲得し，相互の境界が明確化する社会過程とはどのようなものであるかという観点から提示された類型化もある。

サムナー（Sumner, W. G.）の内集団と外集団の区別[5]はその代表的なものであろう。かれは，諸集団が離合集散する過程において，忠誠や愛情の対象として分化する集団を内集団（われわれ集団），敵意や憎悪の対象として分化する集団を外集団（他者の集団）と名づけた。サムナーによれば，外集団との闘争と内集団の結束とは相互的関係にあり，その相互的関係が，対立する2つの集団の異質性を際立たせながらそれぞれの発展を促すこととなる。

メイヨー (Mayo, G. E.) らのホーソン実験を契機として注目されるようになったフォーマル集団（組織）とインフォーマル集団（組織）という類型化も，集団研究の位相としては，さまざまある具体的集団の性格を，その違いを視野に収めつつ全体的に把握しようとするというよりも，ひとつの集団の内部における下位集団の分化と構造化という文脈で提示された。実験に参加したレスリスバーガー (Roethlisberger, F. J.) は，成文化された規則によって権限と指揮命令系統の構成が規定された組織をフォーマル組織と呼び，このフォーマル組織をもつ集団の内部で非公式に自生し，その独自の行為規範と行動パターン，ならびに思考方法がフォーマル組織の課題達成に決定的な影響力を及ぼすような集団をインフォーマル集団と呼んだ[6]。

ホーソン実験
1927 年から 32 年にかけて米ウェスタン・エレクトリック社のホーソン工場で行われた実験的研究。この実験によって，メイヨーらは，労働者の勤労意欲や作業効率を規定するのは，経済的条件や工場内の物理的環境よりもインフォーマル集団内の人間関係であることを明らかにした。

3 社会集団の維持・存続

集団がまとまっていれば，それだけその集団の存続可能性は高まるといってよい。このまとまり，すなわち求心的な統合度は，集団凝集性と呼び表されることが多い。愛情，信頼，共感，協力といった調和的要素のみならず，憎しみ，不信，反感，闘争といった対立的要素が存在する集団の相互作用過程において，凝集性はいかに維持されるのであろうか。

常識的に考えれば，対立的要素が多いと凝集性が低下し，集団の存続が脅かされるとみなされがちである。しかし，内集団－外集団という類型化を提示したサムナーによれば，先に触れたように，対立的要素はむしろ集団凝集性を高めることになる。この点をより詳細に論じたのが，サムナーと同時代のジンメル (Simmel, G.) であり，かれの闘争理論は，闘争が集団の統一に及ぼす影響の考察を中心に展開されている。ジンメルの闘争理論を一連の命題に整理して再構成したコーザー (Coser, L. A.) の議論も参考にしながら，そのエッセンスを抽出すると以下のとおりとなる[7]。

ジンメルによれば，外集団との闘争は，内集団の一体性の確立と再確認に寄与し，また周囲の社会との境界を維持するのに役立つ。なぜなら，外集団との闘争は，集団成員を奮い立たせ，そのエネルギーを連帯と統一に向けて動員しながら成員間の緊密な相互作用を活発化するからであり，またその統一化エネルギーが内集団の同質性と外集団の異質性を際立たせることになるからである。逆にいえば，統一化エネルギーを十分に動員できず，分裂の危機に直面する集団においては，専制的に外集団との闘争状態をつくりだすことができるならば，分裂の危機を回避できるということになる。独裁者に往々にしてみられる好戦的態度は，この観点から理解される。

闘争が集団の凝集性を強化する機能をもつというのは，外集団との闘争に限ったことではない。内集団における闘争もまた，対立するものの間の緊張を解消し，集団の結合を促進するとジンメルはいう。その前提には，社会関係が密接になるほど葛藤の強度は高まるが，もし葛藤から生じる敵意にはけ口を与える通路がなければ，鬱積（うっせき）した敵意が集団の分裂や成員の集団からの離脱という結果をもたらすはずだという認識がある。闘争は，敵意や攻撃的感情の発散を可能とすることによって，相互の関係を修復し，集団の分裂の危機を未然に回避することにつながるのだ。敵意や攻撃的感情からくる緊張を解消したいという要求は，敵意の対象をすりかえることによっても充足される。コーザーが言及しているスケープゴーティングのメカニズムは，この観点から理解される。

4　社会組織－その合理性と非合理性

(1) 集団的諸過程の統一としての社会組織

社会集団が多少なりとも大きくなると，集団の目標を効果的に達成するために成員間で作業を分担する必要が生じ，それに伴い成員関係が整序される必要が生じてくる。しかし，集団の規模が拡大すると，成員間の異質性が増大し，相互の葛藤は強度を増し，協力関係を維持することは容易ではなくなる。前節でみた闘争は，葛藤状況が集団を分裂や解体へといたらしめるのを防ぐ相互作用過程上の工夫ともみることができるが，より統合化もしくは構造化された工夫もある。組織がそれである。サムナーがいうように[8)]，組織は，多くの異質な諸個人や諸集団が，共通の目的のために連合することにより力を増大させるという，対立的要素を孕んだ集団的諸過程を統一するためのすぐれた構造上の工夫なのである。

社会集団研究において，集団概念も同様であるが，組織概念もさまざまに定義され，組織の特性の把握についてもかなり幅がある。

たとえば，社会心理学的な組織論を展開したクーリーは，社会生活を構成する諸部分の相互依存的な統一性を社会組織と捉え，そこにおける相互作用の自生的な創発的性格を強調している[9)]。他方，経営学の領域において組織論を展開し，組織の社会学的研究にも多大な影響を与えたバーナード（Barnard, C. I.）は，組織を「二人以上の人々の意識的に調整された活動や諸力の体系」[10)]と定義し，その目的性と体系性を強調した。

両者の議論の展開は一見かなり趣が異なるが，ともに組織の成立と維持に果たすコミュニケーションの機能を重視している点で共通している。コミュニケーションは，クーリーにとっては社会組織の統一性を調和的・有機的に発展させるための必須要件であり，バーナードにおいては，目的，協働意欲と並び，組織を成立させる３要素のひとつとして位置づけられている。バーナードは，適切なコミュニケーション技術がなければ，組織はその目的を達成することにも，協働する人びとの意欲を引き出すことにも失敗すると論じている。

(2) 合理的組織としての官僚制

社会組織の発達型は，ウェーバー（Weber, M.）の官僚制概念[11)]に見出すことができる。かれによれば，官僚制は，合法的支配の諸形態の最も純粋かつ高度な仕組みであり，この仕組みは，官吏組織のみならず，近代的な国家，教会，政党，企業等々の大規模組織一般に共通してみられるものである。

その特徴は，おおよそ次の5点，すなわち，①〔規則による職務の配分と遂行〕，②〔組織の階統（ヒエラルヒー）的構成〕，③〔文書主義〕，④〔公私の分離〕，⑤〔職務活動と職務遂行の専門性〕，にまとめられよう。

①は，職務上の義務と権限が規則によって定められ，かつ厳格に制限されていることであり，②は，各部署，各人の関係が明確に秩序づけられた上位・下位の体系をなしていることである。③は，職務遂行が文書に基づいて行われることであり，組織に属する成員の総体は，それに対応する物財や文書の設備とともに事業所をかたちづくることとなる。④は，職務活動と私生活上の活動，事務所と私宅，業務上の資産と個人の資産，業務上の通信と私信とが原理的に区別されていることであり，その区別は階統制の最上位の成員にも適用される。⑤は，職務活動が専門的訓練を前提としていること，ならびに組織の成員が専従的に職務の遂行にあたらなければならないことを意味する。

規則に基づく職務遂行が恣意性と予測不可能性を排除し，上下関係の階統制が無用の軋轢と混乱を抑止し，文書主義が伝達における齟齬を防ぐとともに内容の周知徹底化を促進し，公私の区別が組織の目的に照らした職務遂行の安定性と効率性を高め，職務の専門性と職務への専念がより高度なレベルにおける組織目標の達成を可能とするがゆえに，官僚制的組織は合理的性格をもつといえるのである。

合法的支配
ウェーバーは，支配を，その正当性の根拠という観点から合法的支配，伝統的支配，カリスマ的支配の３つに類型化した。このうち合法的支配は，個人的動機や感情的影響，恣意性や計算不可能性を排し，制定された規則にのみしたがうという意味で合理的とされた。

(3) 合理的組織の非合理的側面―官僚制の逆機能

しかし，ウェーバーは，官僚制組織の合理的性格をただ強調しただけではなかった。かれは，技術的，形式的な合理性を追求することが，非人間的で，実質的に非合理な結果を生みだすことを看破していた。

官僚制の特性とは，ウェーバーにしたがっていま一度まとめれば，職務の処理にあたって，あらゆる純個人的な，一般に計算できない，一切の非合理的な感情的要素を排除することにあるが，それが可能となるのは，組織成員が，計算可能な規則にしたがい，組織が命ずるままに機械のように正確に職務を処理することによってである。ここにおいて組織成員は，不断に進展する官僚制機構のなかで，専門の仕事を託された個々の歯車にすぎなくなり，のちにホワイト（Whyte, Jr. W. H.）がオーガニゼーション・マンの疎外と捉えたのと同様の

オーガニゼーション・マン
プロテスタントの倫理が求心力を失い，個人を取り巻く環境が目まぐるしく変転する時代において，忠誠の対象を組織に求め，それと一体化することによって自らの居場所を確保しようとする人びとのこと。

状況[12]下におかれることになる。

歯車と化した組織成員の職務遂行は，官僚制組織がめざした，高度に効率的な目標達成とは逆の方向に作用することが少なくない。マートン（Merton, R. K.）は，こうした事態を，官僚制の逆機能という観点から「訓練された無能力」と呼び，その発生過程を次のようにとらえた[13]。①官僚制が効果を発揮するためには，反応の信頼性と規則の遵守が要求される，②このような規則の遵守はやがて規則を絶対的なものに，すなわち一連の目的と切り離されたものにする，③このため，予想されなかった事態に対して臨機応変の処置がとれなくなる，④こうして，一般的に能率向上に資すべきはずのものが，かえって非能率を生みだすことになる。

このような逆機能的結果を生み出す要因はいくつか考えられるが，マートンの議論も参考にしながら，先にあげた官僚制の諸特徴との関連において述べるならば，以下のようになろう。

①〔規則による職務の配分と遂行〕との観点からみれば，いわゆる「事なかれ主義」の横行ということが指摘できる。職務上の義務と権限が厳格に制限されているならば，あえて困難な問題に立ち向かうことによってその範囲を逸脱する危険を冒すよりは，できるだけ係わり合いになるのを避け，安穏に日々を送るという保守主義的対応に傾くといってよい。②〔組織の階統的構成〕という観点からみれば，階統制の下位にいくほど自由裁量の余地が小さいために，下位に位置する部署や成員は，ルーティンワークを超え出る案件の処理に関しては上位の部署や成員の判断を仰ぐということを日々繰り返すことになる。③〔文書主義〕という観点からみれば，何事も文書化して実行することが求められるようになると，実際の職務遂行が硬直化する。加えて文書の作成に多大な時間とエネルギーが費やされることによって，その分実際の職務遂行が制約を受けるということが考えられる。

④〔公私の分離〕という観点からみれば，組織成員が顧客と接するときに起こるこう着状態が指摘できる。公私の分離とは，徹底してパーソナルな要素を省き，職務をインパーソナルに処理することだといえるが，顧客の方はパーソナルで親身な取扱いを望んでいることも少なくない。そうした場合，インパーソナルな取扱いを身上とする官僚制は顧客の要求に応えることができず，職務遂行は停滞する。⑤〔職務活動と職務遂行の専門性〕という観点からみれば，いわゆる「なわばり意識」による相互批判，相互干渉の排除が考えられる。職務の専門性が高度に求められるようになると，成員は自らの専門性に誇りをもつようになり，専門外の部署や成員からの批判や干渉に対して抵抗を示すようになる。そうした態度は，それ自体として専門的知識を矮小化することにつながりかねず，またそうした態度がそれぞれの専門部署に蓄積されることにより生じる協力体制の欠如は，領域横断的な知識が必要とされる案件に対し

て対処不能という事態をもたらすこととなる。

このような逆機能の弊害のゆえに，近年，官僚制のアンチテーゼとしてネットワーク型組織やボランタリー・アソシエーションが注目を集めている。

ネットワーク型組織
階統的に構成された組織が，トップダウン式の指揮・命令系統によって厳しく統制されたタテのつながりを基礎としているのに対して，対等で自律的な個人もしくは集団がゆるやかにヨコに連結することによって協働する組織のこと。

ボランタリー・アソシエーション
自発的結社と訳される。共通の目的や関心をもつ諸個人が対等な立場で集い，当該の目的等を達成するために自発的に活動を展開する集団のこと。具体的には労働組合，職業団体，趣味のサークルなどがあげられるが，NPO もそのひとつの典型である。

5 学校・病院・施設

(1) 機能集団としての学校・病院・施設の特殊性

集団内で，集団目標として展開される活動やサービス，あるいはそれらの成果物を提供する対象という観点からみたとき，同じく組織化された機能集団であっても，学校，病院，施設（ここではとくに，施設一般ではなく，福祉施設が焦点となる）は，一般企業や官吏組織とは異なる性格をもつ。一般企業や官吏組織では，集団目標として展開される活動やサービスの対象が主として集団外にいる人びとであるのに対して，学校，病院，施設においては，その対象は主として集団の構成員である。つまり，後者では，集団目標である活動の主体と客体がともに当該の集団を構成する主要部分となっているのである。

この主体と客体，すなわち，教育サービス，医療・看護サービス，ケアサービスそれぞれの提供者と受け手との間には，支配－被支配の関係が生じやすい。サービスを提供する側のもつ専門性が，イリッチ（Illich, I.）が「社会の分極化」と称した〈「専門家」VS「素人」〉という構図の中で，受け手の批判的想像力を奪い，かれらを「心理的不能」の状態に陥れるからである[14]。結果として，サービスの提供者と受け手それぞれが生きる世界は，相互作用はあっても，基本的に異質で相互浸透性のない世界となる。

このような集団内の相互浸透性のない２つの世界の間の社会的距離が大きくなればなるほど，また集団自体が外部社会に対して閉鎖的になればなるほど，当該の集団は全制的施設化しやすい。

(2) 全制的施設

全制的施設（total institution）とは，ゴッフマン（Goffman, E.）によれば，「多数の類似の境遇にある個々人が，一緒に，相当期間にわたって包括社会から遮断されて，閉鎖的で形式的に管理された日常生活を送る居住と仕事の場所」[15]のことである。その例としてかれがあげているのは，福祉施設，精神科病院，刑務所，寄宿学校，修道院等である。ゴッフマンの関心は，このような全制的施設において入所者が経験する自己変容にあり，かれはそれについて次のように論じている。

全制的施設においては，入所者が入所前の「家郷世界（home world）」で形成してきた自己アイデンティティと結びついた役割の文化的剥奪が起り，そのことによって，一人前の人間としての自己決定，自律性，行為の自由等が侵犯されるという自己の無力化が進行する。その無力化と並行して「特権体系」(罰と報奨の体系) が教化されることにより，自己アイデンティティの再編成がなされ，入所者は施設の内部に広がる世界に適応するべく新たな役割を取得することとなる。

その適応にはいくつか方途がある。第1は「状況からの引きこもり (situational withdrawal)」であり，退行とも称されうる相互行為の徹底的な縮減である。第２は「これ見よがしな非妥協的態度 (the intransigent line)」であり，協力関係の意識的な拒絶である。第３は「植民地化 (colonization)」であり，施設の基本路線を全面的に受け入れ，施設内で入手できる限られたものから最大限の満足を引きだすことに安住する方法である。第４は「転向 (conversion)」であり，「非の打ちどころのない被収容者」役割を遂行する者として自己呈示する過剰同調的な方法である。入所者は，それぞれの境遇下でこれらの方途のいずれか，あるいはいくつかを組み合わせて「施設世界」への適応をはかり，やがてはそこから身体的にも心理的にも無傷で脱出する機会を得ることを目指すのである。

しかし，新たな役割取得により獲得される新しい自己アイデンティティは，全制的施設にいたということがもたらすスティグマ付与と相まって，退所後の地位貶下と生活不適応の要因ともなる。

自己呈示
相互行為場面で，他者から好意的評価を引きだすために自己を実際以上に優れた存在として印象づけようとふるまうこと。E. ゴッフマンの役割理論の中心的概念のひとつ。

スティグマ
社会的関係性の中で，ある人が，同一カテゴリーに属する他の人びとと異なっていると判断される，人の信頼を失わせるような望ましくない徴表のこと。社会はつねに，特定の諸個人あるいは集団に対するスティグマ付与と差異的取り扱いを正当化するイデオロギーを考案するとゴッフマンは論じている。

学校，病院，施設のすべてがカテゴリカルに全制的施設であるということではない。しかし，これらの組織化された集団において，その目標達成に向けた活動が十分な成果を上げられないとき，あるいは逆機能的な結果をもたらすとき，その要因分析に，全制的施設という概念はきわめて有意義な視点を提供するといってよい。

注)

1) 田野崎昭夫『現代社会研究シリーズ 9 現代の社会集団』誠信書房，1971 年
　中久郎『社会学原論―現代の診断原理』世界思想社，1999 年
2) テンニース，F. 著，杉之原寿一訳『ゲマインシャフトとゲゼルシャフト―純粋社会学の基本概念』岩波書店，1972 年
3) クーリー，C.H. 著，大橋幸・菊池美代志訳『現代社会学大系 第４巻 社会組織論』青木書店，1970 年
4) マッキーバー，R.M. 著，中久郎・杉本通晴監訳『コミュニティ―社会学的研究：社会生活の性質と基本法則に関する一試論』ミネルヴァ書房，1975 年
5) サムナー，W.G. 著，青柳清孝・園田恭一・山本英治訳『現代社会学大系 第３巻 フォークウェイズ』青木書店，1975 年
6) レスリスバーガー，F.J.，野田一夫・川村欣也訳『経営と勤労意欲』ダイヤモンド社，1952 年
7) ジンメル，G. 著，堀喜望・居安正訳『世界の思想６　闘争の社会学』法律文化社，1966 年
　コーザー，L.A. 著，新睦人訳『社会闘争の機能』新曜社，1978 年
8) サムナー，*op. cit.*（前掲訳書）

9) クーリー, *op. cit.*（前掲訳書）
10) バーナード, C.I. 著, 山本保次郎・田杉競・飯野春樹訳『新訳　経営者の役割』ダイヤモンド社, 76, 1968 年
11) ウェーバー, M. 著, 阿閉吉男・脇圭平訳『官僚制』恒星社厚生閣, 1987 年
12) ホワイト, W.H. 著, 岡部慶三・藤永保訳『組織のなかの人間 上・下―オーガニゼーション・マン』創元新社, 1970 年
13) マートン, R.K. 著, 森東吾・森好夫・金沢実・中島竜太郎共訳『社会理論と社会構造』みすず書房, 1973 年
14) イリッチ, I. 著, 東洋・小澤周三訳『脱学校の社会』東京創元社, 1983 年
15) ゴッフマン, E. 著, 石黒毅訳『アサイラム―施設被収容者の日常世界』誠信書房, v, 1984 年

プロムナード

「集団」という名称はつきますが，本章で規定したような社会集団にはあてはまらない現象に，準拠集団という考え方があります。

準拠集団の理論を体系的に展開した R. K. マートンによれば，準拠集団とは，集団もしくは集団内の人びとの価値や規範が自己評価や自己の態度形成の基準となるような集団のことです。自己評価の基準とは，自己の相対的位置を評定するための比較的評価の基準を意味し，態度形成の基準とは，自己にふさわしい価値や行動を選択するための規範的評価の基準を意味します。

たとえば，先輩社員たちの仕事ぶりをみて「自分はまだまだダメだ」と思うとき，その先輩社員たちは自己評価の基準として機能しているのであり，「自分もああなりたい」とその価値や行動パターンを身につけようとするとき，かれらは態度形成の基準として機能しているのです。

準拠集団は，所属集団のこともあれば，非所属集団のこともあります。上記の例は，所属集団が準拠集団となっている例ですが，たとえば中高生が AKB48 や乃木坂 46 にあこがれ,「かのじょたちのようになりたい」とメンバーの行動をまねたり，言動や考え方に現れた価値観を内面化したりするとき，非所属集団が準拠集団となっているといえます。

マートンはとくに，後者の非所属集団への志向性が果たす機能の解明を重視しました。

学びを深めるために

山田真茂留『集団と組織の社会学－集合的アイデンティティのダイナミクス』世界思想社，2017 年

社会集団研究の基礎理論と基礎概念を丁寧にレビューしつつ，当該研究領域における今日的な検討課題をわかりやすく論じています。

社会福祉実践における専門性の追求の順機能と逆機能について，具体的に考えてみよう。

社会福祉施設が全制的施設としての側面をもつとはどういうことかを，具体的に考えてみよう。

福祉の仕事に関する案内書

ゴッフマン, E. 著，石黒毅訳『アサイラム―施設被収容者の日常世界』誠信書房, 1984 年

第 4 章

現代社会の人口問題

1　日本の人口問題

2014（平成 26）年 5 月 3 日に日本の政府は，「50 年後人口 1 億人を維持」という人口維持の目標値を公表した。2012（平成 24）年に 1.41 だった合計特殊出生率を 2.07 まで引き上げて人口一億人を維持することが目指された。このままでは，少子化による人口減少が進み，約 50 年後の 2060 年の人口が 8 千万人台になることが推計されるからだった。

人口減少
社会において出生数よりも死亡数や移民や転出者の方が多く，継続して人口が減少していく現象のこと。人口が減少することにより生産労働人口の減少や消費力が低下することから，経済活動への影響が懸念される。

ほぼ同じタイミングで民間の会議体である日本創生会議からは，日本の自治体の約半数が若年女性人口の移動により消滅する可能性がある「消滅可能性都市」であると報告され，地方自治体も含めて人口問題が日本の課題であることが改めて喚起された。人口急減と高齢化対策が喫緊の課題であることが提示された。

しかし，その後も合計特殊出生率は低下し 2019 年の合計特殊出生率は，1.36 に低下しており，一方で高齢化率は 28.7%（令和 2 年 10 月 1 日現在）と過去最高を示し，さらなる少子高齢化が進んでいる。

少子高齢化
現代社会において子どもの出生数がきわめて少なくなりつつある一方で，人口に占める 65 歳以上の高齢者の割合が増大する社会現象のこと。こうした人口転換は，経済，社会の発展とともに生じやすい不可避的側面がある。

人口問題とは，人口に関して生じる問題のすべてを意味し，人口問題はつねに社会問題として現れる。量的な人口問題は，国の人口の大きさや変化の速度，人口構成，人口動態などが社会の状況に対して不均衡であるときに生じる。日本の人口の推移を見てみると，最初の国勢調査のあった 1920（大正 9）年の総人口は 5, 596 万人と 6 千万人足らずであった。その後，第二次世界大戦による

図表 4 − 1　日本の総人口の推移

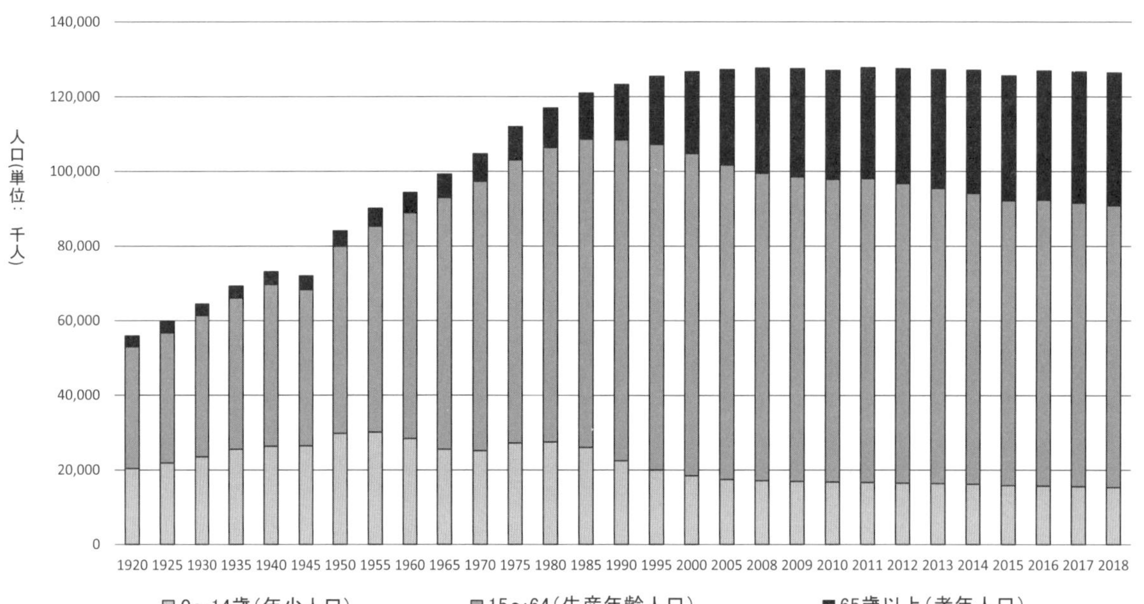

出所）総務省統計局「日本の統計 2020」より作成

図表 4 − 2　総人口の人口増減数及び人口増減率の推移（1950 年～ 2019 年）

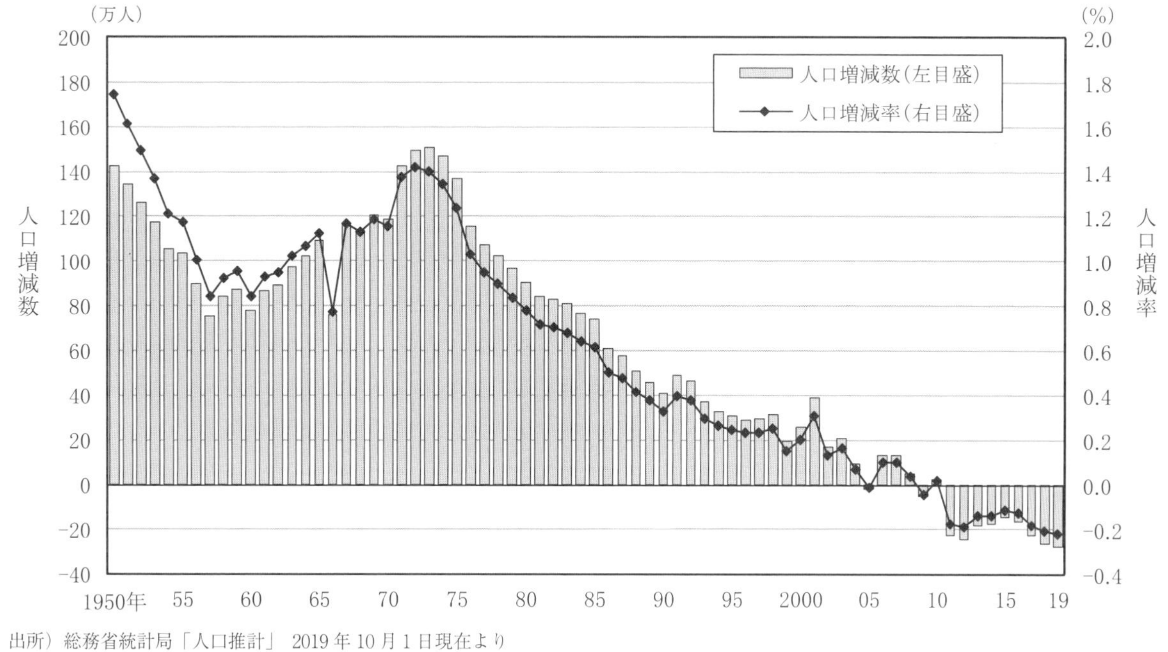

出所）総務省統計局「人口推計」 2019 年 10 月 1 日現在より

減少を除いて徐々に増え，1970 年の国勢調査では 1 億 466 万人と 1 億人を超えたが，2010 年の 1 億 2, 805 万人をピークに 2011 年より減少始め，2015 年の国勢調査結果では総人口は 1 億 2, 709 万人まで減少している。

さらに，年齢構成をみると，1920 年当時は，年少人口（0 ～ 14 歳）が 36.5%，生産年齢人口（15 ～ 64 歳）58.3%，老年人口（65 歳以上）5.3%であったが，2015 年には，年少人口 12.6%，生産年齢人口 60.7%，老年人口 26.6%と，年少人口と老年人口の構成比が大きく変化している。

国立社会保障・人口問題研究所による平成 29 年推計の日本の将来人口は，2053 年には 1 億人を割って 9, 924 万人と，2065 年には 8, 808 万人になるものと推計されている（出生中位推計）。さらに，2065 年の年少人口は 10.2%，生産年齢人口は 51.4%，老年人口は 38.4%とさらに少子高齢化社会が進行することが予想されている。この少子高齢化の進行は，老年人口を生産年齢人口で割ると 2015 年の 43.8（働き手 2.3 人で高齢者 1 人を扶養）から 2065 年には 74.6（働き手 1.3 人で 1 人を扶養）に達することを意味し，年金や医療費など社会保障制度の維持に大きな影響が伴うことが示されている。このことからも，現代日本の人口問題は，人口減少と少子高齢化のさらなる進行であるといえる。

2　人口学の基本概念

近代社会に入り産業化，工業化の進展によって，人びとは，食糧不足がなくなり生活水準が上昇し，豊かな社会が実現すると考えた。イギリスの古典経済学者マルサス（Malthus, T.）は，このような楽観的な考え方に対し，1789 年の有名な著作である『人口論』の中で批判し，食料と人口についての論争を提起した。当時ヨーロッパの人口が急激に増加していたことから，人口の増加する速さに対して，食料の増加は限られた資源に依存しており，人口増は食糧の増加を上回ることを指摘した。その結果もたらされる貧困や飢餓を避けるために，行き過ぎた人口成長を抑制する必要があると予測した。

人口論
マルサス(1766-1834) による人口学の古典的著作。人口増加が抑制されないと食料が不足するようになると，人口と食料との関係についての論争を提起した。

19 世紀から 20 世紀にかけての欧米における人口は，マルサスの予想と異なり，人口成長率が次第に低下していったため，多くの先進工業国では人口減少が危惧された。今日，日本を始め，先進諸国では少子高齢化による人口減少が問題とされているが，一方で世界人口の急激な増加と自然環境への影響は，マルサスの見解に再び信憑性をもたらすものである。このように，人口にかかわる諸問題，人口の規模，変化の速度，構成などが主な原因となって社会に発生する問題が人口問題である。

人口問題
人口に関して生じる問題のすべてを意味し，量的な問題と質的な問題がある。量的な問題は，人口の規模や変化の速度，人口構成，人口動態などが不均衡であるときに生じる。質的な問題は，年齢，就業，社会階層，教育程度など構成上の問題を論じるものである。

人口の研究を，人口学といい，官庁統計などが用いられる。人口学は，人口の規模や，人口の増減などの解明を問題としている。人口は，出生，死亡，移動によって規定される。人口移動だけでなく，社会的文化的要因が，その集団の出生水準や死亡水準に影響をもたらしていると考えられる。今日，どの先進国でも，人口センサスを実施しており，自国人口について基本的統計を集計し分析している。

ここで，人口学で用いられる基本的概念について確認しておこう。人口とは，一定の地域に住んでいる人間の数のことを指す。人口現象とは，人口の規模や人口構造の変化を指し，社会システムと双方向的に影響がある。人口現象の分析には，ある時点で切り取った人口規模や人口構造の分析である人口静態を分析する方法と，その変化を分析する人口動態を分析する方法とがある。

人口構造
性別，年齢，配偶関係，国籍，居住地，学歴，労働力状態，職業など属性別の人口構成のこと。人口ピラミッドは，これらのうち性別と年齢からその地域の人口構造の特徴を示すものである。

人口総数は，前年人口総数に一年間の人口増減（人口変動）を加えたものである。つまり，今年の人口総数とは，昨年の人口総数に 1 年間の人口の増減を足したものである。この 1 年間の人口の増減（人口変動）とは，出生と死亡の差である自然増加と転入と転出の差である社会増加を足したものとなる。すなわち，人口の変動は，自然増加と社会増加の両方が含まれることになる。

人口動態
ある一定期間における人口規模や人口構造の変化のこと。出生や死亡による自然増加と転入など人口移動による社会増加の影響を受ける。これに対して，ある時点で切り取った人口規模や人口構造のことを人口静態という。

年齢別人口構造では，年少人口（1-14 歳），生産年齢人口（15-65 歳），老年人口（65 歳以上）のうち，従属人口とは，年少人口と老年人口を合わせたものである。高齢化率は総人口に占める老年人口の比率を示す。生産年齢人口に占める従属人口の割合を従属人口指数というが，これは生産年齢人口がどれだけの年少人口と老年人口を扶養しているか示す値である。

出生率には，普通出生率と合計特殊出生率の 2 つの指標がある。普通出生率は，人口千人当たりの出生数を指し，パーミル（‰）で表す。合計特殊出生率は，

図表4－3　人口ピラミッドの推移（1920年・2015年）

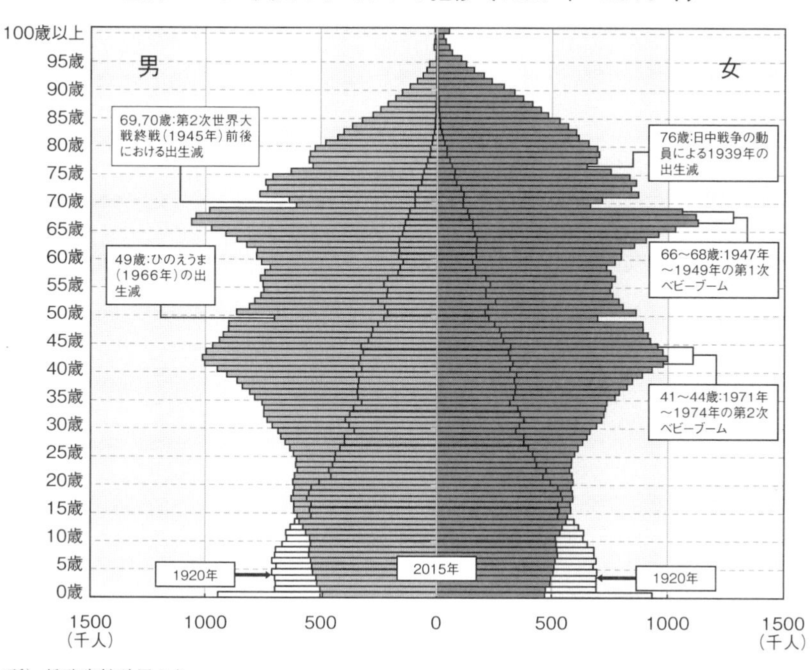

出所）総務省統計局より

人口の概念
一定の地域に住んでいる人間の数のこと。人口をめぐる現象として，人口規模（総数）や人口構造の変化がある。人口規模の変化は，経済や社会保障制度など社会システムへの影響が大きい。

女性が平均して生涯（15-49歳）に何人子どもを産むかを示したものである。普通出生率がその集団の年齢構成に影響を受けやすいため，少子高齢化の今日では，合計特殊出生率をよく用いる。社会の純生産率が1の場合の合計特殊出生率を人口置き換え水準という。

一方，普通死亡率は，人口千人に対する年間の死亡数を表し，普通出生率同様にパーミル（‰）を用いる。平均余命はある年齢の人が生存を期待できる残りの年数のことであり，平均寿命とは，0歳時点での平均余命のことを指す。

先に述べたように，これらの指標はその地域の医療や衛生水準，その他の社会的要因を反映したものとなる。

では，日本の人口の基本構造はどうなっているだろうか。日本の人口センサスである国勢調査が最初に行われた1920（大正9）年と2015（平成27）年調査での人口ピラミッド（男女ごとに年齢別人口を表示したグラフのこと）を比較してみよう（図表4－3）。

1920年の人口ピラミッドでは，年少人口が多く老年人口が少ない富士山型をしていたことがわかる。しかし，少子高齢化が進んだ2015年の人口ピラミッドでは，2度に渡るベビーブームにより生まれた世代が横に突き出しているが，年少人口が減少し老年人口が増加したことにより重心が上に動きつつあるつぼ型をしている。この人口ピラミッドの変化からも，明らかに日本は超高齢社会に移行したことが示されているといえよう。

超高齢社会
高齢化社会とは，1956年の国連の報告書において，65歳以上を高齢者と位置づけ，当時の欧米先進国の水準に合わせて7%を超えた状態と定義された。一般的に，65歳以上の人口が，14%を超えると「高齢社会」，21%を超えると「超高齢社会」と分類される。

3　人口転換と社会

マルサスは『人口論』の中で人口と食料の問題について論じ人口の抑制を説いたが，マルクスやデュルケムも産業社会や資本主義の発展とともに，労働人口が増えることを取り上げている。また，ジンメルも都市化の進展による現代人の精神性をテーマに取り上げ，ワース（Wirth, L.）は都市的生活様式の 3 要素のひとつとして人口の規模を取り上げている。

近代の産業社会の発展に伴い，都市に人口が集中するだけでなく，公衆衛生など生活環境の向上に伴い死亡率が下がり人口が増加していく。人口学では，先進国における死亡率に対する出生率の変化を人口転換と呼び，18 世紀後半から 20 世紀前半までのヨーロッパの人口変動の歴史的経験を理論化したのが人口転換論である。人口現象と他の社会現象の関係を研究する人口研究の中心的理論であり，人口転換には次の三段階の過程がある。

第一段階は，出生率と死亡率がともに高く，乳児死亡率も大変高く，ほとんどの伝統的農業社会にみられる状態である。労働力確保のためや宗教や社会制度などの影響もあり，高い出生率が維持されたが，飢饉，疫病，戦争などによる高い死亡率によって均衡を保つため，ほとんど人口は増加しない多産多死の状態である。

第二段階は，欧米では，地域的に差があるが，19 世紀初めに始まった。出生率が引き続き高いまま，工業化や都市化に伴う所得水準の上昇や医療・公衆衛生の発達，乳児死亡率の低下などにより，社会全体の死亡率が低下していく。この段階では人口は著しく増加が見られる多産少死の状態である。

その後，第三段階として，1930 年代以降より出生率・死亡率ともに低い社会が実現し，人口が静止安定する少産少死の社会に至った。背景としては死亡率の低下により家族や社会の存続が可能となったこと，子どもの養育コストの増大，結婚・出産に対する価値観の変化，出生抑制技術の普及などによって出生率が低下したことなどがあげられる。

この一連の過程は，国内での階層間格差や地域間格差などで違いが見られるだけでなく，欧米の国々によっても必ずしも同じではなく，かなりの差が見られる。また，先進国の出生力が完全に安定したわけでもない。しかし，この理論は，近現代社会の人口学的特性に見出される変化を描写している。

たとえば，アメリカの社会学者リースマン（Riesman, D.）は著書『孤独な群衆』の中で，社会的性格の形成について，人口成長期，過渡的成長，初期的減退という人口変化を指標とするような社会変動に応じて論じている。多産多死の前近代社会の共同社会では伝統や慣習に従う社会体系に適応した「伝統指向型」の社会的性格が，多産少死の資本主義の発展期には自分の信念や良心に従う「内部指向型」の社会的性格が形成される。少産少死の大衆社会では，マスメディアを通して他人の動向に注意を払い他者の期待や好みに反応する「他人指向型」の社会的性格が成立したとし，産業社会における家族や仲間，マスメディアとの関係から社会的性格の形成要因を分析している。

日本社会と人口転換との関係では，明治維新以前が多産多死の社会であったが，明治時代に入ると近代国家として人口政策が行われるようになった。人口を増やすための政策として1880年に規定された旧刑法の堕胎罪では，子どもを中絶することを禁じただけでなく，中絶にかかわった者とその当事者である女性を罰した。さらにナチスの断種法にならって1940年には国民優生法が制定された。この法律は「第一条　本法は悪質なる遺伝性疾患の素質を有する者の増加を防止するとともに健全なる素質を有する者の増加を図り以て国民素質の向上を期することを目的とす」と，優生学的目的を持つものであった。すなわち悪い遺伝性疾患を持つ子孫が増えることを阻止する断種法という側面と，健全な子孫が増えることを推進するための中絶の禁止である。さらに，1941年には人口政策確立要綱が閣議決定し，避妊も禁止され，当時の軍国主義における「産めよ増やせよ」の人口増強政策の影響のもとにあった。

敗戦後の日本では，外地からの引揚者，復員者の帰還などで人口過剰問題が生じていた。そのため人口抑制施策として1948年に優生保護法が制定される。この法律は「第一条　この法律は，優生上の見地からの不良な子孫の出生を防止するとともに，母性の生命健康を保護することを目的とする」とあるように，戦前の国民優生法にみられた優生学思想的見地を継承したものである。しかし，国民優生法では禁止された中絶については，人工妊娠中絶を行うことが母性保護上必要であると認める場合について，また経済的理由による中絶もその後許可されるようになった。

この優生保護法は，1996年には優生保護法における優生思想にかかわる条項が削除されて母体保護法が成立した。刑法の堕胎罪は存続しているが，この

図表４－４　人口転換モデル

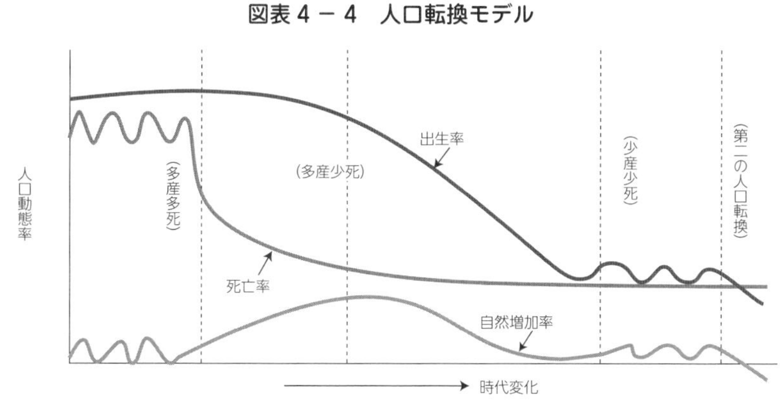

資料：阿藤誠「現代人口学」を元に内閣府で修正。
出所）内閣府『平成16年版 少子化社会白書』より

法律によって，身体的又は経済的理由により母体の健康を著しく害するおそれのあるものなど条件によって人口妊娠中絶の選択が可能であることになる。

このように，日本の人口も明治以降は近代国家としての人口政策によって多分に影響を受けてきているが，昭和 30 年代半ばぐらいまでは人口が増加しており，多産少死の時代であったといえるだろう。しかし，戦後の人口抑制政策もあり，それ以降は少産少死の段階に入ったと考えられる。

アジアやアフリカなどの他の地域では，第二次世界大戦後に死亡率が急速に低下した一方で，出生率が高い水準で推移しつづけてきた。しかし，国による違いはあるものの 20 世紀の末までに出生率低下が始まり，「少産少死」の段階に入りはじめている。

人口置換水準
人口が増加も減少もしない均衡した状態となる合計特殊出生率のことをいう。

これまでの人口論では，「多産多死」から「少産少死」への人口転換を経ると人口動態は安定するものと考えられていた。しかし，最初に「少産少死」に到達した欧米の先進諸国では，人口置き換え水準よりも一層の出生率低下の現象がみられている。これは，「第二の人口転換」と呼ばれ注目されている。この現象は，効果的な避妊法の普及，未婚化の進行による晩婚・晩産化の進展などがもたらしたものであると考えられているが，その背景には，結婚や家庭に対する個人や夫婦の価値観の変化があるとされている。日本でも，人口置き換え水準を割った合計特殊出生率の低下傾向を示し，こうした「第二の人口転換」に至っていると受け止められている。そのため進行しているさらなる少子化と人口減少が危惧されている状況にある。

4　日本社会の少子高齢化

ベビーブーム
第二次世界大戦後，子どもの誕生が爆発的に増加した 1947 年から 1949 年までの三年間のことを第一次ベビーブームといい，生まれた世代のことは第一次ベビーブーマーや団塊の世代と呼ばれる。この世代の子どもたちが生まれた 1971 年から 1974 年は第二次ベビーブームと呼ばれ，この時に生まれた子どもたちは団塊ジュニアと呼ばれる。

日本社会の少子化について出生数の推移からみていくと，戦後の第一次ベビーブームでは約 270 万人と最高の出生数を記録し，第二次ベビーブームでも約 210 万人と多かった。しかし，1975 年から 200 万人を割り込み，その後減少し続け，1984 年には 150 万人を割り込み，その後も少しずつ減少している。2019 年には前年の 2018 年の 91 万 8, 400 人より 5 万人以上減少し 86 万 5, 234 人となり，90 万人を割り込んだ。

合計特殊出生率についても，第一次ベビーブーム期（1947-1949 年）には 4.3 を超えていたがその後低下し続け，第二次ベビーブーム期（1971-1974 年）を経て 1975 年には人口置き換え水準を下まわり 2.0 となったがそれ以降も低下し続けた。1989 年には，特に出産を避ける理由が見当たらなかったがそれまでの持続的低下の進行により，1966 年の丙午（ひのうえうま）の年の合計特殊出生率 1.58 を下回る 1.57 になった。このため，1989 年の合計特殊出生率が 1.57 であったことが判明した 1990 年には，少子化の現状に対する社会的反響が大きく“1.57 ショック”と呼ばれた。

このため，1992年からは育児休業法（1995年より育児・介護休業法）が施行され，1995年度から「今後の子育て支援のための施策の基本的方向について」（エンゼルプラン）が，2000年度からは「重点的に推進すべき少子化対策の具体的実施計画について」（新エンゼルプラン）など，5カ年ごとに少子化対策および子育て支援施策が取り組まれ，2015年度からは「子ども子育て支援新制度」が取り組まれている。しかし，これまでの数々の少子化対策も合計特殊出生率の上昇に対しては功を奏しておらず，2005年には過去最低の1.26まで下がった。その後少し上昇したが，2019年には前年より0.06下がり1.36であった。政府は2025年までの少子化対策の指針となる2020年5月の「少子化社会対策大綱」において，子どもを出産したい人の夢が叶う場合の出生率として希望出生率1.8を目標として明記して実現を目指している。

欧米先進諸国との比較では，これらの国々の合計特殊出生率の推移は1965年頃より1980年代にかけては，全体として低下傾向を示していたが，1990年頃より回復傾向を示す国も見られた。しかし，2010年頃よりそれらの国々も再び低下している。日本は，これらの国々の中でも1990年頃からほかの国々より低下傾向が大きく現在は下位にある。

アジアの国々では，韓国，台湾，香港，シンガポールは，1970年頃には日本より高い合計特殊出生率を示していたが，その後10年間で大きく低下傾向を示し，現在では日本より低い。これらの国々は欧米諸国と異なり，少子化の急激な進行が特徴である。

日本の1970年以降の合計特殊出生率の低下の背景には女性の晩婚・晩産化

図表4－5　出生数及び合計特殊出生率の年次推移

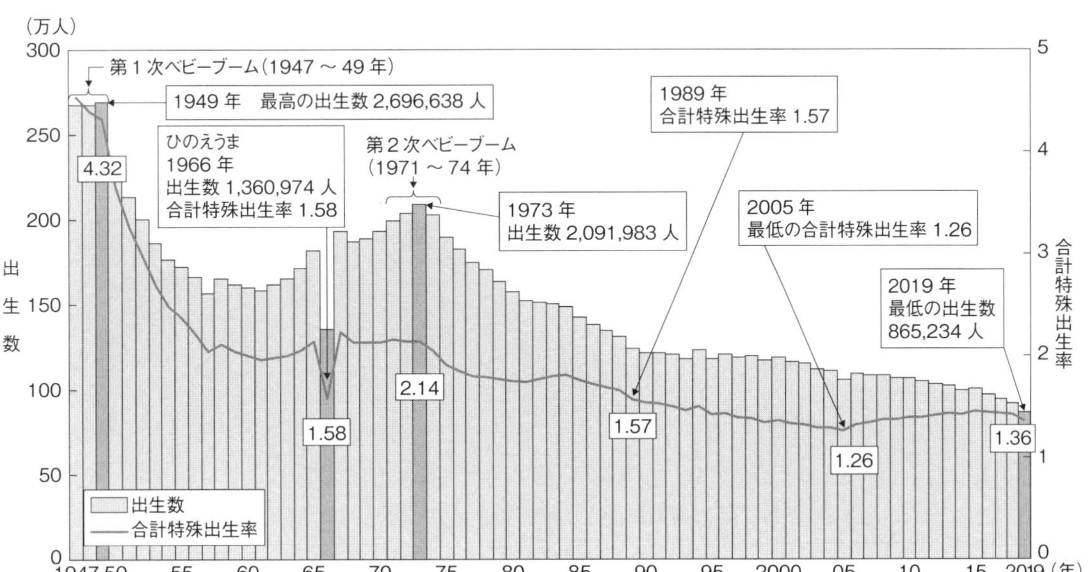

資料：厚生労働省「人口動態統計」
出所）厚生労働省『令和2年版　少子化社会対策白書』より

が考えられる。人口動態統計によると，1975 年時点での平均初婚年齢は女性 24.7 歳，男性 27.0 歳であり，第一子出産時の母親の平均年齢も 25.7 歳であった。しかし，2018 年の平均初婚年齢は女性で 29.4 歳，男性で 31.1 歳と男女とも 4 歳から 5 歳上がっており，そのため母親の第一子の平均出産年齢も 30.7 歳と 43 年間で 5 歳上昇した。さらに，未婚率も上昇しており，50 歳時の未婚率は，1970 年には男性 1.7%，女性 3.3%であったが，2015 年の国勢調査結果では男性 23.4%，女性 14.1%へとかなり上昇している。

結婚した夫婦が産む子どもの数も減少傾向を示しており，国立社会保障・人口問題研究所による出生動向基本調査によると，夫婦の完結出生児数は 1972 年の 2.20 人から 2002 年の 2.09 人まで 30 年間 2 人を維持してきたが，2010 年からは 1.96 人と 2 人を割り，2015 年には 1.94 人へと減少を示している。理想の子ども数のほうが現実の子ども数を上回っており，理想の子ども数をもたない理由で一番多いのは「子育てや教育にお金がかかりすぎるから」(56.3%) であるが，二番目に多いのが「高年齢で産むのは嫌だから」(39.8%) があげられている。少子化の要因としては，子育て費用の問題に加え，婚外での出産が少ない日本では未婚化や晩婚化の進行など，結婚行動の変化にともなう影響が大きいと考えられる。少子化対策として，子育てへの経済的支援に加え，家庭を持ちたい若い人が結婚や出産をしやすい社会環境を整えることが望まれる。

一方，日本人の平均寿命は，1950 年には男性 58.0 年，女性 61.5 年であったが，2018 年には男性 81.25 年，女性 87.32 年と，前年に比べて男性は 0.16 年，女性は 0.05 年さらに上回り過去最高である。少子化で総人口が減少する中，長寿化がすすみ，日本は少子高齢化の進行が顕著である。

高齢社会白書によると，65 歳以上人口については，2019 年 10 月 1 日現在で 3, 589 万人となっている。総人口 1 億 2, 617 万人に占める割合，すなわち高齢化率は 28.4%となった。男女別では，男性が 1, 560 万人，女性が 2, 029 万人で男性対女性の割合は 3：4 と女性の方が多い。65 歳以上人口のうち，「65 歳～74 歳人口」は 1, 740 万人で総人口に占める割合は 13.8%となった。「75 歳以上人口」は 1, 849 万人で総人口に占める割合は 14.7%と 65 歳～ 74 歳人口を上回った。

国立社会保障・人口問題研究所が 2017 年 4 月に公表した「日本の将来推計人口」によると，65 歳以上人口は，「団塊の世代」が 65 歳以上となった 2015 年に 3, 387 万人となり，75 歳以上となる 2025 年には 3, 677 万人に達すると計算されている。その後も 65 歳以上人口は増加傾向が続き，2042 年には 3, 935 万人でピークを迎え，その後は減少に転じると推計されている。

総人口が減少する中で 65 歳以上の者が増加することにより高齢化率は上昇を続け，2036 年に 33.3%で 3 人に 1 人となる。2042 年以降は 65 歳以上人口が減少に転じても高齢化率は上昇を続け，2065 年には 38.4%に達して，国民の

図表４－６　高齢化の推移と将来推計

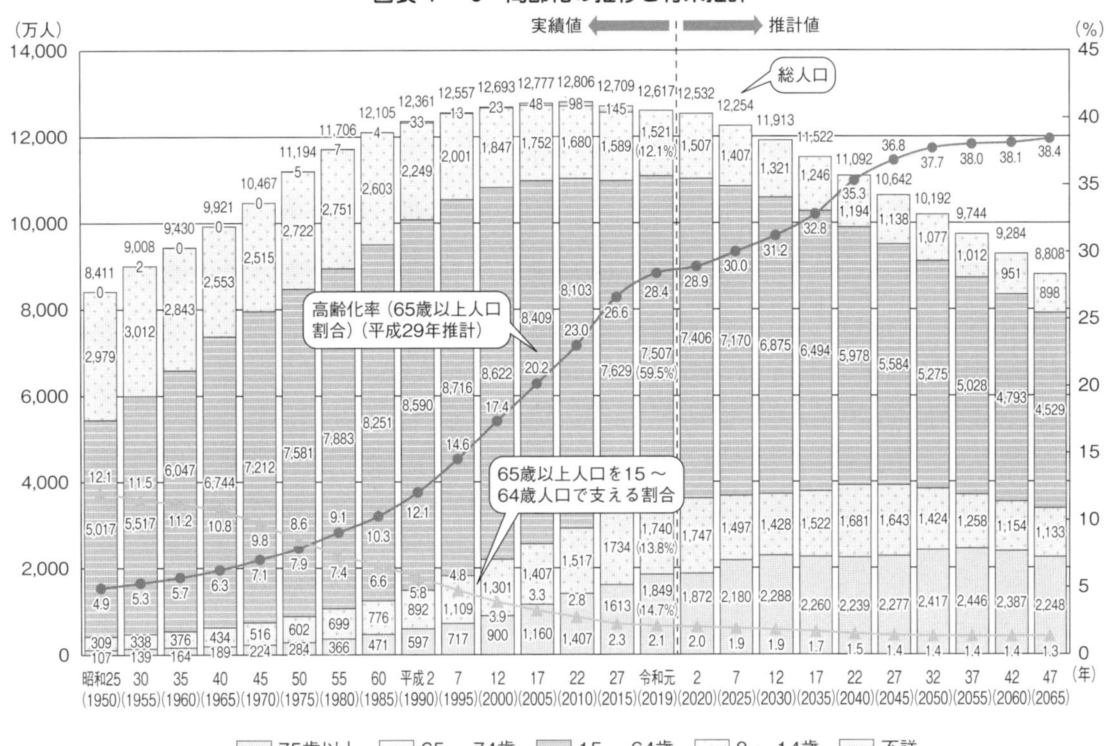

資料：棒グラフと実線の高齢化率については，2015年までは総務省「国勢調査」，2019年は総務省「人口推計」（令和元年10月1日確定値），2020年以降は国立社会保障・人口問題研究所「日本の将来推計人口（平成29年推計）」の出生中位・死亡中位仮定による推計結果。

（注1）2019年以降の年齢階級別人口は，総務省統計局「平成27年国勢調査　年齢・国籍不詳をあん分した人口（参考表）」による年齢不詳をあん分した人口に基づいて算出されていることから，年齢不詳は存在しない。なお，1950年～2015年の高齢化率の算出には分母から年齢不詳を除いている。ただし，1950年及び1955年において割合を算出する際には，（注2）における沖縄県の一部の人口を不詳には含めないものとする。

（注2）沖縄県の昭和25年70歳以上の外国人136人（男55人，女81人）及び昭和30年70歳以上23, 328人（男8, 090人，女15, 238人）は65～74歳，75歳以上の人口から除き，不詳に含めている。

（注3）将来人口推計とは，基準時点までに得られた人口学的データに基づき，それまでの傾向，趨勢を将来に向けて投影するものである。基準時点以降の構造的な変化等により，推計以降に得られる実績や新たな将来推計との間には乖離が生じうるものであり，将来推計人口はこのような実績等を踏まえて定期的に見直すこととしている。

出所）厚生労働省『令和２年版 高齢社会白書』より

約2.6人に１人が65歳以上の者となる社会が到来すると推計されている。

先進諸国の高齢化率を比較してみると，日本は1980年代までは下位，90年代にはほぼ中位であったが，2005年には最も高い水準となり，今後も高水準を維持していくことが見込まれている。

高齢化の速度について，高齢化率が7%を超えてからその倍の14%に達するまでの所要年数（倍加年数）によって比較すると，フランスが126年，スウェーデンが85年，アメリカが72年，比較的短い英国が46年，ドイツが40年かかっている。日本は，1970年に7%を超えると，その24年後の1994年には14%に達し，欧米の先進諸国に対し高齢化の速度が２倍から６倍の速度で進行しておりとても早いことが明らかである。一方，アジア諸国では，韓国が18年，シンガポールが17年など，日本よりさらに早い速度で進行しており，今後も一部の国で，日本を上回るスピードで高齢化が進むことが見込まれている。

高齢化率の上昇に伴い，高齢者を生産年齢人口（15歳～64歳）で支える割合は1950年には12.1％であったが，2019年には2.1％まで減少しており，さらに2065年には1.3％まで減少する見込みである。このような急速な高齢社会の進行における課題は，社会保障給付費（年金・医療・福祉その他を合わせた額）における高齢者関係給付費（国立社会保障・人口問題研究所の定義において，年金保険給付費，高齢者医療給付費，老人福祉サービス給付費及び高年齢雇用継続給付費を合わせた額）の上昇があげられる。高齢者関係給付費は，2017年度には79兆7,396億円となり，前年度から1兆519億円増加しており，社会保障給付費に占める割合は66.3％であった。

このため，少子化に伴う生産年齢人口の減少と，近年の高齢者，特に65～74歳では心身の健康が保たれており，活発な社会活動が可能な人が大多数を占めていることから，政府は，誰もが活躍できる「一億総活躍社会」の実現に向けて，高齢者の就業促進として，65歳以降の継続雇用延長や65歳までの定年延長を企業へ働きかけている。

また，待機児童対策などの子育て支援を通じ，女性に対する就業継続支援を行い，子育て期（25-44歳）の女性の労働力率を2022年度末までに80％にすることが目標値として設定されている（子育て安心プラン）。

さらに，これまで日本は外国人労働者の在留資格については厳しい水準で臨んできたが，出入国管理及び難民認定法などの改正により，2019年4月より，人手不足が深刻な産業分野において，外国人労働者の在留資格に「特定技能」枠が設けられ，新たな外国人材の受入れが可能となった。

日本の人口問題は，このように進行する少子高齢化に対して，いかに出生率の回復を図るかということであるが，仮に目標値である希望出生率1.8が達成できるとしても出生数の減少は避けらない。そのため，将来的な生産労働人口確保に向けての多様な働き手による労働力の確保と，それぞれの立場にそった多様な働き方の実現が必要であるといえよう。

参考文献

ギデンズ, A. 著，松尾精文訳『社会学』而立書房，2004年
内閣府『令和2年版　少子社会対策白書』
内閣府『令和2年版　高齢社会白書』

プロムナード

日本の少子高齢社会進行とそれに伴う人口減少や労働人口の減少は喫緊の人口問題であり，政策立案でも一番の課題となっています。政府の「ニッポン一億総活躍プラン」では，希望出生率 1.8 を目標値として，一人ひとりの結婚や出産に対する希望を叶えるため，夢をつむぐ子育て支援の実現を目指しています。2019 年 10 月からは 3 歳児以上の幼保の無償化が始まりました。今後も待機児童問題の解消など，さまざまな子育て支援が取り組まれていくでしょう。これからも少子化対策の動向に注意が必要です。

また，労働力確保のため，高齢者や子育て期の女性の就労支援，外国人労働者の確保にも取り組まれだしました。多様な労働力による多様な働き方を前提として，「同一労働同一賃金」など，働き方改革も動き出しています。人口が減少し始めた日本社会においては，これまでの生産年齢の男性による正規雇用の常時勤務体制という画一的労働の枠組みから，高齢者，女性や障がい者，外国人労働者など多様な働き手による，多様な働き方をいかに取り入れることができるかが課題となるでしょう。

学びを深めるために

山田昌弘『日本の少子化対策はなぜ失敗したのか？』光文社新書，2020 年

1.57 ショックから 30 年間もの間，出生率が低迷している日本社会。その結果として，21 世紀に入り人口が減少し始めました。筆者は欧米モデルを適用してきた日本の少子化対策が事実上失敗に終わっているのは，将来設計におけるリスク回避の意識，「世間体」意識，強い子育てのプレッシャーなど，日本特有の状況にそった対策ができていないからだと指摘します。

このままでは人口減少が進むと見込まれる日本社会ですが，人口減少のもたらす影響を考えてみましょう。また，問題点に対しては具体的な対策を考えてみましょう。

福祉の仕事に関する案内書

松田茂樹『少子化論』勁草書房，2013 年

松田茂樹『[続] 少子化論』学文社，2021 年

第 5 章

社会変動とグローバリゼーション

1　社会変動と現代社会

(1) 社会変動の概念

マクロに見た社会において，変化しにくい部分，相対的に安定した社会関係のパターンを「社会構造」と呼ぶが，「社会変動」とは社会構造が変化することである。たとえば，江戸時代には士農工商という身分制が確立され，長期にわたって比較的安定した社会構造が成立していた。だが，明治維新によって，身分制は廃止され，メリトクラシーが導入されるなど急激な社会構造の変化（社会変動）が進んだ。明治維新のように比較的短い期間に生じる社会変動もあれば，相対的にゆるやかな（長い期間にわたって生じる）社会変動もある。

多くの社会学者が，さまざまな社会変動を論じてきたが，社会変動論は，循環論と段階論に大別することができる。循環論とは，長期的にみれば社会は発展するというよりも一定のパターンの変化を循環的に反復しているとする見方である。この論の代表は，イタリアの社会学者，パレート（Pareto, V.）の「エリートの周流」論である。パレートは，キツネ型とライオン型という2つのタイプのエリートが政治的支配層として交互に入れ替わる（周流する）と考えた。段階論は，社会は段階的に変化するという考え方である。たとえば，18世紀フランスの哲学者・社会学者で「社会学」という語をつくったことで知られるコント（Comte, A.）は，人間の観念は① 神学的段階，② 形而上学的段階，③ 実証主義的段階へと発展し，それに対応して社会のあり方は① 軍事的段階，② 法律的段階，③ 産業的段階へと変化するという「3段階の法則」を唱えた。

(2) 近代化という社会変動

1) 近代化とは

社会学者が最大の関心を注いできた社会変動が「近代化（modernization）」である。これはかなり長期的な変動であり，かつ現在進行形で続いていると考えられている。近代化とは，ひと言でいえば，「前近代社会から近代社会への漸進的な変化」であるが，その内実については，さまざまな社会学者によってさまざまな仕方で論じられてきた。

ドイツの社会学者テンニース（Tönnies, F.）は，近代化とは，ゲマインシャフトからゲゼルシャフトへの移行であると考えた。ゲマインシャフトは「共同社会」と訳され，地縁（地域によるつながり）・血縁（親族とのつながり）を基盤とする集団である。ゲマインシャフトは，自分で選択したわけではない自然発生的な結合であり，合理的な判断に左右されない情意（感情・意志）である「本質意志」によって結びついているとされる。ゲマインシャフトの具体例としては，生まれ育った家族，村落共同体，中世の都市国家，民族があげられる。一方，ゲゼルシャフトは，「利益社会」と訳され，共通の目標や利害を基盤とする集団である。ゲゼルシャフトは，合理的な判断・意志である「選択意志」によって結びついており，具体的には，企業や近代国家があげられる。テンニースにとっての近代化とは，ゲマインシャフト的集団からゲゼルシャフト的集団へと，社会システムの機能的中心が移行することである。

同じくドイツの社会学者ウェーバー（Weber, M.）は，近代化とは「合理化（rationalization）」であると考えた。合理化とは，ある目的を達成するためにもっとも効率的な手段を追及して，つねに自分自身のあり方を反省し，つくり変える営みを指す。自分自身のあり方をつねに問い直し続ける合理化の運動こそが，近代化という社会変動の本質だとウェーバーは考えた。合理化を通じて，伝統的行為は見直され，目的合理的な行為へとつくり変えられる。呪術的な思考（神などの超越的な力に人間が働きかけて目的を達成することができるという思考）は見直され，科学的な思考へとつくり変えられる。合理化過程でのこのような思考・行為の変化を，ウェーバーは「呪術からの解放」と呼んだ。

合理化

ウェーバーは生活のあらゆる側面で合理化が進むと考えた。集団についていえば，ゲマインシャフト的集団の縮小とゲゼルシャフト的集団の拡大は集団の合理化過程と捉えることができるし，産業・文化・宗教などあらゆる面で合理化は進んでいくと考えられる。だが，合理化の進んだ近代社会においても合理化されないように見える要素（たとえば，ウェーバーのいう伝統的行為や感情的行為）は数えきれないほど残っている。慣習や感情は，いまだに多くの人間の行為にとって規定的な動機の一部である。

フランスの社会学者デュルケム（Durkheim, É.）は，『社会分業論』の中で，近代化を「機械的連帯から有機的連帯へ」という社会変動として捉えた。社会分業が未発達な段階では，たとえば漁村で村人全員が漁師をしている場合のように，各人は同質性が高く，したがって機械の部品のように交換可能性が高い。このような同質性を基盤とする連帯を「機械的連帯」と呼ぶ。分業が進むと，各人の仕事はお互いに異なってくる（異質性が高まる）ため，簡単には替えが効かなくなる。つまり，分業が進むと，人びとは互いの協力なしには生産活動や生活の維持が困難になり，互いの連帯はかえって強化される。このような互いの異質性を基盤とする連帯のあり方が「有機的連帯」である。

2) 産業化とは

合理化としての近代化はさまざまな領域で起こる。富永健一は，近代化を4つの領域に分けて説明しているが，そのうちの1つ，① 経済領域で起こる近代化が「産業化」であり，技術革新を利用して生産性が向上し，経済活動が目的合理的な組織によって担われるようになる。

他の3領域における近代化についても紹介しておこう（富永健一『日本の近代化と社会変動』講談社学術文庫，1990年）。② 政治領域で起こる近代化が「民主化」である。民主主義に基づく政治的な意思決定がなされるようになり，その実行が専門化された官僚制組織によって担われるようになる。③ 経済・政治以外の社会領域で起こる近代化は「自由・平等の実現」である。社会システムの機能的中心がゲマインシャフトからゲゼルシャフトへと移行し，生き方の選択の自由や平等な社会関係が拡大する。④ 文化領域で起こる近代化は「合理主義の実現」である。科学や科学技術の制度化が進み，迷信・呪術・慣習などの非合理な要素が周縁化され，「脱呪術化（呪術からの解放）」が進む。

話を経済領域の近代化，すなわち産業化に戻す。ここでいう産業化とは，産業の中心が第1次産業から第2次産業に移行することを指す。工業生産（工業における商品生産）は，一般に以下のように発達する。「家内工業」（自宅を作業場として家族が主な従業者として営まれる商品生産）と「手工業」（主に徒弟制度の下で熟練の労働者が行う商品生産）の段階から，「マニュファクチュア」（工場制手工業：賃金で雇われた労働者たちが分業で行う商品生産）の段階を経て，産業革命（industrial revolution）による機械と大量の賃金労働者を使役した大規模な工業生産，すなわち「機械制大工業（great industry）」へ，という発達である。18世紀半ば，世界に先駆けて産業革命が起こり，機械制工業が成立したのはイギリスであった。工業生産大国となった当時のイギリスを，19世紀の経済学者ジェボンズ（Jevons, W.S.）は「世界の工場」と呼んだ。

しかしながら，産業革命後のイギリスにおける労働者たちの生活は悲惨なものであった。労働者階級は，低賃金・長時間労働を強いられ，スラム（貧民窟）での不衛生な極貧状態に追いやられていた。マルクスの盟友，エンゲルス（Engels, F.）はこのような状況を「社会的殺人」と表現した。大規模な工業生産（産業化）は，西欧を起点として，その後世界各地に波及していった。

3）情報化とは

産業社会の後に来る社会，すなわちポスト（脱）産業社会とはどのような社会だろうか。アメリカの未来学者トフラー（Toffler, A.）は，1980年に出版した『第三の波』の中で「情報化社会（情報社会：information society）」という概念を提唱した。トフラーは三つの波（社会変動）を区別している。第一の波は，1万年ほど前におきた，「農業革命」による狩猟採集社会から農耕社会への移行である。第二の波は，産業革命によって生じた，農耕を中心とする経済から工業中心の経済への移行を指す。そして第三の波が，「情報革命」によって生じる，工業生産を中心とする産業社会から情報産業を中心とする情報社会への変化である。

情報革命とは，コンピューターやインターネットといったIT（情報技術：information technology）の発達によって多様な情報の生産・伝達・加工が可能になることで生じる，情報社会への変革を指す。情報革命を推進する情報産業（information industry）は，情報を生産・伝達・加工し，情報を商品として販売することで利益を生む産業であり，具体的には，テレビや新聞などのマスコミ（マス・コミュニケーション）やITに関わるさまざまな産業（通信業やコンテンツ産業など）をあげることができる。情報社会とは，情報産業が拡大し，基幹産業となった社会である。トフラーは1950年代半ばのアメリカで，事務職や専門職従事者が増えたことに着目して「第三の波」の始まりを見ているが，それは，これらの職業が，物質的な生産に従事しているというよりは，情報・知識を取り扱っているからである。この意味で，システム・エンジニア，弁護士，会計士といった職業も，情報産業の重要な担い手である。

トフラーと同様に，産業社会の後にくる社会，すなわち脱工業社会（脱産業社会：post-industrial society）のあり方を予言した社会学者として，ベル（Bell, D.）がいる。彼は，脱産業社会は「知識社会（knowledge society）」であると予言した。それは，知識産業（knowledge industry：知識の生産と流通の関わる産業），具体的には教育，研究，情報サービスなどが産業の中心となる社会である。

トフラーとベルは，ともに情報・知識産業が，脱産業社会の基幹産業となることを見通した。

4）日本社会における近代化

日本社会において，産業化・脱産業化がどのように進んできたのかを確認してみよう。図表5－1は，産業別就業人口の比率の推移を表したものである。これをみると，時期ごとにどの産業で働く人が多いのかがわかり，各時期の中心的な産業を把握することができる。

図の左端は，第1回の国勢調査が行われた大正9（1920）年である。今から100年前のこの時期，就業者の過半数が第1次産業（農林水産業）に従事していたことがわかる。第2次産業，第3次産業に従事する人はそれぞれ2割程度である。その後，第1次産業はほぼ一貫して減少を続け，直近のデータでは3%ほどになっている。一方，第2次産業（工業・製造業）は，就業者を増やし続け，1960年代に第1次産業従事者の比率を追い抜いたが，1970年代前半に高度経済成長が終わるとともに，その後は緩やかに減少している。第3次産業（サービス産業）については，戦前からほぼ一貫して就業者が増え続け，1950年代に第1次産業従事者の比率を抜き，直近のデータでは全就業者の7割以上が第3次産業に従事している。

第2次産業従事者が増えていた1970年代前半まで（高度経済成長期）が，日

図表5－1　日本における産業別就業人口比率の推移

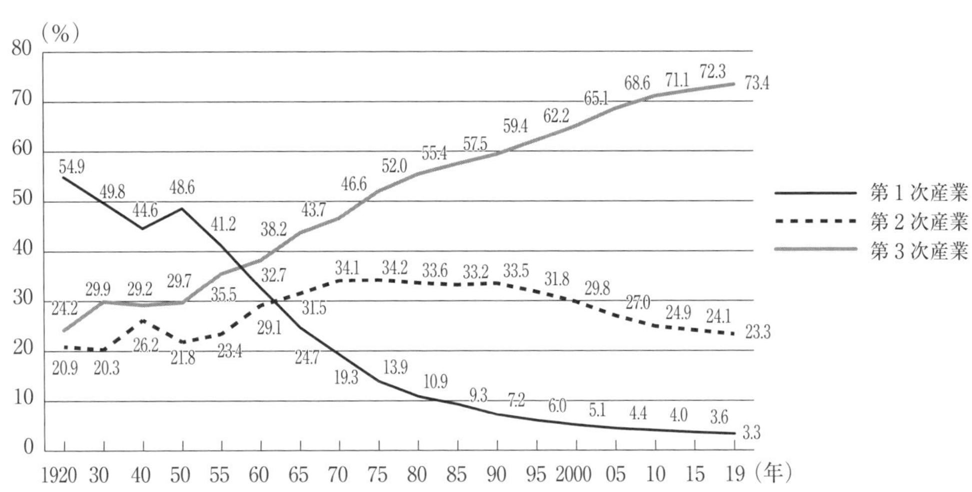

出所）2000年までは国勢調査（旧分類），2005年以降は総務省・労働力調査より作成

本社会における工業化の時代であり，その後第2次産業従事者が減少し始める1970年代半ば以降，日本社会の脱産業化が進んだといえる。第3次産業には，販売業のほかに情報，教育など知識・情報産業が含まれており，1980年代，1990年代，2000年代を通じて，脱産業化（サービス産業化）は進行し続けている。

2　グローバル化する社会

(1) 国境を越える人・モノ・資本・情報の移動

1) グローバル化とは

経済のグローバル化（グローバリゼーション：globalization）とは，生産・流通・消費という経済活動のすべての局面が，国家という枠組みを超えて，地球規模で行われるようになることを指す。国と国の間の国際貿易自体は古代から行われてきたが，経済のグローバル化という現象は，資本の投下（投資），原材料・労働力の調達，製造，販売など経済活動のあらゆるプロセスが国境をまたいで行われる傾向が強まっている状況を指している。それにともない，人（労働力），モノ（原材料・商品），資本（資金），情報などあらゆるものが国境を超えて日常的に行き交い，経済のグローバル化だけでなく，文化の面でもグローバル化が進行し続けている。経済のグローバル化という現象の中心には，多国籍企業（transnational/multinational corporations）の活動がある。

グローバリゼーション

グローブ（globe）とは球体のことであり，ここでは地球のことを指す。グローバリゼーションは「全球化」とも訳され，何らかの現象が「地球規模に広がっていくこと」である。グローバリゼーションの対義語は，ローカライゼーション（ローカリゼーション）であり，ある現象がローカル（局地・局所・地域）に特有の形態で展開すること・ローカルに合わせて改変することを指す。企業などが，サービスや商品を，地域に合わせつつグローバルに展開することを「グローカリゼーション（glocalization）」と呼ぶことがある。

アメリカの歴史社会学者ウォーラーステイン（Wallerstein, I.）は，経済のグローバル化という概念が提唱される以前の1970年代から，経済活動の「中心（中核）」である先進国が「周辺」である発展途上国を搾取する「世界資本主義システム」が出来上がっていることを指摘していた。途上国の中にも「周辺の中心」である特権階級が存在し，世界資本主義体制の中心である先進国と結びついて周辺国内部での搾取を生じているという。途上国の安価な労働力や天然資源を収奪することで先進国が利益を得るという経済的な搾取の構造だけでなく，それにともなって途上国に生じる，労働災害や自然環境破壊・公害輸出なども問題視されている。

2) グローバル・シティ

ニューヨーク，ロンドン，東京のように，グローバル化した経済的ネットワークの結節点（多国籍企業の統括本部など）が集積した都市を，社会学者のサッセン（Sassen, S.）は「グローバル・シティ」と呼ぶ。1990年代以降のアジアでは，東京以外に，香港，シンガポールがグローバル・シティの仲間入りをし，2000年代以降になると北京，上海，ソウル，クアラルンプールといった都市もグローバル・シティとしての性格をもつようになった。

グローバル・シティには，グローバルな経済活動の司令塔である多国籍企業の管理部門が置かれるとともに，こうした多国籍企業に専門的サービス（生産者サービス＝法人向けサービス）を提供する企業，たとえば法律事務所，公認会計士事務所，広告代理店，ビルの清掃・管理会社，警備会社などが集中している。また，株式の売買が行われる株式市場や国際的な資本移転に関わる銀行などの国際的な金融機能が置かれる。このように，グローバルな経済活動を支配・管理する機能が集積した都市がグローバル・シティである。

グローバル・シティには，多国籍企業で高度な専門職に従事する高所得者層が暮らす一方で，多数の低賃金労働者が清掃業・飲食業などに従事し，都市生活者のライフスタイルを支えている。低賃金労働者の中には，移民労働者も多い。グローバル・シティには，グローバルな経済ネットワークを管理して利益を上げる機能が集中しているが，グローバル・シティの内部にも格差が存在している。

3）国際的な人の移動

経済のグローバル化にともない，労働力の国際移動（国境を超えて就労機会を求める活動）が活発になっている。低開発国から先進国への一時的な出稼ぎ労働や，長期間にわたる定住移民，多国籍企業従業員の国外勤務など，さまざまな形態で国境を超えた労働力の移動が起きている。労働力の移動は，人が生活の拠点を移動することでもある。人のグローバルな移動によって，受け入れ国での規定を超えて就労を行う不法就労や非正規滞在（オーバーステイ），文化摩擦（cultural friction：異なる文化間の接触において生じる諍い・衝突）などが問題化している。

また，国際的な人の移動には経済的理由以外での移住もあり，政治的な迫害や自国の内戦等による難民化による国際移住が増え続けている。難民（refugees）は，国際連合の「難民の地位に関する条約」（1951年）において「人種，宗教，国籍，政治的意見やまたは特定の社会集団に属するなどの理由で，自国にいると迫害を受けるかあるいは迫害を受けるおそれがあるために他国に逃れた」人びとと定義される。だが，今日では，武力紛争，自然災害，飢饉，人権侵害などの理由で，国籍を保有する国の中にいて保護を受けられず，安全を脅かされ，他国に庇護を求めている人たちも難民と呼ばれる。2011年以降のシリア内戦では，国民の半数が難民化し，国内外で避難生活を送ることとなった。トルコやヨーロッパに移動したシリア難民も多くいたが，とくにヨーロッパでは難民受け入れを拒み国境を閉ざす国も多かった。

(2) 移民，エスニシティ，多文化，国籍

1）移民の増加

国際移民（international migration）は増え続けている。図表5－2は，GNI（国民総所得）によって各国を「高所得国」「中所得国」「低所得国」にグループ分けして，それぞれのグループの移民人口について，1990年以降の推移を示

図表5－2　国民総所得による国グループ別にみた移民人口の推移

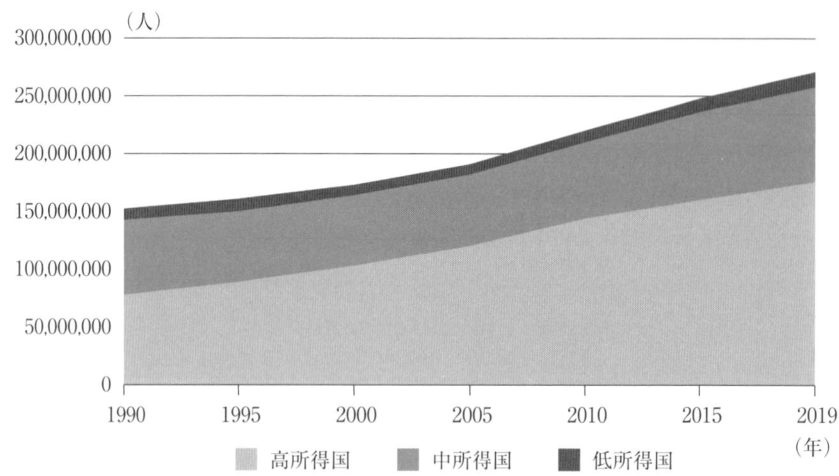

出所）国際連合人口部門統計（※所得情報なしのグループを除く）

したものである。

移民人口の総数は，1990年におよそ1億5,300万人だったが，2019年にはおよそ2億7,164万人と，1.8倍ほどに増加している。とくに高所得国グループでの移民人口の増加が顕著であり，1990年の約7,780万人から1億7,581万人へと増加した。移民人口の6割以上は高所得国に暮らしている。

新古典派経済学では，移住労働を「賃金の低いところから高いところへの移動」という「プッシュ＝プル理論」によって説明する。低賃金など送り出し国側の「プッシュ要因」と，高賃金・労働機会の多さなど受け入れ国側の「プル要因」の組み合わせによって移動を説明する理論である。ただし，実際の労働者の国際移動には，送り出し国と受け入れ国の歴史的関係，政治的状況，移民ネットワーク（移住の過程に影響を与えるネットワークの総体：移民が受け入れ国・出身国の間で国境を超えて形成するネットワークなど）といった視点を加味する必要があり，国際移民の動向はそれほど単純ではない。

また，2000年代以降，「グローバルなケア・チェーン」と呼ばれる現象が注目されている。これは，高所得国（先進国）の専門・管理的職業に就いている女性労働者を含む世帯が，低所得国（発展途上国）の女性移民労働者を家事・子どもの世話などをするケア労働者として雇用し，途上国に残された子どもたちの世話を現地の親族女性や現地の家事労働者が担うという「ケア労働のグローバルな連鎖」を指している。

2）人種・エスニシティ

20世紀初め，シカゴ大学社会学部を中心とする都市社会学者たちが形成したシカゴ学派は，世界各国から移民を受け入れた大都市シカゴにおける移民集団について，実証的な研究を蓄積した。その代表的な存在であるパーク（Park,

R.E.）は，黒人・移民集団とホスト社会の関係は「接触→葛藤→適応→同化」という「人種関係サイクル」をたどると考えた。これは，同化の過程で人種集団が固有の文化・慣習を失っていくことを前提にした「同化理論」であり，その点が批判されることも多い。

20 世紀半ば以降，反レイシズム（反人種主義）の文脈の中で，人種とはそもそも何なのかという問い直しも行われた。オミ（Omi, M.）とウィナント（Winant, H.）は，「人種」という線引きは，人間の日常的な活動を通じて作り上げられていると主張し，人種編成（racial formation）論を提唱した。日常生活のさまざまな場面で，特定の身体的な特徴を「人種」として解釈・説明し，「人種」という区分に沿って，経済的・政治的・文化的な資源の不平等な分配が行われている。このように身体的特徴と社会的不平等が結びつくプロセスを，オミとウィナントは「人種編成」と呼んだ。

人種が身体的特徴（肌の色，眼の色，毛髪など）を基準とする集団分類であるのに対して，エスニシティとは言語・宗教・慣習などの文化的基準に基づく集団の分類である。エスニシティ研究の立場は，パーク（Park, R.E.）の同化理論に対して，移民集団がもつ固有の文化や慣習はかならずしも失われていくとは限らず，むしろ民族集団への自覚的・積極的な帰属意識に支えられて移民固有のエスニックな文化は受け継がれる，という点を強調することが多い。

図表５－３　OECD 加盟 10 カ国における総人口に占める移民比率の推移

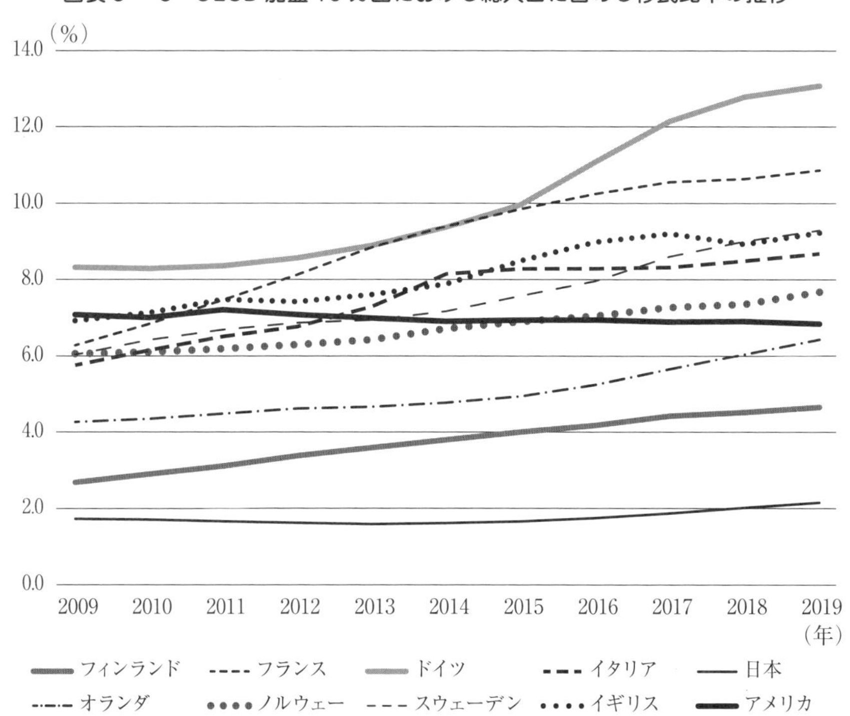

出所）OECD International Migration Outlook 2020

3）多文化共生社会の実現に向けて

すでに述べたように，先進国（高所得国）では移民人口が増加し続けている。OECD（経済協力開発機構）加盟国のうち10カ国について，移民人口の比率の推移をグラフ化したものが図表5－3である。

各国の移民人口比率には大きなばらつきがある（図には掲載していないが，ルクセンブルクの移民人口比率は5割近く，スイスも2割半ばである）。この中で移民を比較的積極的に受け入れてきたドイツは，移民比率がここ10年間で1.6倍に増えている。一方，日本は移民に対して，公式には消極的な態度を示す一方で，技能実習制度などを設けてベトナムなどアジア各国から移民を受け入れており，近年，移民人口は2%を超えている。

図表5－4は，日本の在留外国人の推移を示している。在留外国人とは，「出入国管理及び難民認定法」によって中長期の在留が認められた外国人と特別永住者を指す。日本の移民人口は，とくにアジアからの受け入れを中心に増加し続けており，2005年に200万人を超え，現在，約300万人の在留外国人が日本で暮らしている。その8割以上がアジア出身者である。なお，2019年現在，在留外国人数の上位5カ国は，中国，韓国，ベトナム，フィリピン，ネパールである。

移民人口が日本の総人口に占める割合は2%を超え，移民という異なる民族的・文化的背景をもつ人びとの存在が顕在化している。この状況で，在日コリアンなどのエスニック・マイノリティに対する差別もあらためて頻発している。2016年には，いわゆる「ヘイトスピーチ解消法」（正式名称：本邦外出身者に対する不当な差別的言動の解消に向けた取組の推進に関する法律）が成立・施行されたが，冷戦体制崩壊後の日本の国際的な立ち位置の変化も背景として，旧植民地出身者や技能実習制度によって受け入れたアジアの移住労働者などへの差別

特別永住者

特別永住者という在留資格の起源は，日本の植民地支配（1895年の台湾統治，1910年の日韓併合）とその後の戦争（第二次世界大戦・朝鮮戦争）にある。植民地政策により，台湾人・朝鮮人は日本国籍を有するとされたが，1945年の第二次世界大戦終結により，日本に定住していた旧植民地出身者（台湾人・朝鮮人）は無国籍状態となった。これらの旧植民地出身者（朝鮮戦争前後の争乱期に日本に密航・再入国した朝鮮人たちを含む）とその子孫に対して，1991年，日本政府が設けた在留区分が特別永住者である。特別永住者は高齢化等で減り続けているが，2019年現在31万人超の特別永住者がいる。

図表5－4　日本の在留外国人数の推移（地域別）

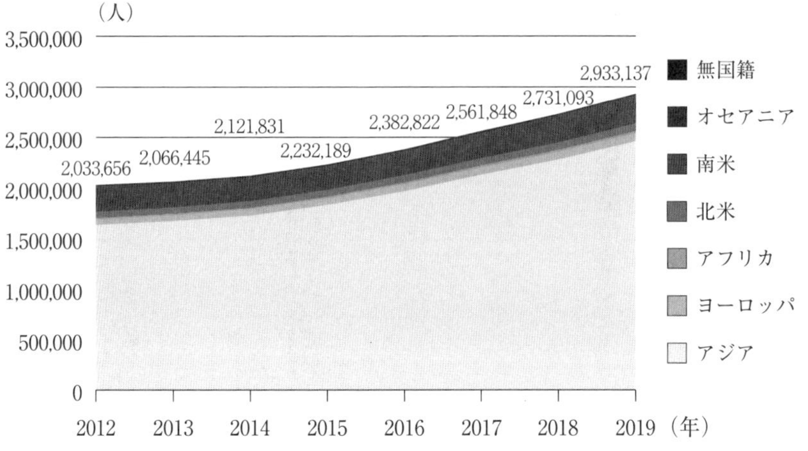

出所）法務省「在留外国人統計（旧登録外国人統計）」（各年12月）

行為や排外主義的な言動が後を絶たない現状がある。

また，永住権をもってその国で働き，定住しているが，参政権をもたない外国籍市民（永住市民：デニズンと呼ばれる）に対して，いかに市民としての権利（市民権：シティズンシップ）を保障していくかという問題も提起されている。日本政府は「多文化共生」を標語に掲げ，各地でさまざまな市民の取り組みも進められているが，グローバル化する世界の中で，日本の対応が問われる場面は多い。

(3) グローバルエイジング

現在，世界規模で高齢化が進行しているが，この現象を「グローバルエイジング」と呼ぶ。グローバルエイジングは，人類社会が全体として高齢化していることを意味する。1950 年時点の世界の総人口は約 25 億 3, 643 万人，そのうち 65 歳以上の人口が占める割合（高齢化率）は 5.1％だったが，2015 年の世界の総人口は約 73 億 7, 980 万人，高齢化比率は 8.2％に上昇した。2060 年には総人口 101 億 5, 147 万人のうち，17.8％までが 65 歳以上の高齢者になると予測されている。先進地域と発展途上地域に分けてみると，高齢化比率は，先進地域で 1950 年の 7.7％，2015 年の 17.6％から，2060 年に 28.2％まで上昇し，発展途上地域でも 1950 年 3.8％，2015 年 6.3％から 2060 年 16.4％へと上昇すると見込まれている（厚生労働省『令和 2 年版 高齢社会白書』）。まさにグローバルエイジングが進行しているのである。

日本が世界一，高齢化率が高いことはよく知られているが，他のアジア各国でも高齢化が進んでいる。図表 5 － 5 の通り，今後高齢化率は急速に上昇し，

図表 5 － 5　アジア各国の高齢化率の推移

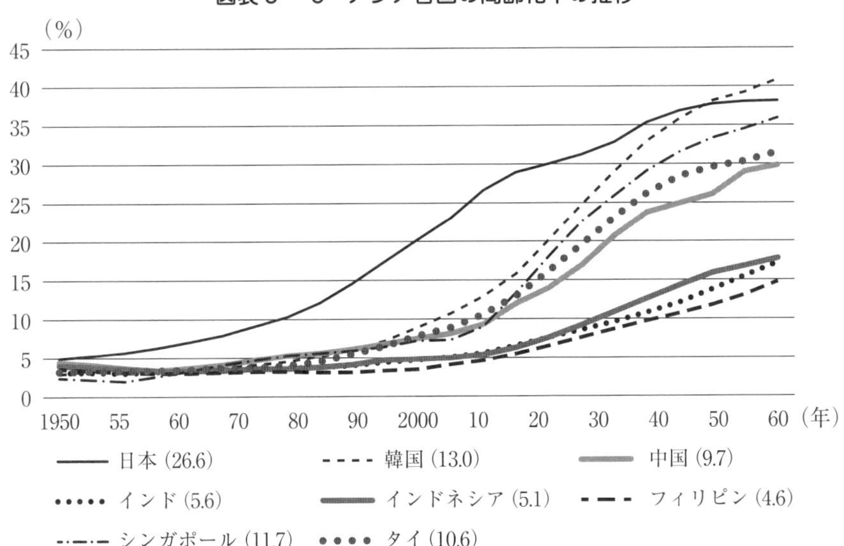

（2020 年以降は推計値。カッコ内は 2015 年の高齢化率）
出所）厚生労働省『令和 2 年版 高齢社会白書』

2060年には日本以外に韓国，シンガポール，タイ，中国でも，高齢化率がおよそ3割〜4割まで上昇すると推測されている。

グローバルエイジングは，死亡率の低下（長寿社会化）と同時に，出生率が低下すること（少子化）によってもたらされている。高齢化は，慢性疾患の増加にともなう医療費・介護費用・年金など，社会保障費の増大をもたらす。グローバル・エイジングに対応した，世界規模での医療，介護，社会保障のシステム構築が求められている。

参考文献

ウォーラースティン，I．著，山下範久訳『入門・世界システム分析』藤原書店，2006年
岩上真珠・川崎賢一・藤村正之・要田洋江編著『ソーシャルワーカーのための社会学』有斐閣，2002年
サッセン，S．著，伊豫谷登士翁監訳『グローバル・シティ―ニューヨーク・ロンドン・東京から世界を読む』ちくま学芸文庫，2018年
富永健一『近代化の理論―近代化における西洋と東洋』講談社学術文庫，1996年
デュルケム，É．著，田原音和訳『社会分業論』ちくま学芸文庫，2017年
日本社会学会理論応用辞典刊行委員会編『社会学理論応用事典』丸善出版，2017年

プロムナード

グローバリゼーションが進行する中で，日本と他のアジア諸国との関係が再び注目されています。歴史をふりかえってみると，古代より東アジアには中国を中心とする冊封体制・朝貢体制という国際的な政治的秩序が成立し，日本もその中に組み込まれていました。しかし，欧米各国で産業化が進むと，欧米はアジアに勢力を拡大し，1840年のアヘン戦争でイギリスは清朝を半植民地化し，1853年にはアメリカの黒船が日本に来航します。欧米による植民地化への危機感が高まる中で明治維新が起き，新政府は，他のアジア諸国に先んじて日本の近代化（欧米からの技術移転）を推進しました。日清戦争（1894〜1895年），日露戦争（1904〜1905年）に勝利した日本は，欧米列強に伍す「一等国」としての自負を深め，急速に他のアジア諸国の植民地化を進めていきます。1895年に台湾を統治，1910年には韓国を併合し，1931年の満州事変では満州に傀儡政権を成立させます。さらに1937年以降の日中戦争へと進んでいきます。

1930年代末以降「東亜新秩序（大東亜共栄圏）」というスローガンが唱えられ，アジアの盟主として日本が他のアジア諸国を欧米の侵略から守るという大義名分の下，植民地支配が拡大していきました。太平洋戦争が始まると，1941年には香港・マレー半島を，翌1942年にはマニラ，シンガポール，ジャワ島（インドネシア），そしてフィリピン全土と，アジア各国を次々と占領していきます。現在の日本と他のアジア諸国の関係を考える上でも，こうした侵略戦争と植民地支配の歴史を避けて通ることはできません。

学びを深めるために

近代化については，富永健一『近代化の理論―近代化における西洋と東洋』（講談社学術文庫，1996年）が分かりやすい見取り図を提示しています。戦前期からのアジア諸国と日本の政治的・歴史的関係については，米谷匡史『アジア／日本』（岩波書店，2006年）が参考になります。

- あなたがいま着ている服は，どこの国で製造されたものだろうか。あなたの手元にその製品が届くまでの一連のプロセス（商品の企画，デザイン，材料調達，生産，販売など）のそれぞれに，どのような国の，どのような人たちが関わっているのかを考えてみよう。
- また衣服のグローバルな製造・販売プロセスは，どのような問題（社会問題・環境問題）を引き起こしているのか，調べてみよう。

福祉の仕事に関する案内書

宮本節子『ソーシャルワーカーという仕事』ちくまプリマー新書，2013 年
望月優大『ふたつの日本―「移民国家」の建前と現実』講談社現代新書，2019 年

第6章

環境破壊と災害・復興

1　現代における環境問題

(1) “おとな”への警鐘

2019年9月にニューヨークで開催された「国連気候行動サミット」で，当時16歳のグレタ・トゥーンベリさんは，各国の代表である“おとな”に向けて「あなた方が話すことは，お金のことや，永遠に続く経済成長というおとぎ話ばかり」「あなた方は私たちを裏切っています。未来の世代の目は，あなた方に向けられています」と怒りをぶつけた。このグレタさんによるスピーチは，世界中に大きなインパクトを与えた。

グレタ・トゥーンベリ
スウェーデンの環境活動家。地球温暖化の弊害を訴えている。

しかし，それからさかのぼること27年，1992年6月にリオデジャネイロで開催された「環境と開発に関する国連会議」(地球サミット)で，すでに“こどもによるおとなへの警鐘”は鳴らされていた。当時12歳だったセヴァン・スズキさんは，やはり各国の代表を前にして「おとなのみなさん，どうやって直すのかわからないものを，壊し続けるのはもうやめてください」と訴えていた。それから27年を経ても，同じ趣旨のスピーチが行われる必要があった意味は重い。

セヴァン・カリス＝スズキ（1979～）
カナダの環境問題活動家。

現在のわれわれは，物質的に豊かで，便利で快適な生活を送っている。しかし，その代償としての環境被害はすでに発生し始めていて，そのリスクは将来にわたって増大していくと考えられている。セヴァンさんやグレタさんは，現在の「豊かさ」に囚われた“おとな”が将来を見失っていることに対して，強い危機感を訴えたのだ。

とはいえ，おとなたちもまったく手をこまねいていたわけではない。現代において，どのような環境問題が懸念され，世界はどのように対応しようとしているのだろうか。環境問題は非常に多様で，互いに絡み合っている。本章のこの節では，具体的な課題として「気候変動」「生物多様性」「資源・エネルギーとごみ」を取り上げ，また将来を考えていく上での重要な概念として「持続可能な開発」(Sustainable Development) に焦点を当てながら，全世界的な環境問題への取り組みについて考えていくことにしよう。

(2) 気候変動とリスク

気候変動 (気象の傾向の変化) は，地球温暖化によってもたらされているという考え方が広く受け入れられている。「気候変動に関する政府間パネル」(Intergovernmental Panel on Climate Change：IPCC) の「第5次評価報告書」によれば，世界の気温は1880年から2012年の間に0.85℃上昇している。また，気温は今後も引き続き上昇し，21世紀末には最大で現在より4.8℃上がると予想されている。さらに，このような気温上昇の結果，「高潮」「洪水」「熱波」「食糧危機」「水不足」「生態系の損失」などのリスクが懸念されるという。

地球温暖化
地球全体でみて，気温が上昇する傾向となることを「地球温暖化」と呼ぶ。二酸化炭素 (CO_2) やメタンガスなどの「温室効果ガス」の増加が主な原因であると考えられており，それが人間の活動によるものである可能性が非常に高い。

近年，われわれが暮らす日本では，台風や豪雨による風水害，近海における水産資源の変化，昆虫の生息域や生態の変容等，地球温暖化との関連が疑われる事象が目立つ。気候変動によるリスクは，もはや“将来”の問題ではなく，すでに“現在”の問題になってしまっているようだ。そして，これらリスクをもたらす地球温暖化の原因は「人間による影響の可能性が極めて高い」のだ。

気候と気象

「気象」とは「大気の状態やさまざまな現象」，つまり気温・湿度や雨・雲・雷などのことを指す。また「気候」とは「気象の状況や傾向」のことであり，「天気」や「天候」に類する言葉であるが，「気候」は「天気」「天候」よりも長い期間における状態や傾向を表す。

(3) 気候変動に対応するしくみ

気候変動は地球全体の問題であり，国ごとや地域ごとではなく，世界共通で対応するしくみや目標・ルールの設定が必要になる。それに相当するのが「気候変動に関する国際連合枠組条約」(UNFCCC，以下「気候変動枠組条約」とする) であり，「京都議定書」「パリ条約」だ。

「気候変動枠組条約」は，1992 年の (セヴァンさんのスピーチがあった)「環境と開発に関する国際会議」(地球サミット) において採択された。この条約に基づいて，1995 年から「気候変動枠組条約締約国会議」(COP) が毎年開催されることとなっている。京都で 1997 年に開催された第 3 回締約国会議 (COP3) で合意に至ったのが「京都議定書」であり，2015 年の第 21 回締約国会議 (COP21) で採択されたのが「パリ協定」である。その名の通り，全世界で気候変動に対応する“枠組み”を定めているのが「気候変動枠組条約」である一方，温室効果ガスの具体的な削減目標やルールを定めているのが「京都議定書」「パリ協定」ということになる。

なお，「京都議定書」は 2020 年までの目標設定であり，「パリ協定」ではそれ以降の目標を定めている。また「京都議定書」は先進国のみの参加であったが，「パリ協定」には発展途上国を含めた多くの国が参加をしたこと，さらに「京都議定書」は目標の達成に法的拘束力をもつものであったのに対して，「パリ協定」は参加国に目標の“提出”のみを義務とし，“達成”は義務づけていないことなどに，「京都議定書」と「パリ協定」の相違点がある。

(4) 生物多様性

生物多様性の３要素

「生物多様性条約」によれば，生物多様性には３つの要素を含むという。すなわち，①種内の多様性＝同じ種類の中に多様な個体 (遺伝子) がある，②種間の多様性＝生物の種類がたくさんある，③生態系の多様性＝生物の暮らす場がさまざまある，の３つである。

人間を含め，すべての生物はまわりの環境と関わりながら生き続けている。そのような生態系の働きは，多種多様な生物が互いに役割を果たし合うことで成立している。つまり，生物が多様だからこそ，生態系は機能し，人間は生き続けることができるということである。しかし，野生生物の絶滅や生育環境の悪化が大きな速度で進む現代は，生物多様性の維持を真剣に考えねばならない状況にある。それは，単なる感傷やノスタルジーではなく「人類の存亡」にもかかわる課題であり，しかも生物多様性を脅かしているのは，ほかでもないわれわれ人間なのだ。

特定の種の保全や地域単位での生態系保全を目指す取り組みは，以前から行われてきた。たとえば，湿地に関する保全・再生・交流などについて定めた「特に水鳥の生息地として国際的に重要な湿地に関する条約」（ラムサール条約：1971年採択）や，国際的な取引によって絶滅の危機に瀕する野生動植物の保護などを目的とした「絶滅の恐れのある野生動植物の種の国際取引に関する条約」（ワシントン条約：1973年採択）等をあげることができる。

しかし，生態系のつながりは地球全体に広がっていることから，気候変動への対応と同様に，包括的なしくみを必要とする。そのような認識が国際的に共有された結果，先に述べたセヴァンさんのスピーチや気候変動枠組条約の採択があったのと同じ，1992年の「環境と開発に関する国際会議」（地球サミット）において「生物の多様性に関する条約」（生物多様性条約）が採択された。

(5) 循環型社会と3R

3Rと4R，2R

循環型社会を目指す取り組みとして「3R」が広く知られているが，さらに「Refuse」（リフューズ：[ごみになるものを]断る），「Repair」（リペア：修理する）などを追加して，4R・5R…と「R」の数を増やしていく取り組みもみられる。また逆に，3Rの中で相対的に環境負荷が大きいRecycleを除外して，より優先順位が高く，消費者行動に依る部分が大きいReduceとReuseの「2R」のみを推進する考え方もある。

資源やごみに関わる問題は身近だが，かえって当たり前すぎて見逃されていることも多い。たとえば，あなたがコンビニでサンドイッチを買って食べたとする。そのサンドイッチは，どこで食材の栽培や製造がなされ，どのように調理され，どのように運ばれて，あなたの手に入ったのだろうか。また，サンドイッチの包装のプラスチックは，どの国の石油を原料にして，どこの工場でどのようにつくられたのだろうか。そして，サンドイッチをつくるベーカリーやプラスチック包装をつくる工場は，電気や水をどれだけ使っているのだろうか。サンドイッチをつくった時に出た生ごみや，食べ終わっていらなくなった包装のプラスチックは，どこへ運ばれて，どのように処理されるのだろうか。さらに，それらを運ぶトラックはどれだけ燃料を使い，どれほど排気ガスを出しているのだろうか。他にも，さっき使ったスマートフォンはどこでどのように製造されて，壊れたらどうなるのか？ 今読んでいるテキストは？…と考えていくと果てしない。資源・エネルギーとごみ問題は，生産―流通―消費―廃棄を通して，個人と地域・全国・世界がつながっている。言い換えれば，われわれは日々世界中の資源やエネルギーを消費し，日々ごみや排気ガスを地球環境にまき散らしながら生きているのだ。

このような資源・エネルギーの消費とごみの排出をできるだけ「循環」させて，環境への負荷を下げるように構築された社会の有り様を「循環型社会」と呼ぶ。「循環型社会形成推進基本法」は，日本において循環型社会を実現しようとする法律であるが，この法律の大きな特徴は，ごみの処理や資源化について，その優先順位を定めていることである。それは，① 廃棄物等となることの抑制，② 再使用，③ 再生利用・熱回収，④ 適正処理の順であるが，このうち① ～③ は一般に「リデュース（Reduce）」「リユース（Reuse）」「リサイクル（Recycle）」と呼ばれ，その頭文字をとって「3R」とも呼ばれている。

(6) 海洋プラスチック問題

ごみ問題の中でも，近年大きな話題となっているのが「海洋プラスチック問題」である。プラスチックは，丈夫で軽く，多様な色や形に整えることが容易で，われわれの現代的な生活には欠かせない便利な素材だが，その製造には石油資源を消費し，また丈夫であるがゆえに“自然に還る”ことが困難で，環境中に残り続け，さまざまな問題を引き起こすことが確認されている。

海を漂うプラスチックは，海鳥の足に絡まったり，ウミガメがクラゲと間違えて食べたり，船の航行の支障にもなる。さらに，海水や日光に長期間さらされるなどして細かく（一般には粒径が5mm以下に）なったプラスチックや，もともと微細なプラスチック製品（洗顔料や歯みがきなどに含まれるスクラブ材等）は，「マイクロプラスチック」と呼ばれ，誤ってそれを食べた生物の消化管を詰まらせたり，表面に付着していた有害物質が体内に取り込まれる原因になったりする可能性が指摘されている。

(7)「持続可能な開発」とSDGs

ここまでみてきたような，全世界的な環境問題の対応について考えていく際に，重要な概念とされているのが「持続可能な開発」である。この概念を初めて提示したのは，1987年の「環境と開発に関する世界委員会」による報告書「我ら共有の未来」(Our Common Future）であり，「将来の世代のニーズを満たす能力を損なうことがない形で，現在の世代のニーズも満足させるような開発」を意味するものとして示している。

その後，さまざまな機会での議論を経て，「持続可能な開発」の2015年までの目標として「MDGs」(Millennium Development Goals：ミレニアム開発目標）が，2000年9月の「国連ミレニアム宣言」を元にまとめられた。そして，MDGsの後を受けた2030年までの目標として，「SDGs」(Sustainable Development Goals：持続可能な開発目標）を検討していくことが，2012年の「国連持続可能な開発会議」(「リオ＋20」）で合意され，2015年9月には，SDGsを軸とする「2030アジェンダ」が採択されている。

このように「持続可能な開発」に関する議論の流れを眺めてみると，30年にわたる積み重ねの，現状での到達点が「SDGs」であることがわかる。SDGsは，MDGsの成果と課題も活かしながら，具体的な17の「ゴール」(目標）とゴールごとに設定された169の「ターゲット」から成り，「環境」「社会」「経済」の諸問題を（個別にではなく）統合的にとらえ，また身近な問題から地球全体の問題までリンクして考えられるように構成されている。

たとえば「環境」に目をつけてSDGsを読んでいくと，直接関係が深そうなゴールとして「ゴール13：気候変動及びその影響を軽減するための緊急対策を講じる」，「ゴール14：持続可能な開発のために海洋・海洋資源を保全し，持続可能な形で利用する」など，複数のゴールがみつかる。一方で，「環境」に関係がなさそうにも思えるゴール，たとえば「ゴール 5：ジェンダー平等を達成し，すべての女性及び女児の能力強化を行う」に目をつけて，対応するターゲットの内容を読んでいくと，「ターゲット 5a：財産等への女性のアクセスについて改革する—女性に対し，経済的資源に対する同等の権利，ならびに各国法に従い，オーナーシップ及び土地その他の財産，金融サービス，相続財産，天然資源に対するアクセスを与えるための改革に着手する」と述べられていて，「天然資源に対するアクセス」といった環境問題と「ジェンダー平等」との関係性を見出すことができる。

このようにSDGsを通して，環境問題は「環境か？経済か？」というような単純な択一ではなく，広く総合的にとらえるべき問題であることを理解することができる。また，SDGsを手がかりにして，足もとの問題から地球規模の問題へのつながりを，あるいは逆に，地球規模から足もとの問題へと考え，「持続可能な開発」にむけて行動することができる。このような優れた内容に加えて，SDGsにはカラフルで親しみやすいアイコンが用意されていて，世界中のさまざまな主体に活用され，広がりをみせている。

2　いかに環境問題を論ずるか

(1) 現代日本社会における環境問題の論点

前節では，環境問題に対する国際的な取り組みを中心にみてきたが，本節ではアプローチを変えて，環境問題が「社会問題」であることを強く意識しながら，「いかに論ずるか，分析するか」という方向から考えてみることにしよう。たとえば，現代の日本社会における環境問題について時系列的に眺めていくと，時期ごとに特徴的な論点が見出されてくる。

まず，1950～70 年代の高度経済成長期に顕在化した「産業公害」の論点がある。これは明治時代の「足尾鉱毒事件」などに端緒を求めることもできるが，水俣病・イタイイタイ病・四日市ぜんそくといった，産業活動に伴う水質汚濁・大気汚染等によって健康被害をひきおこす公害が，この時期に広く認識されるようになった。また，このような公害が発生する社会的な状況に目を向ければ，汚染物質を排出する企業が加害者となり，工場周辺住民が主な被害者となっている構造がみてとれる。さらに，被害住民とその支援者による住民運動が広がっていくのも，この時期における特徴である。

次に，高度経済成長期の後半，1970 年代から顕著になった「高速交通公害」の論点である。成田空港建設問題や名古屋新幹線公害問題など，空港・新幹線・高速道路等の交通施設にかかわる問題がその典型となる。加害—被害の関係においては，交通施設の設置者・管理事業者（当時の国鉄・運輸省など）が加害者となり，交通施設周辺住民が被害者となるが，空港や新幹線などを利用する受益層（間接的な加害者となり得る層）は，高速交通を利用する可能性がある者，つまりは日本にいる（住む・訪れる）者全体に広がると考えられるのが特徴である。

続いて，安定成長期に入ってから，特に1980年代から顕在化した「生活公害」の論点で，大量消費・大量廃棄や利便性の追求を伴う生活様式がもたらしたと考えられる環境問題である。その典型として，合成洗剤による水質汚濁・スパイクタイヤによる粉じん公害・生活ごみに関する種々の問題などをあげることができ，加害層と被害層のいずれも生活者自身になるという点が特徴的である。

さらに，1990年代から注目されるようになったのが「地球環境問題」の論点である。温室効果ガスによる「地球温暖化」やフロンガスによる「オゾン層破壊」のような全地球規模の環境問題，あるいは「酸性雨」「PM2.5」のような国境を越えて広がる環境汚染がそれにあたる。この論点の特徴は，「産業公害」と同様の産業活動による汚染や，「生活公害」と同様の消費活動による影響も含みながら，対象になるエリアが広く，また加害・被害の関係が複合的で，問題の所在が見えにくくなっていることにある。

(2) 分析枠組みとしての「受益圏－受苦圏論」「社会的ジレンマ論」

ここまで紹介した現代日本における環境問題の各論点は，「誰が加害者であり，誰が被害者であるのか」「その加害者と被害者はどのような社会的関係にあるのか」というような，加害―被害の関係性に着目している。そのような観点も含めた社会学的なアプローチから，あらためて環境問題をとりまく構造を考えてみよう。

「産業公害」において，加害層は汚染物質を排出した企業・工場であり，被害層はその工場周辺で生活する住民である。これは，加害―被害の立場・エリアがはっきりと分かれている関係性にあるといえる。「高速交通公害」においても，直接的な加害―被害の立場・エリアは分かれている状況にあるが，高速交通を利用する「受益者」は日本全体に広がっていることを指摘できる。さらに「生活公害」では，その原因を一般生活者が生み出し，被害も一般生活者が受けることから，加害層と被害層が重なっているとみることができる。このような状況に対して，「利益を受ける集団」を「受益圏」，「被害を受ける集団」を「受苦圏」と呼び，それぞれの位置関係に着目しながら「重なり型」「分離型」などと表現して，問題解決にむけた状況整理や対応方法を検討していこうとする分析枠組みを「受益圏－受苦圏論」と呼ぶ。

また，「社会的ジレンマ」の概念を用いて環境問題を捉える手法もある。たとえば，家庭ごみの分別に「分けずに出した方が楽」などの理由で人びとが協力しない事態が続いた結果，ごみ処理費が増大して税金が高くなったり，有害物がそのまま埋立や焼却されて最終処分場や焼却炉の周辺に汚染物質が蓄積されたりしたとする。このように，短期的・個別的に合理的だと判断される行為が集まった結果，長期的・全体的には望ましくない結果をもたらすような状況を，環境問題における「社会的ジレンマ」として見出すことができる。

3 災害対応

(1) 頻発する多様な災害

近年の日本では気象にまつわる大災害が頻発している。2017年7月の九州北部豪雨，2018年7月の西日本豪雨，2019年8月の九州北部豪雨，同年9月の台風15号・19号，2020年7月の熊本県を中心に全国で発生した豪雨など，枚挙に暇（いとま）がない。

当然ながら，災害はこのような気象にかかわるものだけではない。1995年1月の阪神・淡路大震災，2004年10月の新潟県中越地震，2011年3月の東日本大震災，2016年4月の熊本地震，2018年9月の北海道胆振東部地震といった地震による災害や，1991年6月の雲仙普賢岳噴火，2014年9月の御嶽山噴火といった火山による災害も大きな被害をもたらした。さらには，2019年12月に最初の症例が確認された新型コロナウイルス感染症の流行（COVID-19）は，われわれに「災害」を想起させる社会的状況を現出させた。

内閣府が発行している『復旧・復興ハンドブック』[1)]では，「利用を想定する災害の種類」として「地震，火山災害，風水害，土砂災害，高潮，津波」を挙げながら，あわせて「ここに含まれない『大規模な火事災害』及び『雪害』については，それぞれ地震火災，風水害・土砂災害が参考となると考えられる」「原子力災害，事故災害等については，事業者責任・賠償などの観点もあり，通常の自然災害とは対応が大きく異なる面もあるため，本ハンドブックで想定する災害には含めない」と述べられていて，多様な災害への対応の難しさを思わせる。

頻発する多種多様な災害に，われわれはいかにすれば対応できるのだろうか。本節では，災害対応におけるいくつかの要点を手がかりにしながら考えていきたい。

自助・共助・公助

「自助」「共助」「公助」の一般的な区分イメージは，次の通りである。
自助：自分自身や家族内での対応
共助：ご近所や地区など，生活圏の人たちによる互助
公助：市町村行政や，消防・警察・自衛隊など，公的機関による対応

(2) フェーズと自助・共助・公助

災害は，発生して時間が経つにつれて状況が変質し，求められる対応も変化していく。そのような災害発生からの局面変化を「フェーズ」と呼んで，時期ごとの特徴を把握し，災害対応や支援活動に役立てようとすることが広く行われている。フェーズの分け方は種々考えられるが，たとえば，災害発生から6

時間を「フェーズ0：発災直後」，6時間〜72時間を「フェーズ1：超急性期」，72時間〜1週間を「フェーズ2：急性期」，1週間〜1ヵ月を「フェーズ3：亜急性期」，1ヵ月から3ヵ月を「フェーズ4：慢性期」，3ヵ月月以降を「フェーズ5：中長期」として，フェーズ0では初動体制整備，フェーズ1では救急・救護に注力する…などと定めていくことができる。このような形で，平時に対応主体（市町村行政・保健所・医療チームなど）ごとでフェーズに応じた内容を検討しておけば，災害発生時の具体的な対応方針となる。

また，自力対応に地域での助け合いや公的支援を含めてカテゴライズした「自助」「共助」「公助」といった区分もよく用いられる。大まかにいえば，災害発生直後の避難行動・家族で使う水や食料の備蓄・自宅の耐震化などは「自助」，災害発生時の助け合い・地域での防災訓練などは「共助」，災害発生時の避難所開設・ライフラインの復旧作業・防災施設の整備などは「公助」にあたるとみなせるが，各主体が連携・協力して，災害発生時のみならず平時の準備・訓練・学習から取り組むことが重要である。

このように，フェーズも自助・共助・公助も，災害対応や備えを考える際に有用な枠組みである。しかし，フェーズを分けたり自助・共助・公助をカテゴライズしたりすること自体が目的なのではない。「フェーズ」や「自助・共助・公助」は，それぞれ複雑な災害対応・支援を体系化する「ツール」なのであって，災害対応について「どうすれば最大の効果を得られるか」を求め続けることが本質である。

(3)「災害弱者」への配慮

大災害の発生直後は，「公助」には多くを期待できない。電気や道路，通信手段等のライフラインが失われれば，公助が被災者に届くには時間を要することになるし，公助を担うべき公的機関の建物やスタッフも被災して，機能不全に陥ることも予想されるからだ。災害発生後しばらくは「自助」「共助」のみでしのぐことになる。

しかし，高齢者・障害者・妊婦・幼児・外国人などの人たちは，「自助」を行うに不利な状況にある「災害弱者」である。このような災害弱者について，災害対策基本法では「高齢者，障害者，乳幼児その他の特に配慮を要する者」を「要配慮者」と呼び，さらに「要配慮者のうち，災害が発生し，又は災害が発生するおそれがある場合に自ら避難することが困難な者であつて，その円滑かつ迅速な避難の確保を図るため特に支援を要するもの」を「避難行動要支援者」と定義して，その名簿作成を各市町村に義務づけている。

このような災害弱者への配慮について「自助・共助・公助」の観点から考えると，大災害発生直後は「公助」が機能不全に陥ると想定しつつ，「共助」における災害対応や平時の備えに力を注ぐ必要があるものと考えられる。たとえば，熊本県が発行する『災害時要援護者避難支援ハンドブック』[2)]では「地域の皆さんができる支援」として，① 情報伝達（情報収集サポート），② 声かけ（所在確認），③ 避難支援の3点が挙げられている。ここで「情報伝達」が指摘されているように，災害弱者は「情報弱者」でもある。災害発生時の救助や移動支援といった直接対応のみならず，円滑な情報のやりとりが可能になるように，日頃から信頼関係づくりに留意するのも重要であろう。

(4) 災害支援ボランティア

1995年の阪神・淡路大震災では，震災発生からの1年間で約138万人の災害支援ボランティアが活動し，「ボランティア元年」とも呼ばれた。その後，各地で災害が頻発する中，災害対応にボランティアの存在は欠かせないものとなっているが，被災地内・外からのボランティア，専門的技能・知識を用いたボランティア（医師・看護師によるもの，調理師によるもの，重機を使用するもの等），またNPOによる組織的で長期にわたる活動など，「ボランティアの人」と一言でくくるのは難しいほどに，災害支援ボランティアの活動内容と関わる人びとは多彩である。

まず，ボランティアは単なる「作業お手伝い」ではない。たとえば，大地震に襲われた後，窓ガラスや食器の破片が散乱した自宅の室内をみれば，誰しもが呆然とする。たとえ身体は無事であっても，ひとりでは片づけができないような精神状態に陥る。そんなとき一緒に作業をしてくれるボランティアは，被災者の心の支えとなる。

また，ボランティアもフェーズにあわせた対応が可能である。災害支援ボランティア活動といえば災害発生直後の片付けや泥出しなどをイメージしがちだが，たとえば，住居をなくした被災者が，避難所→仮設住宅→災害公営住宅と，本人にとって不慣れで不便な生活環境に置かれながら転居を繰り返さざるを得ない中で，個々の被災者に寄り添って制度（公助）の隙間を埋めていくことも，ボランティアが果たすことができる大きな役割である。

さらに，市町村の社会福祉協議会による災害ボランティアセンターをはじめ，ボランティアを受け入れる被災地・被災者側の体制も重要である。しかし，実際の対応では，事前の想定と異なる事態（拠点として予定していた建物が倒壊したり，リーダーとなるはずの人材が被災して活動不能に陥ったり）にもなり得る。受け入れ体制の構築段階から外部の災害支援団体の協力を仰ぐなど，臨機応変で柔軟な対応を取ることが，より多くの被災者を救うことにつながる。

復旧と復興

一般に，災害の復旧は「インフラを中心に，災害発生前の設備や機能を取り戻すこと」，復興は「災害によって厳しくなった生活や衰えた経済が再び盛り返すこと」というような意味合いで使われている。しかし特に「復興」については，個別性・局面に応じた解釈と対応が肝要である（本文を参照のこと）。

(5)「復興」―見えることと見えないこと―

大災害が発生した後，被災地で使われ続ける言葉が「復興」である。『復旧・復興ハンドブック』[3)]では「被災地において，被災前の状況と比較して『安全性の向上』や『生活環境の向上』,『産業の高度化や地域振興』が図られる等の質的な向上を目指すこと,の両者を併せて『(被災地の) 復興対策』と呼ぶこととする」と述べられている。しかし,このような被災“地”全体における「復興」と,被災“者”個々人における「復興」には大きな隔たりがある。

石巻日日新聞の元報道部長である武内宏之氏は,東日本大震災の「復興」について,「復興には,目に見える復興と見えない復興があります。7年経って道路や町並みの復興はずいぶん進みました。でも,見えない部分では,時間が経って落ち着いてくると,かえって心の問題が生じてくるんです。自分が孤独であることを実感したり,なぜこうなってしまったのか自問自答しても答えが出ない。当たり前ですよ。地震や津波は誰が望んだわけでもないのだから答えなんか出ません」[4] と述べている。

被災者一人ひとりの「復興」には,意味的にも量的にも,大きな差異がある。だからこそ,支援活動の際に「復興とは〜である」と固定的な観念に基づいた行動や言動をくり返したり,「以前にかかわった被災地・被災者はこうだったから」と単純な当てはめによる対応を行ったりすることは避けねばならない。現場に関わりながら,「この災害にとっての復興とは」「この人にとっての復興とは」と個別に考え続け,また,災害の局面にも合わせながら,臨機応変に適切な対応を続けようとすることが,社会福祉に携わる者として求められる構えであろう。

注)

1) 内閣府 (2016)「復旧・復興ハンドブック」p.i
2) 熊本県 (2020)「災害時要援護者避難支援ハンドブック」p.2
3) 内閣府,前掲書,p.i
4)『日刊ゲンダイ』「『目に見えない復興』が課題 武内宏之氏が語る被災地の今」(2018/03/05 配信)

参考文献

長谷川公一・浜日出夫・藤村正之・町村敬志『社会学 新版』有斐閣,2019 年
環境省,各年度版『環境白書・循環型社会白書・生物多様性白書』
国連気候変動に関する政府間パネル「気候変動 2014 第5次評価報告書統合報告書 政策決定者向け要約」2014 年
内閣府,各年度版『防災白書』
鳥越皓之・帯谷博明『よくわかる環境社会学［第2版］』ミネルヴァ書房,2017 年
東京都福祉保健局『市町村災害時保健活動ガイドライン―保健師の活動を中心に―』2017 年

プロムナード

香川県に豊島（てしま）という島があります。風光明媚な瀬戸内海に浮かぶ小さな離島です。海産資源に恵まれ，離島としては地下水が豊富で，また巡礼者をもてなす文化が今も残る，その名の通り「豊か」な島です。近年はモダンアートの取り組みでも注目されるようになりました。

この豊島で大規模な不法投棄事件が起きたのは 1980 年代です。ひどく汚染された大量の廃棄物が島に放置され，染み出た汚水は瀬戸内海に流れ出ていました。豊島の人びとは，責任をとろうとしない産廃業者や香川県行政と闘い，2000 年 6 月になって，ようやく香川県が廃棄物や汚染された土壌を撤去・処理することに決まりました。しかし，廃棄物等の撤去・処理には膨大な時間や費用やエネルギーを必要として，未だ汚染物質の除去作業は続いています（2020 年 11 月現在）。

ところで，この豊島に放置されたごみの多くを占めるのは，自動車のごみです。私たちの暮らしに自動車は欠かせません。自家用車をもっていなくても，バスには乗ります。あるいは，あなたが自販機で買ったペットボトルのお茶も，ネット通販で買った本も，トラックが運んだものです。

確かに，豊島にごみを捨てたのは事件を起こした業者であり，その取り締まりを怠ったのは当時の香川県行政です。しかし，そのごみを生み出す原因をつくったのは誰でしょうか？　豊島事件（すなわち不法投棄問題）の加害者は，私たち消費者であるともいえるのです。

学びを深めるために

原田正純『水俣病』岩波書店，1972 年

医師である著者が，現場を歩き，患者一人ひとりとかかわりながら，水俣病事件に粘り強く挑み続けます。著者による公害に対する激しい怒りと，被害者に対する優しい眼差しが印象的です。グローバルな環境問題が注目されることで忘れられがちな，“足もと”への視点と実態がここにあります。

カーソン, R. 著，上遠恵子訳『センス・オブ・ワンダー』新潮社，1996 年

地球について私たち人間が知っていることは，実はそんなに多くはありません。環境問題を考えることは，私たちの「感性」と「知識」をつないでいく作業であるともいえます。生物学者で『沈黙の春』の著作でも有名な著者が，自然に対する好奇心と感覚を研ぎ澄ませることの大切さを訴えます。美しい本です。

第7章

地域社会

1　地域とコミュニティ

(1) 地域と地域社会

「地域」と聞いて，どのような範囲を思い浮かべるだろうか。地域とは，ある一定の範囲をもつ地理的空間を示す概念である。しかし，その「広さ」についての捉え方や使い方は人によって多様である。複数の人が地域について語っているとき，ある人は「近所」をイメージしているかもしれないし，またある人は「中学校区」をイメージしているかもしれない。

社会学で「地域」を問題とするときは，地理的な範囲のみを指すのではなく，その空間の中で人間が居住し，生活しあって関係性が展開されている「地域社会」のあり方を検討しようとする。

それゆえ，地域社会の概念は，何らかの地域性と共同性を要件として成り立つが，その具体的実態を定義することは難しく，視点によって多様な概念となる。たとえば，最も小さい単位としてのネイバーフッド（近隣，町内）から，生活圏域としての小学校区や中学校区，市町村や都道府県といった行政区，さらには社会的文化的特性により区分されるリージョン（地方），もっと大きな国もひとつの地域社会と捉えることができる。

わが国の地域社会における集団，組織として代表的なものに町内会や自治会と呼ばれるものがあり，全国いたるところに存在している。町内会にあたる組織は江戸時代以前から存在していたといわれるが，1940 年，内務省訓令により戦時下の国民総動員体制の一環として制度化され，行政と地域を体系的につなぐ仕組みとして位置付けられた。そのため，戦後，1947 年に GHQ（連合軍最高司令官総司令部）により解散させられたが，実質的には戦後の復興を支えるために町内会に頼らざるを得ず，サンフランシスコ講和条約の発効（1952 年）により解散命令は解除されて，正式に復活した。

町内会
地域自治のための任意団体であり，一般に加入単位は世帯である。行政の末端組織としても位置付けられており，防犯機能や情報伝達機能をもつ。また，親睦会など行っているところもある。

その後，町内会は制度上の存在ではないものの，防犯，環境衛生，行政広報への協力等，住民の生活を支える機能集団として存続し続けている。かつては慶弔や親睦会など相互扶助的な側面が強く，前近代的集団としてマイナス評価を受けることもあったが，近年，頻繁に発生する災害へ対応する組織として見直されている。被災後の住民の協力関係が，発災前の町内会を核にした共助のあり方と関連する事例が多くあることから，既存の町内会組織の見直しや，新たに町内会に代わる自主防災組織をつくろうという動向がみられる。

(2) コミュニティ

コミュニティという概念には，地域社会，地域共同体，共同社会，共同体などの訳語がつけられることがあるが，近年ではコミュニティとカタカナでそのまま使われることが多くなってきた。それは，コミュニティの意味が多義的に使われ，いまだ統一的な概念規定に至っていないことを示している。実体概念というよりは，期待概念としての性格が強いという特徴がみられる。

社会学の概念としてコミュニティを用いたのはマッキーバー（MacIver, R. M.）であり，コミュニティを一定の地理的広がりをもつ地域で営まれる自主的に形成された共同生活体と捉えた。そこでは，成員の欲求や関心が充足され，成員はその地域に愛着をもち，成員相互には共属感情が生じているという。このコミュニティという基礎集団の中に，特定の目的を果たすため人為的に形成される機能集団をアソシエーションと規定した。

わが国では，1960年代の高度経済成長期の社会変動の中で，都市化が進展し，伝統的な地域社会が解体して，地域の共同性や連帯性が薄れて，個人は孤立化していった。1969年に内閣総理大臣の諮問を受けた国民生活審議会調査部コミュニティ問題小委員会が「コミュニティ―生活の場における人間性の回復―」という報告書を提出した。その後，行政によるコミュニティ政策が次々と提起され，新しいまちづくりと連携する形で「コミュニティ」という言葉が浸透していった。

現代では，インターネットやSNSを通じてのネットワークや仲間のことを，コミュニティと呼ぶなど，必ずしも地理的範囲で捉えることのできないコミュニティも存在している。このように考えると，コミュニティは人びとの間に共通の関心や興味，利害関係があるネットワークをさしており，人びとが意識的に形成する「つながり」を指していると示唆される。

近年，地域福祉の重要性が高まっているが，多くの地域住民が主体的に参加し，共助の関係を築くために住民の組織化が期待されるとともに，地域の課題解決を担うコミュニティの形成が求められている。

共助
地域や仲間，みんなで助け合うこと。地域の課題を解決する共助の取組が求められている。

2 都市化と地域社会

都市の形成については，社会学の成立期から現代に至るまで，多くの研究者が関心を抱いてきた。ウェーバー（Weber, M.）は，ヨーロッパの中世都市を土壌に，市民の自由や平等という理念が形成されたと考え，自由で平等な市民からなる中世ヨーロッパの都市共同体が近代社会の成立に重要な役割を果たしたと考えた。

都市は，常に外部から新しい移住者が集まり，お互いが影響しあって，新しい文化や生活様式を生み出す空間である。ジンメル（Simmel, G.）は，「大都市こそが住民の個性を生む」と論じたが，それは，生活のリズムが速く，お互いに無関心な人間関係によって個人の内面世界を守ることの必要性から生まれてきたと，考えられる。

さて，1930年代のアメリカのシカゴ大学社会学部に，シカゴのまちを研究

シカゴ学派
アメリカのシカゴ大学社会学部に集まった研究者集団。その研究方法は経験的調査を基礎に実証的かつ実践的で，アメリカ社会学の特徴をなす画期的な姿勢であった。彼らが活躍した1920年代から1930年代には，急激に変動する「実験室としての都市シカゴ」を対象として，都市社会学研究における多くの業績をあげた。

対象とし，経験的調査を基礎に実証的かつ実践的な地域研究を行う，「シカゴ学派」と呼ばれる研究者集団が登場した。第一世代にスモール（Small, A.）やトマス（Thomas, W.I.），第二世代にパーク（Park, R. E.），バージェス（Burgess, E. W.），ワース（Wirth, L.）などが名を連ねている。ワースは19世紀から20世紀初頭にかけて，急速に工業化が進められたシカゴを観察し，都市を「異質の大量の人びとが居住する密度の高い集落」あるいは「都市というのは，農村と違って，いろいろな人が，かぎられた土地に，たくさん集まって住んでいるところ」と規定した。このような地域が形成されていく過程を「都市化」というが，社会学では人口が急増する都市特有の生活様式が伝播し，浸透していく過程と考えている。

アーバニズム
アメリカの社会学者ワースの論文「生活様式としてのアーバニズム」(1938)によって用いられた概念で，その後広く使われている。ワースはアーバニズムを「都市に特徴的な生活様式」と規定し，その生活様式を人間生態学，社会組織，社会心理学の３つの視点から捉えてその特徴を示した。

ワースは異質な人びとが集中する密度の高い都市に特徴的な生活様式をアーバニズム（都市的生活様式）と規定し，① 人間生態学，② 社会組織，③ 社会心理学の３つの視点から得られた特質として，① 人びとや制度の分化，空間的凝離，② 家族の社会的意義の減少，親族や近隣との結合の弱体化や欠如，自発的手段の増大，③ 無関心の態度，相対的見方や差異を許容する態度，主体性の喪失，パーソナリティの不統合などをあげ，特に都市の社会関係は表面的，一時的，功利的な二次的接触が優位となると指摘した。

そのほか，バージェスは人間生態学の立場から，都市における異質な人びとの競争と淘汰，共生について「棲み分け」に着目し，シカゴの街を事例に，都心部からの距離と住宅地の広がりをモデル化した。これを同心円地帯理論といい，都心地帯（中央ビジネス地区）→工場地帯→遷移地帯→一般住宅街→高級住宅街へと同心円的に拡大するとした（図表７－1）。遷移地帯とは，都市発展の過程で取り残された場所を指し，低所得者層によるスラムができ，中心ビジネス街が拡張すれば消滅することもあるような地域である。同心円地帯理論は，都市の拡大という側面だけでなく，都市の中心部を囲むように労働者住宅地に移動できない低所得者層によるスラムが発生するという都市の病理についても指摘した。

図表７－１　同心円地帯理論モデル

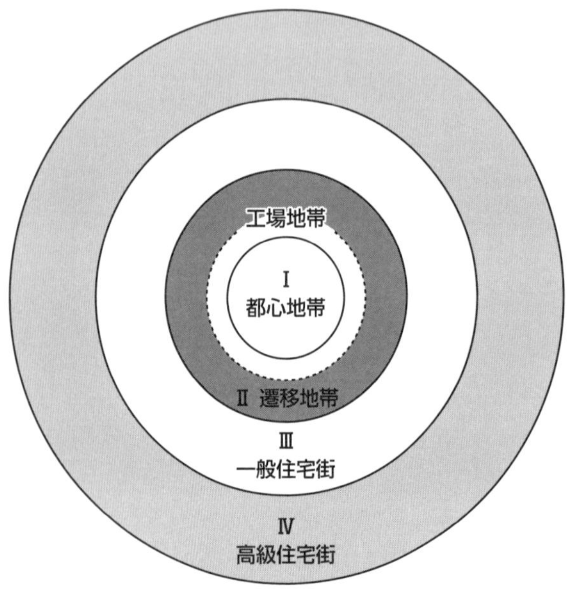

出所）パークほか著，大道・倉田訳，『都市』鹿島出版会，1972年

のちに，ホイト（Hoyt, H.）は，エリアごとに扇状に拡大するという扇形理論（セクター・モデル）で同心円地帯理論を修正し，ハリス（Harris, C.）とウルマン（Ullman, E.）は自家用車の普及によって人の移動が大きくなることから，複数の核が役割分担しながら発展するという多核心理論を提唱した。

ワースのアーバニズム論は，都市の人間関係の希薄さを強調するものであった現代においても，都市は隣近所とのつきあいのなさや，犯罪の多さ，孤独死など，都市は冷たく，怖いところというイメージで語られることが多い。しかし，フィッシャー（Fischer, C. S.）の都市下位文化論では，人口の多さや，住民の異質性は，「出会い」の数を多くし，出会った人の数の多さが，文化を発展させる可能性が高いという。このような文化の多様性や新しい文化の創出や発信が，多くの人をひきつけてやまない都市の魅力となっている。

過密と過疎

高度経済成長期の労働人口の移動により，都市へ過度に人口が集中した状態を過密といい，一方で，地方は急激な人口減少とともに地域の活力がなくなり過疎となった。

3 過疎化と限界集落

わが国では，1960年代の高度経済成長期に産業構造が変化し，多くの労働人口が地方から東京や大阪などの都市へ移動した。中学校を卒業した若者は「金の卵」と呼ばれ，同郷出身の先輩を頼って都市で就職したり，生活拠点をかまえたりして，多くの人口が大都市に吸収されていった。彼らは，のちに「団塊の世代」と呼ばれるようになる。このような現象により，都市では「過密」問題が浮上し，急激な人口の増加により住居の確保，公衆衛生，上下水道の整備などのインフラ整備が急がれた。一方，地方では「過疎」が進行し，第

団塊の世代

日本の第一次ベビーブーム（1947（昭和22）年～1949（昭和24）年）に生まれた世代。この3年間の年間出生数は260万人を越え，2020年での年齢は71歳～74歳になる。

図表7－2　過疎関係市町村都道府県分布図（平成28年4月）

区分	数
過疎関係市町村	797
過疎市町村（2条1項）	616
過疎地域とみなされる市町村（33条1項）	30
過疎地域とみなされる区域を有する市町村（33条2項）	151
過疎地域とみなされる区域	293

出所）総務省自治行政局過疎対策室，平成29年4月

一次産業の衰退や，住民の生活を支える諸機能が低下するようになった。

総務省によれば，「過疎」とは，「人口の著しい減少に伴って地域社会における活力が低下し，生産機能及び生活環境の整備等が他の地域に比較して低位にある地域」と規定されており，具体的には，法で定める特定の期間の「人口要件」と「財政力要件」に該当する市町村の区域をさしている。

過疎地域の人口は1960～65（昭和35～40）年は12.9％，65～70（昭和40～昭和45）年は13.6％と大幅に減少した。その結果，80年代以降は，人口の社会減（流出）のみならず，そもそも人口の再生産が行われなくなり，人口の自然減という現象が起こっている。現在，わが国の過疎地域の人口は全国の8.6％を占めるに過ぎないが，市町村数では半数近く，面積では国土の６割弱を占めている[1)]（図表７－２）。

こうした人口減少に起因する地域社会の諸問題に対処するため，1970（昭和45年）に過疎地域対策緊急措置法が制定されて以降，1980（昭和55）年には過疎地域振興特別措置法，1990（平成２）年には過疎地域活性化特別措置法，2000（平成12）年には過疎地域自立促進特別措置法が制定された。このように，地方公共団体において自主的な取組が行われるとともに，国においても財政，金融，税制等総合的な支援措置が講じられている。

しかしながら，地方の条件不利地域では，人口減少はとどまらず集落の人口の高齢化率が50％を超える「限界集落」が増加している。大野晃が提唱した限界集落は，2019（平成31）年４月時点で２万349集落あることが総務，国土交通両省の調査で明らかになった。全国の集落の総数が６万3156集落であることから，限界集落が占める割合は32.2％に上る。住民全員が65歳以上の集落も956あり，うち339は全員75歳以上であった。近いうちに，住民がまったく住んでいない集落が，全国規模で増えてくることが予測される[2)]。

限界集落が広がることによって，耕作放棄地の増大，空家の増加，森林の荒廃，獣害・病虫害の発生，ごみの不法投棄の増加などの問題が起こっており，集落機能が低下することによって，伝統行事や相互扶助の活動ができなくなっている。このような限界集落の再生について課題は山積しているが，行政の施策に頼るだけではなく，地域住民が主体的に６次産業に取り組んだり，新しい助け合いの組織をつくったりするといった内発的な取り組みにも期待が寄せられている。また，地域おこし協力隊などの外部の人材の活用や，関係人口の増加を図るなど，さまざまな取り組みが展開されている。

限界集落
65歳以上の高齢者が集落人口の半数を超え，冠婚葬祭をはじめ社会的共同生活を維持する機能が遂行されず，危機的な状況におかれている集落を大野晃は限界集落という概念を用いて提起し，警鐘をならした。

６次産業
農業や水産業などの第１次産業を営む人びとが，第２次産業の食品加工，第３次産業の流通販売にも業務展開している経営形態を表す。農業経済学者の今村奈良臣が提唱した造語。

関係人口
移住した「定住人口」でもなく，観光に来た「交流人口」でもない，地域と多様に関わる人びとを指す言葉として近年注目されている。

4　地域の「絆」への期待

地域における集団や組織をみていくと，都市化や過疎化，そして人口の高齢化や時代とともに，期待される機能は変化している。

阪神淡路大震災が起きた1995（平成7）年は「ボランティア元年」と呼ばれるが，それを契機として1998（平成10）年に特定非営利活動促進法（NPO法）が成立し，その後，福祉分野をはじめ，まちづくりや男女共同参画社会の形成促進を図る，営利を目的としない，社会的使命を達成することを目的にした活動が広がっている。

図表7－3　自助・共助・公助

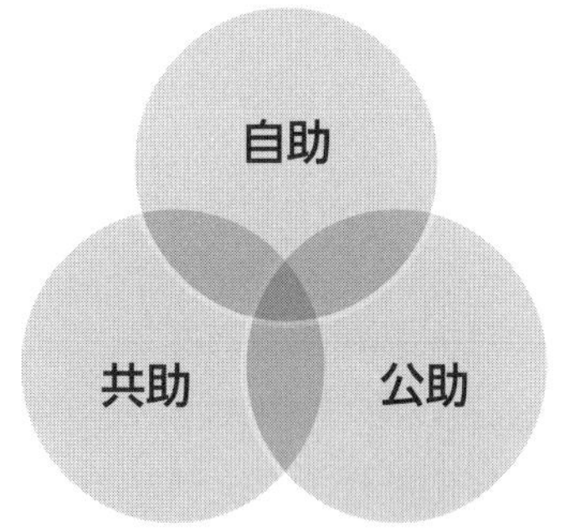

地域づくりの3つのレベルとして，自助，共助，公助があるといわれるが，近年，特に「共助」に関心が高まっており，地域社会においてどのような「共助」が可能なのか問われている（図表7－3）。市町村地域福祉計画や地域福祉活動計画では，いずれにおいても誰もが安心，安全に暮らしていくことのできるまちづくりを計画している。厚生労働省においては「地域共生社会」の実現を掲げ，「ニッポン一億総活躍プラン」（平成28年6月2日閣議決定）や，「『地域共生社会』の実現に向けて（当面の改革工程）」（平成29年2月7日　厚生労働省「我が事・丸ごと」地域共生社会実現本部決定）に基づいて，その具体化に向けた改革を進めている。地域共生社会とは，「制度・分野ごとの『縦割り』や『支え手』『受け手』という関係を超えて，地域住民や地域の多様な主体が『我が事』として参画し，人と人，人と資源が世代や分野を超えて『丸ごと』つながることで，住民一人ひとりの暮らしと生きがい，地域をともに創っていく社会」のことである。この実現に向けて地域福祉計画は市町村がまちづくりを構想する上での上位計画に位置付けられ，地域福祉への期待はますます高まっている。

地域共生社会
社会や生活の変化をふまえ，制度や分野を問わず，地域住民や関係団体が主体となって新たな地域のつながりをつくっていこうとする社会のこと。

都市であれ，地方であれ，その地域の特性を活かしながら，多くの人びとが主体的に参画していくような「まちづくり」は，地域福祉の実践と重なっている。かつて，アメリカにおける地域コミュニティの衰退や，過度な個人主義への反省から，パットナム（Putnam, R. D.）は水平的で自発的な市民同士の活動や団体の存在が民主主義において重要であるとし，豊かなソーシャル・キャピタル（Social Capital）の必要性を説いた。ソーシャル・キャピタルとは，市民が自発的にコミュニティを形成，あるいは参加し，金銭的・物質的な見返りを求めることなく活動する社会的絆のことでもある。個人を重視し，人びとの多様性を認め合う時代だからこそ，まとまりをもった地域の「絆」の形成が求められているのではなかろうか。

ソーシャル・キャピタル
社会関係資本と訳される。人びとの協調行動を活発にすることによって，社会の効率性を高めることのできる「信頼」「規範」「ネットワーク」による社会的な仕組み。

注）

1）平成元年12月　総務省地域力創造グループ過疎対策室　「平成30年度版過疎対策の現況」（概要版）

2）2019年12月20日　共同通信　「限界集落2万超えに，4年で6千増―若者流入せず消滅恐れも　国調査―」

参考文献

大野晃『限界集落と地域再生』高知新聞社，2008年

小田切徳美『農山村は消滅しない』岩波新書，2014年

プロムナード

新型コロナウィルスの感染拡大予防のため「3密」を避ける新しい生活様式の実践が進められている。「3密」とは，「密集」，「密閉」，「密接」である。

ようやく，全国で地域福祉計画や地域福祉活動計画が策定され，地域福祉が地域づくりの「核」として人びとに認識され始めたというのに，残念ながら地域で人びとが集まることができなくなっている。コロナ禍で，見守り活動やサロン活動など共助の取り組みをどのように実践することができるのか，安心安全な暮らしを実現するために，町内会や自主防災組織で地域づくりをどのように推進していくことができるのか，どこの地域も思案している。

ところで，コロナ禍で働き方や生活のあり方が変わりつつあり，仕事のリモート化によって在宅勤務が恒常化してきた。このような中，地方へのオフィス設置や移住のニーズが高まりつつあるという。『「3密」から「3疎」への社会戦略』（金光淳，明石書店，2020年）によれば，3疎とは，「勤務先」，「過密都市」，「人」の3つから社会的距離をとるということらしい。密な大都市を離れ，ネット環境が整った，人の少ない過疎地域で穏やかに暮らすことが，これからの時代のトレンドになるとか。

確かに，人口減少であえぐ過疎地域にとっては，田舎に価値を置く「3疎」の時代が来ることは喜ばしい。その際，「子育てや介護がしやすい」とか，「安心して暮らせる」といった地域福祉の充実が移住の選定理由になってくるのではなかろうか。仕事面では「3密」を避けながらも，生活面では人とのつながりを重要視する，そんなバランスの取れた生活が好まれるようになるのではないだろうか。どのような地域を作ることができるのか。またどのような地域を作っていけばよいのか。地域の「チカラ」がますます重要になってきている。

学びを深めるために

多田朋孔・NPO法人地域おこし『奇跡の集落―廃村寸前「限界集落」からの再生―』農山漁村文化協会，2018年

中越地震で大きな被害を受けた雪深い過疎集落が，ボランティアや移住者と再生されていく経緯が書かれた好書。

パットナム，R. D.著，芝内康文訳『孤独なボウリング―米国コミュニティの崩壊と再生―』柏書房，2006年

アメリカにおける地域コミュニティの衰退を背景に，市民の活動や絆が民主主義に重要であることを論じた本で，ソーシャル・キャピタルについて理解を深めるための必読の書。

限界集落の課題について調べ，解決の糸口について考えてみよう。

地域福祉を進めるうえで，地域の範囲や，地域の具体的な実態とは何をさしているのか，考えてみよう。

福祉の仕事に関する案内書

山崎亮『縮充する日本―「参加」が創り出す人口減少社会の希望―』PHP研究所，2016年

第 8 章

家族とジェンダー

1　家族について

(1) 家族の概念

家族の概念
夫婦と近親の血縁関係者を中心として構成され，共同生活の単位となる集団。

家族は社会の基礎的な集団であり，最も古くから存在した社会集団でもある。今日，単身者も増え，結婚して家族を形成しないライフスタイルをとる人も増えてきているため，誰もが納得できる定義をするのは難しい。一般的な定義としては，家族社会学者の森岡清美による「家族とは，夫婦・親子・兄弟など少数の近親者を主要な成員とし，成員相互の深い感情的関わりあいで結ばれた第一次的な幸福追求の集団」というものがある。

この定義は，形態面，関係面，および機能面について家族の集団的特色を指摘している。形態面では，夫婦とその子どもを中心とした小集団であり，関係面では，深い情緒的結びつきを有し，さらに機能面として，人間の持つ基本的な欲求充足と心身の安定と幸せを実現するものである。

しかし，今日の社会福祉現場では，このような定義と実際の家族に対する認識との間に食い違いがあることも珍しくなく，家族の多様化もあり，家族の現実はもっと幅広いといえるだろう。

(2) 家族と世帯

世帯
住居と主な生計を同じくする人びとの集まり。日常用語としては「所帯」を用い，行政用語など公的用語では「世帯」を用いることが多い。

世帯は，国勢調査，家計調査，住民登録など行政上の単位として広く用いられている。日露戦争後産業化の進行に伴い，農村から都市へ仕事を求めて移住する人が増えた。これまでの政府の国民把握の単位であった「家」が戸籍上のものとなり人びとの生活実態と異なり始めたため，国民生活の事実上の把握の単位として世帯に注目することとなった。

ここで，家族と世帯の違いを明らかにしておく必要がある。世帯は，住居と主な生計を共にする人びとからなる集団である。家族には他出している家族員も含まれるが，世帯では進学や仕事などで一時的に別居している家族員を含まない。家族員が複数の住居に分かれて住む場合，それぞれを別の世帯として扱う。しかし，同居人や使用人など同居して寝食を共にする非家族員は，同じ世帯に含まれる。

図表8－1　家族と世帯の関連図

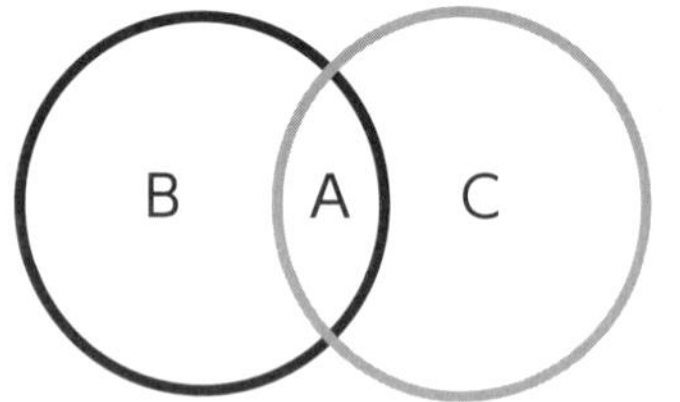

家族＝A+B
世帯＝A+C
A：同居親族
B：他出家族員
C：同居非親族

出所）森岡清美・望月嵩『新しい家族社会学四訂版』培風館，1997年，p.7

国勢調査における世帯の区分では，1980年までは「普通世帯」と「準世帯」であったが，1985年以降は「一般世帯」と「施設等の世帯」が用いられている。

「一般世帯」には，① 住居と生計を共にしている人の集まり，一戸を構えている単身者　② ① の世帯と住居を共にし，生計を別に維持している単身者，下宿人　③ 寄宿舎，独身寮などに居住している単身者が含まれる。「施設等の世帯」には，寮・寄宿舎，病院・療養所，社会施設などが含まれる。

さらに2010年からは，「一般世帯」の区分が「親族のみの世帯」（「核家族」「核家族以外の世帯」）「非親族を含む世帯」「単独世帯」へと変更になった。

(3) 家族の分類

1) 制度としての家族

家族制度については，さまざまな類型化が行われている。結婚した子どもが新居をどうするかという居住規則による類型化では，夫方の家族と同居する夫方居住制，妻方の家族と同居する妻方居住制，どちらの家族とも同居しない新居制，特に決まった居住規則がない選択居住制などがある。配偶者の数による類型化では，一夫一婦制，一夫多妻制，多夫一妻制がある。財産の相続などを系譜的にみる類型化では，父系制，母系制，双系制があり，家族の権力に焦点を当てた類型化では，父権制あるいは家父長制，母権制，平等制などがある。

日本の伝統的家族制度である「家」制度は，家父長制度の典型であり，近世から近代にかけて成立し，明治民法では戸主権と家督相続を中心にした「家」制度として確立され，第二次世界大戦が終わるまで人びとの考え方や行動を規制した。「家」制度とは，家名の超世代的な存続と発展を最重要課題として，家長が家産や家業の管理，家名の継承に責任を持った。明治民法では長男が生まれながらにして家督の相続者とされ，家族の内部には男尊女卑と長幼の序列が存在し，家族員は家長の統制への服従が求められた。さらに，家長と家族員間の恭順関係は，家族国家観イデオロギーとして，戦前の天皇制国家支配を構築し，維持，安定させる働きがあったとも指摘されている。

第二次世界大戦後の民法改正により，この「家」制度は廃止され，性と年齢による不平等は撤廃され，個人の自由と尊厳が法的に保障されるようになった。

このような制度としての家族の中で，居住規則と財産の継承を基準とした類型の場合，以下の3つに分類される。

① 夫婦家族制（conjugal family system）

家族は夫婦の結婚によって形成され，一方または双方の死亡によって消滅する，一代限りの家族である。子どもは成長するに従い，親もとを去り，自分の家族をつくる。親族は夫方妻方のどちらにも拡がる双系的であり，遺産は原則として，子どもの間で均分に相続される。

② 直系家族制（stem family system）

親は跡継ぎの子どもと同居することを原則とする家族。跡継ぎは長男であることが多い。家族は跡継ぎのつくる家族と同居を世代的にくり返すことにより，直系的に継続され再生産される。親の遺産や祭祀などは跡継ぎによって独占的に継承される。この家族制度では，親子の世代間扶養を容易にする。戦前の日本の「家」はその典型である。

③ 複合家族制（joint family system）

この制度における家族は，複数の子どもの家族との同居を原則とする。同居の子は男子に限ることが多い。この制度は多人数の家族になりやすいが，父の死亡により，遺産は均分相続され，子どもの家族ごとに分裂する傾向がある。この類型の家族では，平均寿命が短く，子どもが一人前になる前に親が死亡するなど，きょうだい間の世代内扶養を確保する。

図表 8 − 2　家族の 3 類型

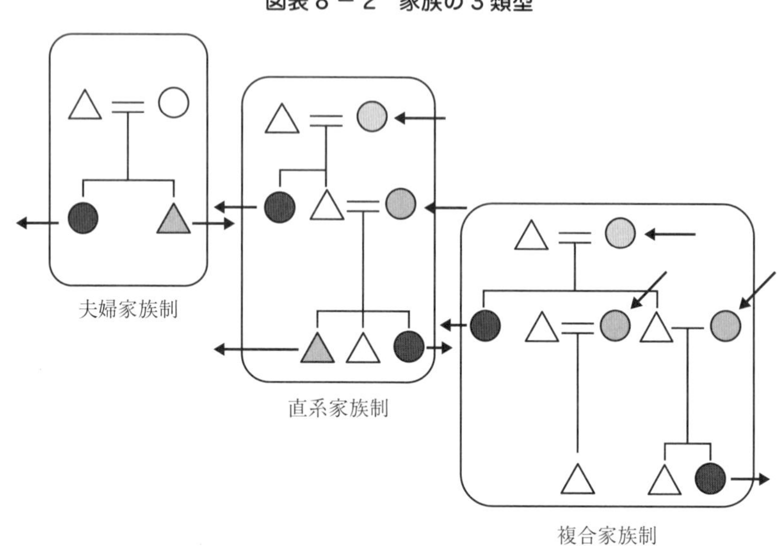

出所）森岡清美・望月嵩『新しい家族社会学四訂版』培風館，1997 年，p.15 改変

2）集団としての家族

制度としての家族は理念型であり，必ずしも現実の家族の構成とは一致しないことがよくある。「家」制度のもとでも，親と同居していないこともあった。家族の構成や形態から家族を分類すると，次のような分類がある。

① 核家族（nuclear family）/ 拡大家族（extended family）

核家族とは，夫婦とその子どもからなる家族のことである。夫婦・母子・父子の 3 つの関係がセットになっている。きょうだいが追加されることもある。

アメリカの人類学者マードック（Murdock, G. P.）は，核家族はどの社会にも普遍的に存在し，性・経済・生殖・教育という 4 つの機能を担うとした。核家族は，単独で存在するか，組み合わさって拡大家族や複婚家族となって存在する。拡大家族は，核家族が親子を軸に縦に結び付き構成される。複婚家族は，複数の核家族が横に集合した家族である。

拡大家族は産業化に伴う職業移動により，親家族と子ども家族との分離が進みやすい。パーソンズはこの現象を「核家族の孤立化」と呼んだが，リトワック（Litwak, E.）は，同居はしないが，別居子の核家族と親との間の頻繁な交流と相互援助関係があるとして，そのような家族のことを修正拡大家族と名付けた。

② 生殖家族（family of procreation）/ 定位家族（family of orientation）

男女が結婚してつくり，子どもを産み育てることによって形成されていく家族のことを生殖家族と呼ぶ。生殖家族を支える関係は夫婦関係である。これに対して，子どもが育ち，社会的に位置づけられる家族のことは定位家族と呼ばれる。定位家族を支える関係は親子関係である。定位家族への帰属は，子どもにとって選択の余地のないことであるが，定位家族は，子どもの保育やこどもの社会化，そして子どもを社会に結び付けていくうえで大変重要である。人は，定位家族に生まれ，自分のつくる生殖家族へと移行していく。

図表 8 － 3　定位家族と生殖家族

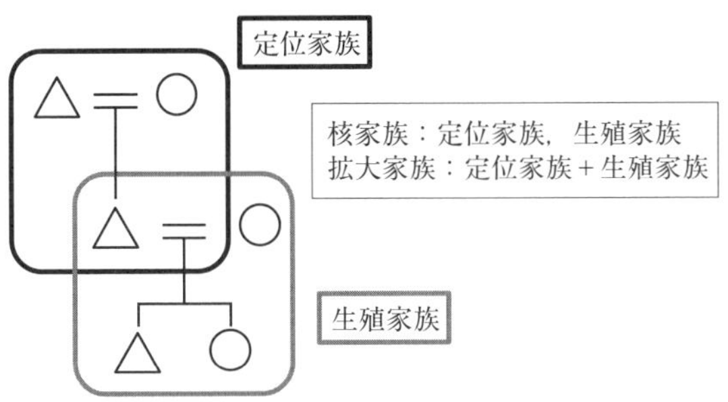

定位家族

核家族：定位家族，生殖家族
拡大家族：定位家族＋生殖家族

生殖家族

③ 夫婦家族（conjugal family）/ 直系家族（stem family）/ 複合家族（joint family）

夫婦家族とは，夫婦と未婚の子どもからなる家族で，核家族が単独で存在する家族である。直系家族は，夫婦と一人の既婚子の家族が世代的に結びついた家族の形態のことである。複合家族は，夫婦と複数の子どもたちの核家族からなる家族である。

夫婦家族は夫婦家族制の，直系家族は直系家族制の，複合家族は複合家族制の原則のもとで出現しやすい家族である。しかし，制度と現実は必ずしも一致しないこともある。たとえば，直系家族制の下でも，親が亡くなると夫婦家族となり，弟の家族が同居していれば複合家族の形態となる。夫婦家族制の下では，親との同居で直系家族になることはあっても，複合家族になることは起こりにくいとされる。

2　家族の変容

(1) 家族機能の変化

アメリカの社会学者オグバーン（Ogburn, W.）は，産業化による家族機能の縮小を指摘した。近代工業化以前の家族では，経済・地位付与・教育・保護・宗教・娯楽・愛情という 7 つの機能を果たしていたが，産業化以降の家族では

家族機能の縮小

産業社会以前の家族は経済機能や教育機能など多くの働きを兼ねていたが，現代ではその多くの専門機関に吸収され，家族に求められる働きは愛情に集約されたとする学説。

愛情以外の 6 つの機能は，企業・学校・政府などの専門的な制度に吸収され，家族から失われたか弱まったというものである。

このような機能縮小論は，家族の経済的機能から情緒的機能への移行を示すものでもある。バージェス（Burgess, E.W.）はこのような家族の変化を“制度から友愛へ”（from institution to companionship）と表現した。かつての家族は個々の家族がさまざまな機能を担い，そのために法律・世論・親の権威など外的・形式的・権威主義的力に拘束されていたが，現代の家族は家族機能の外部化に伴い，情緒的結合が重要視される友愛家族になったというのである。

パーソンズは，消滅することのない家族の本質的機能として，子どもの基礎的社会化と，成人のパーソナリティの安定化をあげている。専門的諸機関が提供するサービスによって比較的容易に他の機能を果たせるとき，パーソナリティ機能がようやく注目される。パーソンズによると家族はまさに「人間のパーソナリティを作り出す工場」である。

パーソンズのいう成人のパーソナリティの安定化は，夫婦関係の中で充足される。しかし，離婚によるひとり親家庭の増加や，夫婦間暴力（DV）の問題など，夫婦関係には緊張と葛藤が含まれることも明らかになっている。子どもの基礎的社会化の機能も含め，必ずしもこれらの機能が夫婦という関係のもとでないと果たせないとはいえないだろう。

(2) 家族形態の変化

家族形態の変化については，家族規模の縮小と世帯構成の変化があげられる。家族規模の縮小では，平均世帯人員では，1920（大正 9）年の第一回国勢調査以降，1955（昭和 30）年までは平均約 5 人であったが，その後 1960（昭和 35）年には 4.14 人，1970（昭和 45）年には 3.45 人，1995（平成 7）年には 2.85 人，2015（平成 27）年には 2.38 人と減少している。世帯規模の縮小とともに進んで

図 8 － 4　一般世帯数及び平均世帯人員

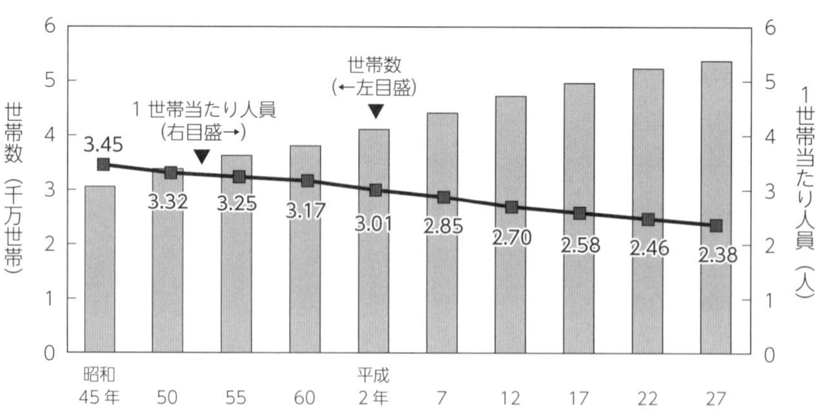

出所）総務省統計局「平成 27 年国勢調査」より

図表 8 － 5　一般世帯総数・世帯類型の構成割合の推移

年	一般世帯総数
1990	40, 670, 475
1995	43, 899, 923
2000	46, 782, 383
2005	49, 062, 530
2010	51, 842, 307
2015	53, 331, 797
2040 推計	50, 757, 000

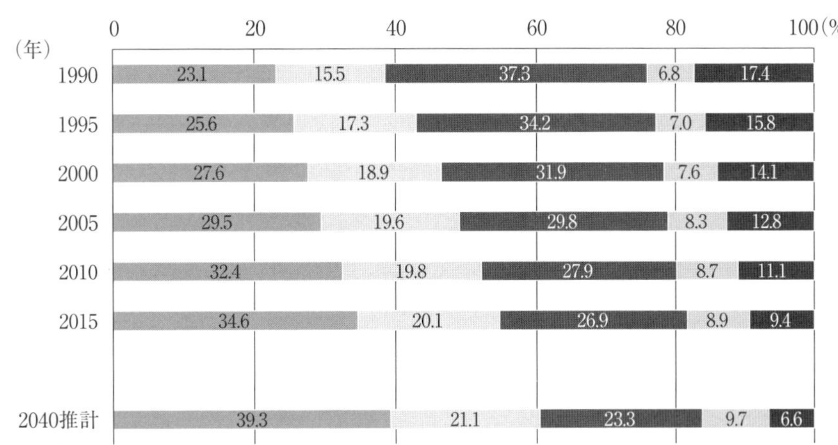

資料：2015 年までは総務省統計局「国勢調査」，2040 年推計値は国立社会保障・人口問題研究所「日本の世帯数の将来推計（全国推計）」（平成 30 年推計）による。
（注）1990 年は，「世帯の家族類型」旧分類区分に基づき集計。
出所）厚生労働省『令和 2 年版 厚生労働白書』2020 年，p.72

いるのが世帯数の増加である。すなわち，家族人員が減少する一方で，同居の減少による高齢者の夫婦世帯や，単独世帯などが増えているために世帯数が増加しているのである。

また，家族の変化は世帯構成にも表れている。国勢調査の結果による世帯類型の推移では，一般世帯に占める核家族世帯（「夫婦のみの世帯」「夫婦と子供から成る世帯」「ひとり親と子供から成る世帯」）の割合は，徐々に減りつつも 5 割を占めている。しかし，核家族世帯のうちで，標準的核家族と捉えられてきた「夫婦と子供から成る世帯」が減少する一方で，「夫婦のみの世帯」が増加している。また，「ひとり親と子供からなる世帯」も徐々に増加している。これに対して，「単独世帯」の割合が大きく伸びてきており，2040 年の推計では，一般世帯の 4 割を占めると予想されている。高齢化に伴う，世帯の高齢化については今後も進行していくことが予想され，注意が必要である。

ステップ・ファミリー
子どものいる人が，子どもの親とは異なるパートナーと結婚するなどして新たにつくられる家族のこと。英語では “Step Family” となり，“step” は日本語の「継」を表す。

(3) 未婚化の進行

また，世帯規模の縮小や単独世帯の増加には，未婚・晩婚化や非婚化の影響も考えられる。国勢調査による，男女の年齢階級別未婚率の推移では，どの年代でも未婚率が長期的に上昇している。平均初婚年齢も，1970 年には男性 26.9 歳，女性 24.2 歳であったのが，2015 年には男性 29.4 歳，女性 27.6 歳に上昇している（厚生労働省「人口動態統計」）。

未婚化や晩婚化の背景には，女性の高学歴化や社会進出，また結婚に対する考え方の多様化などさまざまな要因が考えられる。2015 年における 50 歳前半

図表8－6　年齢階級別未婚率の推移

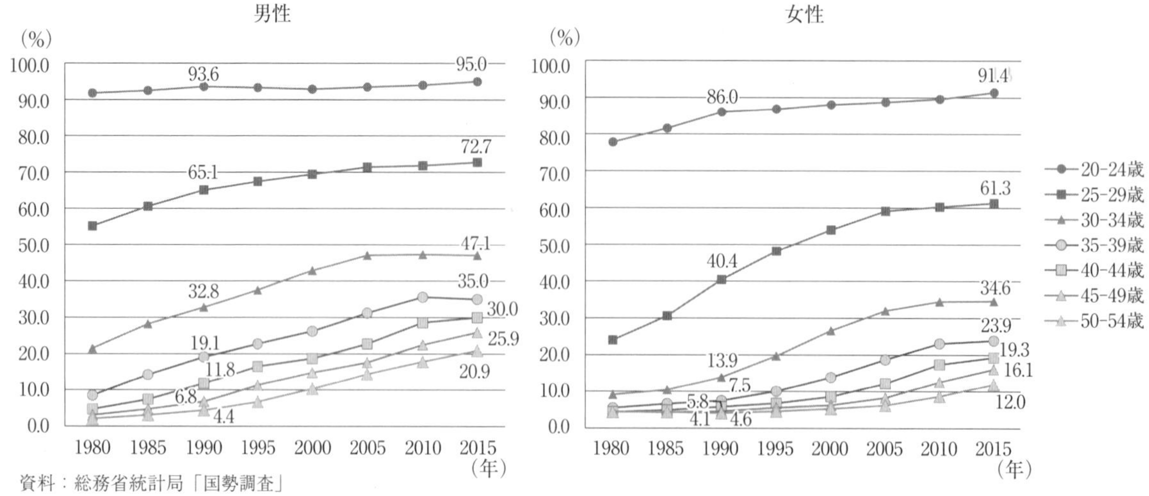

資料：総務省統計局「国勢調査」
出所）厚生労働省『令和2年版厚生労働白書』2020年，p.10

での未婚率が男性で2割，女性でも1割を占めたことは，かつては国民皆婚社会と言われた日本社会が変化してきていることを示しているといえるだろう。

しかし，50歳を過ぎて結婚する人も増えてきたことから，政府はこれまで50歳時点で一度も結婚したことがない人の割合を「生涯未婚率」という用語を統計で用いていたが，現在では50歳を過ぎて初婚も増加してきていることから，「50歳時点未婚率」という用語を用いている。

50歳時点未婚率
50歳の時点で一度も結婚したことのない人の割合のこと。政府の統計用語として用いられる。以前は「生涯未婚率」が用いられていた。

3　家族と男女共同参画

パーソンズは，家族の本質的機能として子どもの基礎的社会化と，成人のパーソナリティの安定化の2つをあげていることを紹介した。しかしこの前提にある考え方は，安定した家族関係は，当時のアメリカ社会で一般的だった性別役割分業に基づく愛情で結びついた夫婦家族であるということであった。このような家族のあり方を普遍化することは，たとえば「男は外，女は内」とか，「三歳児神話」のように，ジェンダーに基づく男女の役割を押し付ける弊害もあった。

ジェンダー
「男らしさ」「女らしさ」など，社会的・文化的につくられた性差を表す概念。生物的特性の性差とは異なる。

三歳児神話
子どもが三歳ぐらいになるまでは母親が子育てをしないと，子どもの成長に悪影響を及ぼすという見解。母親たちの育児不安の要因ともされ，現在では否定的な見解が多い。

しかし，日本でも1985年に「雇用の分野における男女の均等な機会及び待遇の確保等に関する法律」（男女雇用機会均等法）が制定され，職場における性差別が禁止された。さらに，1991年には「育児休業等に関する法律」（育児休業法）が，1995年には同法は「育児休業，介護休業等育児又は家族介護を行う労働者の福祉に関する法律」（育児・介護休業法）に改正され，仕事と育児や介護との両立がしやすくなるよう法的整備がなされた。

日本での共働き家庭の占める割合は，1980年の614万世帯（35.5％）から

図表８－７　専業主婦世帯と共働き世帯の推移

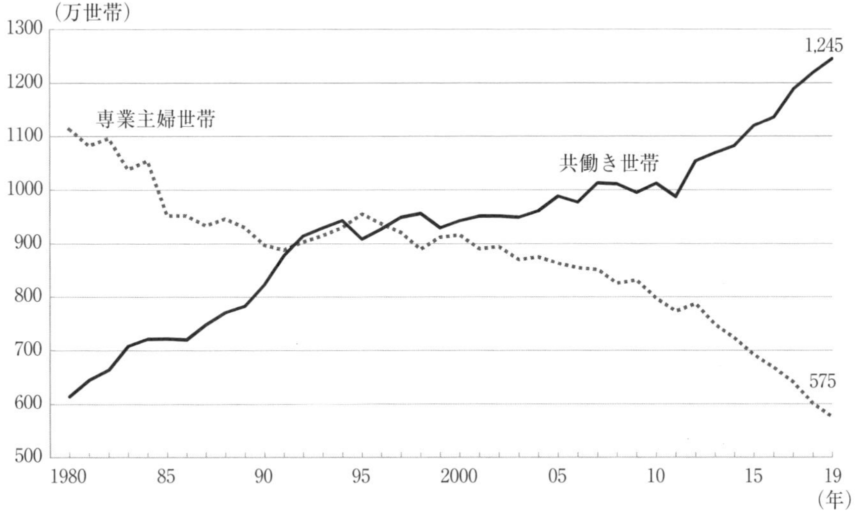

資料：厚生労働省「厚生労働白書」，内閣府「男女共同参画白書」，総務省「労働力調査特別調査」(2001年以前）および総務省「労働力調査（詳細集計)」(2002年以降)
(注1)「男性雇用者と無業の妻からなる世帯」とは，夫が非農林業雇用者で妻が非就業者（非労働力人口及び完全失業者）の世帯。
(注2)「雇用者の共働き世帯」とは，夫婦ともに非農林業雇用者の世帯。
(注3) 2011年は岩手県，宮城県及び福島県を除く全国の結果。
(注4) 2013年～2016年は，2015年国勢調査基準のベンチマーク人口に基づく時系列用接続数値。
出所）独立行政法人労働政策研究・研修機構『早わかり　グラフでみる長期労働統計』より

2019年には1, 245万世帯 (68.4%) に増加しており，家庭内でも男女ともに家事や育児を協力して支え合い仕事と両立する男女共同参画が求められている。

しかし，子育て中の共働き世帯の生活時間では，仕事のある日の「家事時間」の男女差が大きく，「育児時間」でも女性の方が男性の2.1～2.7倍程度になっている。一方で「仕事時間」は男性の方が1.3倍程度長く，そのため家庭内での家事・育児時間の不均衡につながっている（内閣府『男女共同参加社会白書令和2年版』)。さらに，2019年の育児休業取得率では女性は0.8ポイント増の83.0%であったのに対し，男性は前年比1.32ポイント増の7.48%であった。政府は男性の育児参画や育児休業取得の促進に取り組んでおり，2020年までに男性の育児休業取得率を13%とする目標を掲げていた。男性の育児休業取得率も徐々に増加はしてはいるが，まだまだ目標値には及んでおらず，男性の意識はもとより，勤務先の理解など社会全体での男女共同参画の実現が望まれる。

男女共同参画社会
男女とも社会のあらゆる分野で活躍できる機会が確保され，男女等しく政治的，経済的，社会的及び文化的などのさまざまな利益を享受でき，ともに責任を担う社会のこと（男女共同参画社会基本法第２条)。

4　家族問題

(1) ひとり親家庭の子育て

日本では，年間の離婚件数が20万組以上を超えるが，そのうち未成年の子どもを伴う離婚件数が過半数を占める。2018年の離婚件数は208, 333組，離婚率（人口千対）1.68，未成年の子がいる離婚件数は 120, 497 組（全離婚件数の 57.8%）であった。母親が全児の親権者になる割合は 101, 862 組（親権を行う子がいる離婚件数の 84.5 %）を占める（人口動態統計）。

しかし，母子家庭の世帯収入は 2015 年で 348 万円と，児童のいる世帯の平均世帯年収 707.8 万円の 49.2%と約半分である。過半数が養育費の取り決めをしておらず，取り決めをしていても継続して支払いを受けている割合は 24.3% に過ぎない（厚生労働省平成 28 年度全国ひとり親世帯等調査結果報告）。経済的にとても厳しい状況がうかがえる。

そのため，ひとり親家庭の貧困率（2018 年）は 48.1%（新基準 48.2%）であった。また，子どもの貧困率も 14.0%である（2019 年国民生活基礎調査結果）。7 人に 1 人の子どもが貧困線以下の暮らしをしている子どもとなり，このことはひとり親家庭の貧困率の高さと関連していると推測される。

子どもの貧困
「見えない貧困」とも呼ばれ，見た目ではわからないが，子どものいる家庭が低所得などにより生活上困難なことが多く，進学や部活動，友だちとの付き合いなどいろいろな機会を剥奪されていること。

日本のひとり親家庭の貧困率の高さは，OECD 加盟国の中でもひと際高くなっており，なかでも，就労しているひとり親家庭の方が，就労していないひとり親家庭よりも貧困率が高くなるというのは，ほかの国々にはみられない現象である。

ひとり親家庭における貧困状況での子育ては，子どもの進学や将来の夢などにも影響を与える貧困の連鎖にもなりかねず，早急な解決が求められる。

(2) 介護と 8050 問題

厚生労働省の令和元年簡易生命表によると，男性の平均寿命は 81.41 年，女性の平均寿命は 87.45 年と，どちらも前年より伸びて過去最高となっている。寿命の延びに伴い，介護についても多くの課題が生じてきている。

65 歳以上の高齢者のいる世帯が全世帯に占める割合は，2019 年時点で 49.4%であるが，そのうち 58.1%が 65 歳以上の者のみの世帯である。世帯構造も，1986 年には高齢者のいる世帯では，三世代世帯が 44.8%を占めていたが，2019 年では「単独世帯」28.8%，「夫婦のみの世帯」32.3%を占め，両方合わせると 6 割以上を占める（厚生労働省 2020 年国民生活基礎調査結果より）。

そのため，要介護者を介護している同居の親族では，男女ともに約 7 割が 60 歳以上となっている。さらに，男女とも介護者が 70 歳以上の占める割合も約 3 割となっており，「老老介護」が懸念される。さらに，65 歳以上の高齢者で認知症を発症している人は推計で 15%とされており，このような老老介護の中には重度の認知症の高齢者を軽度の認知症の高齢者が介護する「認認介護」の可能性も危惧される。

高齢者の介護については，親の介護のために離職する「介護離職」の問題や，晩婚化に伴う出産年齢の高齢化で子育てと介護が同時期になる「ダブルケア」，18 歳前後の子どもが親や祖父母の介護に従事する「ヤングケアラー」（若年介護者）なども課題となっている。

高齢者との同居が減る一方で増加しているのが，「親と未婚の子のみの世帯」である。2019年には65歳以上の高齢者のいる世帯の中で2割を占め，30年前から倍増している。増加している背景には，子どものひきこもりの長期化がある。ひきこもりは1980年代から1990年代に若者の問題として社会に知られるようになり，それから約30年経過して当時の若者が40歳代や50歳代へ，親が70歳代から80歳代となっている。「8050問題」とも呼ばれ，このような親子が医療や福祉のサービスも利用せず，社会的にも孤立し問題が深刻化しているケースも少なくない。

8050問題
「80歳代」の親が，「50歳代」の子どもを養っている日本の社会問題。背景にあるのは，引きこもりの長期化を始め，その家族や日本社会が抱えるさまざまな状況がある。

(3) 家庭内の暴力

日本では，2000年11月より「児童虐待の防止等に関する法律」（児童虐待防止法）が施行されている。しかし，児童虐待の相談対応件数はその後も増加を続けており，厚生労働省によると令和元年度に全国215ヵ所の児童相談所が児童虐待相談として対応した件数は193, 780件（速報値）で過去最高となり，1990年度（相談対応件数1, 101件）の統計開始以来29年連続で最多を更新している。

また，身体的虐待，性的虐待，ネグレクト，心理的虐待の4つの虐待の定義のうち，最多は心理的虐待の109, 118件（56.3%），次いで身体的虐待49, 240件（25.4%）となっている。厚生労働省によると，心理的虐待の相談件数が増加している要因については，児童が同居する家庭における配偶者に対する暴力（面前DV）事案からの警察による通告があげられている。

面前DV
子ども（18歳未満）の目の前で配偶者に対して暴力をふるったり，暴言を吐いたりして，子どもに心理的外傷を与える行為のこと。児童虐待防止法の2004年改正で，心理的虐待のひとつと認定された。

このように近年は警察からの通告件数が増加し，令和元年度の警察からの通告件数は96, 473件（49.8%）と約半数を占め，次いで近隣・知人からの通告が25, 285件（13.0%）となっている。警察の通告件数が増えたのは，警察がDV事案にかかわった際，その家庭に子どもがいれば児童相談所に通告することが徹底されてきたことがある。

また，2015年7月より，児童相談所全国共通ダイヤル「189」（いち・はや・く）の運用が始まり，令和元年12月3日からは通話料が無料化され，虐待が疑われた時などに，すぐに児童相談所に通告・相談ができる体制も整い，近隣の人びとがより相談しやすい環境がつくられた。

ドメスティック・バイオレンス（domestic violence，以下DV）の定義は，日本では「配偶者や恋人など親密な関係にある，又はあった者から振るわれる暴力」という意味で使用されることが多い。2001年より「配偶者からの暴力の防止及び被害者の保護等に関する法律」（DV防止法）施行され，配偶者からの暴力を防止し，被害者の保護等がはかられている。

DV防止法におけるDVの定義は，身体的虐待，性的虐待，経済的虐待，心理的虐待の 4 つの虐待がある。警察における配偶者からの暴力事案等の相談等件数は，2001 年の DV 防止法施行以降伸び続け，2018 年には 77, 482 件に上り，2001 年の 3, 608 件の約 22 倍に増加している。警察庁による配偶者間（内縁を含む）における犯罪の性別被害者の割合（平成 30 年・検挙件数）では，9 割が女性の被害者であった。特に，傷害や暴行では 9 割以上を女性の被害者が占めており，DV 問題はジェンダーとの関連が強いことが表れている。

さらに注意が必要なのは，家庭内の暴力の特徴として，児童虐待と DV が同じ家庭の中で同時に起こりやすい傾向があることである。配偶者が母親にも子どもにも暴力をふるう場合，母親が子どもの目の前で暴力を受けている面前 DV の場合，配偶者から命じられて母親が子どもに暴力をふるう場合，配偶者からの暴力のストレスを母親が子どもに向ける場合などがある。

家庭内の暴力には，この他にも高齢者虐待などもあり，近隣や親族から孤立した家庭の中で自らが SOS を発信できない弱者が被害者になりやすく，近隣や福祉従事者などによる早期の発見と支援が求められる。

参考文献

森岡清美・望月嵩『新しい家族社会学　四訂版』培風館，1997 年
川島武宜『日本社会の家族的構成』日本評論社，1950 年
厚生労働省「平成 30 年（2018）人口動態統計（報告書）」2020 年

プロムナード

戦後の性別役割分業に基づいた夫婦と子ども二人の核家族から，少子化に未婚・晩婚化，LGBT の家族と，現代の家族にはさまざまな変化が起こってきています。それでも人が生まれるのは，家族という集団であり，私たちとは切っても切れない基礎的な集団であることには違いがありません。

労働人口の減少から，政策としても子育て期の女性の就労化が促されるようになっています。これまで進まなかった男性による育児・家事の分担や企業での父親の育児休業の取得促進など家庭や社会における男女共同参画も益々進められる必要があります。

しかし，その一方で，これまで家庭で女性が担うことが期待されていた育児や介護などのケアは保育園や介護事業サービスなど外部のサービスに委ねられるようになるでしょう。

家族にかかわる福祉従事者は，社会全体で進む家族の多様化への幅広い視野と，個々の家族が抱える個別の問題（虐待，ひきこもり，介護問題，貧困などいろいろな課題）に対する理解力の双方が求められます。皆さんが困難を抱える相談者家族に対して，深い理解と洞察に基づき寄り添い支援できる援助者になれるように，今後も家族の変化やそれに対する政策などについて常に関心をもっていただきたいと思います。

学びを深めるために

落合恵美子『21 世紀家族へ―家族の戦後体制の見かた・超えかた 第 4 版（有斐閣選書）』有斐閣，2019 年

夫が外で働き，妻が家事・育児にいそしむ性別役割分業に基づいた核家族である「家族の戦後体制」から約半世紀が過ぎ，少子高齢化による子ども数の減少と

高齢の親の介護に悩む日本の現在があります。しかし，性別役割分業型の核家族は，第二次世界大戦後の 1955 － 57 年のわずかな間に成立したにすぎず，文化的にではなく人口学的に可能になったものだと作者は指摘します。人口構造が大きく変わりつつある現在，今後の日本の家族の変化を考える一冊です。

みなさんは，日本政府が行う家族支援としてどのような施策が必要だと考えますか。一般的に必要だと思うこと，個人的に必要だと思うこと，それぞれあげてみましょう。またその理由も考えましょう。

福祉の仕事に関する案内書

斎藤環『改訂版 社会的ひきこもり』PHP 研究所，2020 年

第9章

社会的格差

1　所得格差

(1) 生活の豊かさと所得格差

> **三種の神器**
> 皇室に伝わる三種の神器に模して揃えておくと便利な家電製品である白黒テレビ，電気冷蔵庫，電気洗濯機の耐久消費財３種を指して1950年代後半頃より用いられた。これらの家電製品は当時まだ普及率が高くなく，新しい消費生活を象徴し，豊かさの象徴であった。

> **新三種の神器（3C）**
> 1960年代に入り高度経済成長期における理想の家耐久消費材であるカラーテレビ，クーラー，車（カー）は，その頭文字をとって3Cと呼ばれた。

現代の日本社会において，所得格差が人びとの間で認識されるようになったのは，1990年代末から2000年代の頃である。それまでは「一億総中流」という言葉に象徴されるように日本は所得格差の小さい均質な社会であるとのイメージが浸透していた。内閣府の「国民生活に関する世論調査」では，生活の程度を「中」(「中の上」「中の中」「中の下」の合計）と回答した人の割合が1970年代には，およそ９割に達している（図表９－１)。日本社会学会が10年ごとに実施しているSSM調査（社会階層と社会移動全国調査）においても，所属階層を「中」と回答した割合が1975年の第３回調査では８割近くに及んだ。このような中流意識を人びとがもつようになった背景には，一人当たり実質国民所得が第２次世界大戦前のピークを超えた1956年から高度経済成長期にかけて急激に上昇したこと（図表９－２)，そして1960年代に「三種の神器」と呼ばれる耐久消費財がほとんどの一般家庭に普及し，さらに1970年代には「新三種の神器」と呼ばれる耐久消費財が普及していったこと，などから物質面での生活の豊かさを多くの人が享受したことがあると考えられる。

図表９－１　生活の程度

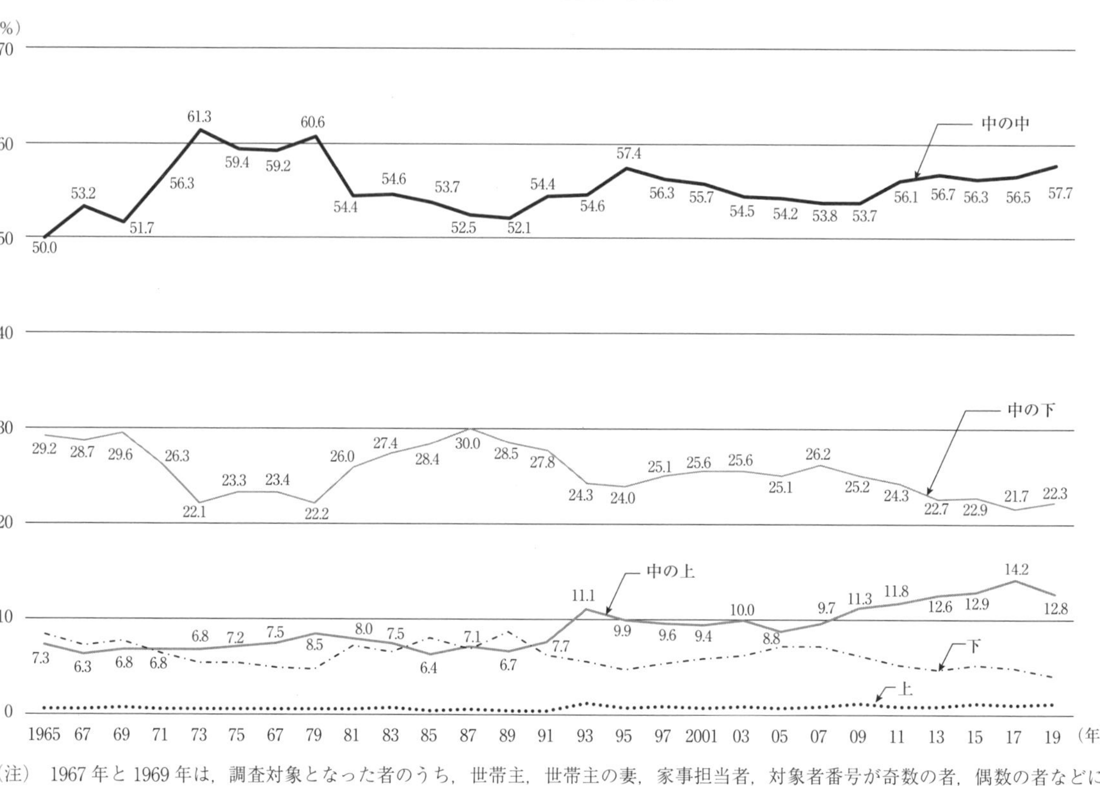

（注）1967年と1969年は，調査対象となった者のうち，世帯主，世帯主の妻，家事担当者，対象者番号が奇数の者，偶数の者などに本質問を実施した結果である。
出所）内閣府「国民生活に関する世論調査令和元年度結果の概要」より作成

図表9－2　一人当たり実質国民所得の推移

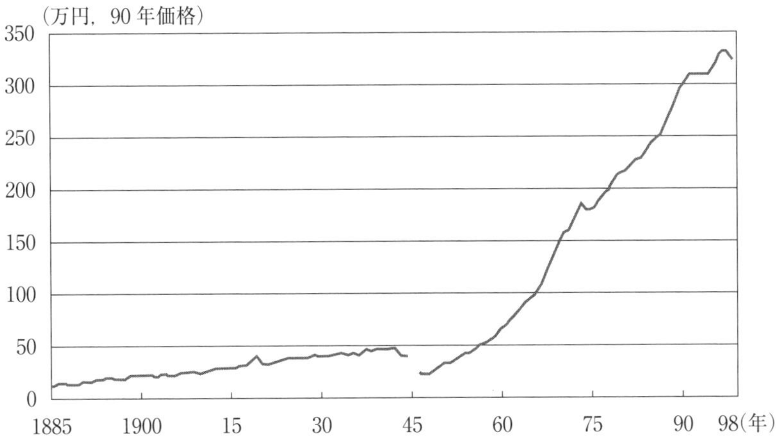

(注1) 1955年でリンクして，90年価格としている。
(注2) 実質国民所得＝名目国民所得／GNPデフレータ。
出所) 経済企画庁「平成12年版経済白書」

なお，1973年の第一次オイルショックを契機として，日本経済は低成長期に入ったが，その後も一人当たり実質国民所得は増加し続けた。また，「国民生活に関する世論調査」においても生活の程度を中と回答する人の割合は依然として高い傾向にあった。

確かに，所得水準の上昇に伴い，人びとは生活の豊かさを実感していたが，所得の格差は縮小したのだろうか。一人当たり実質国民所得は豊かさを示す指標であり，社会の平均値から算出されるため，格差がどの程度あるのかを把握することはできない。生活が豊かになっても格差が縮小するとは限らず，むしろ格差は拡大することもありうる。

所得格差の指標としてよく用いられるのは，ジニ係数である。ジニ係数は0から1の間の値をとり，1に近づくほど格差が大きいことを示している。厚生労働省「所得再分配調査」の結果をもとに高度経済成長期にあたる1962年から現在までのジニ係数の推移をみると，当初所得と再分配所得のジニ係数はともに1962年から1972年までは低下傾向にあることから，高度経済成長期は所得格差が縮小していたことがわかる（図表9－3)。だが，1970年代半ばにジニ係数は上昇しており，高度経済成長期から低成長期に入る時期に，格差が拡大したことがわかる。そして，1981年にジニ係数はいったん低下するが，それ以降現在に至るまで当初所得のジニ係数は上昇傾向にある。再分配所得のジニ係数は，2000年代半ばまで徐々に上昇していたが，近年はやや低下している。ここから当初所得の所得格差は拡大しているが，再分配所得のジニ係数は低く抑えられていることから，所得再分配によって所得がある程度均等化されていることがわかる。

この章の冒頭で，所得格差が人びとの間で認識されるようになったのは

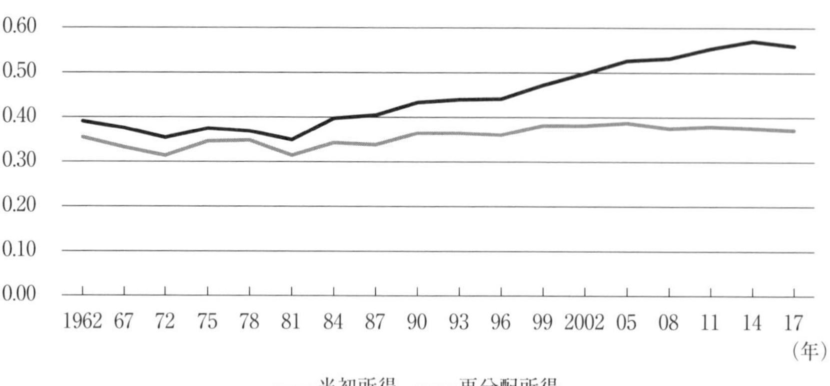

（注）1999年以前の再分配所得に含まれる現物給付は医療のみであり，2002年以降については，医療，介護，保育である。
出所）厚生労働省「所得再分配調査」各年より作成

1990年代末頃と述べたが，この時期，経済学者の橘木俊詔の『日本の経済格差』（1998年）や社会学者の佐藤俊樹の『不平等社会日本』（2000年）などが話題を呼び，格差や不平等に対して人びとの関心が高まった。橘木は，日本では1980年代以降，貧富の格差が拡大しており，かつてのような一億総中流の時代ではなくなっていると指摘した（橘木 1998）。これに対し，経済学者の大竹文雄は，高齢者はもともと他の年齢層に比べて貧富の格差が大きく，高齢化の進展が格差を拡大させていること，複数の構成員からなる家計よりも単身者の家計は所得が少なくなるため，若年層と高齢層での単身者の増加が格差を拡大させていることを指摘し，格差拡大は統計上の見せかけにすぎないとした（大竹 2005）。橘木は，大竹の批判を認めつつも高齢層の単身者に貧困層が増加していることを問題視した（橘木 2006）。なお，佐藤の主張は所得格差を直接論じたものではなく，所得格差と関係のある職業上の地位と出身階層の影響を分析した内容のため，次節でみていくことにする。

貧困層の増加に関しては，相対的貧困率が2000年代以降上昇していることが指摘されている（図表９－４）。2004年に経済開発協力機構（OECD）が加盟国の貧困率（相対的貧困率）を公表したが，日本の貧困率は15.3％であった。これは，加盟国26ヵ国中５位，先進国ではアメリカに次いで２番目に位置することから，大きな反響を呼んだ。また，この頃「格差社会」が流行語となったのをはじめ，「ワーキングプア」「ネットカフェ難民」など貧困層の増加が大きくマスコミで報道された。阿部彩は子どもの貧困率が2000年に14％であり，OECD諸国の平均と比べて高いこと，母子世帯の貧困率が高く，母親が働いていても母子世帯の貧困率が高いことを指摘し，子どもの貧困を「許容できない生活水準」とし，解決を図るべきで問題であると主張した（阿部 2008）。

なお，子どもの貧困率は2012年に16.3％まで増加したが，それ以降は低下

図表9－4　相対的貧困率の推移

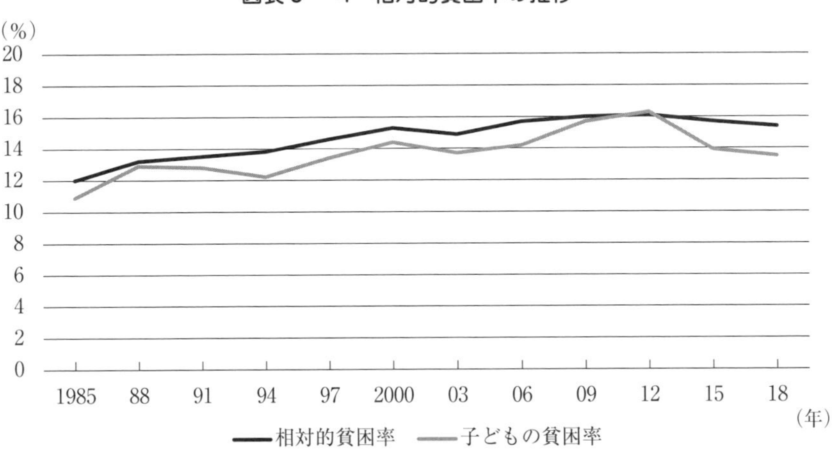

出所）厚生労働省「国民生活基礎調査」2019年

し，2018年は13.5%であった。

相対的貧困率の増加の背景については，多くの研究者が，非正規雇用の増加，男女の賃金格差をはじめとするジェンダーの問題を指摘している。また，子どもの貧困に関しては，これらの問題に加え教育格差の問題も指摘されている。

(2) 雇用格差

雇用格差については，1990年末頃から社会的格差の問題として指摘されてきた正規雇用と非正規雇用の問題と社会学がこれまで研究を重ねてきた社会階層と社会移動研究の知見から考えたい。

1) 正規雇用と非正規雇用の問題

1990年代後半，グローバル経済による国際競争の激化により，コスト削減を強いられた日本企業は，人件費を削減するために，リストラや福利厚生などの労働者の処遇の見直しを行い，パートタイム労働者や派遣労働者の活用を図るようになった。こうした動きは，新卒者の採用を抑制することにもつながり，「就職氷河期」と呼ばれる時期に就職活動しなければならなかった若者世代に将来にわたって大きな影響を与えた。非正規雇用に関しては，1999年に改正された労働者派遣法は，労働者派遣を認める業務が原則として自由化され，2003年の改正ではこれまで認められていなかった製造業での派遣も解禁された。こうした規制緩和により，雇用者全体に占める非正規雇用者の割合は増加し，1985年には女性全体の32.1%，男性全体の7.4%であったのが，2019年には女性全体の56%，男性全体の22.8%を占めるまでになった（図表9－5）。非正規雇用者は，以前から女性の占める割合が高かったが，男女ともに割合が高くなっている。年齢別にみると，最も割合が高くなったのは男女とも65歳以上であり，15～24歳の若年層の割合は近年低下傾向にある。女性は年齢が上

図表9－5　年齢階級別非正規雇用者の割合の推移（男女別）

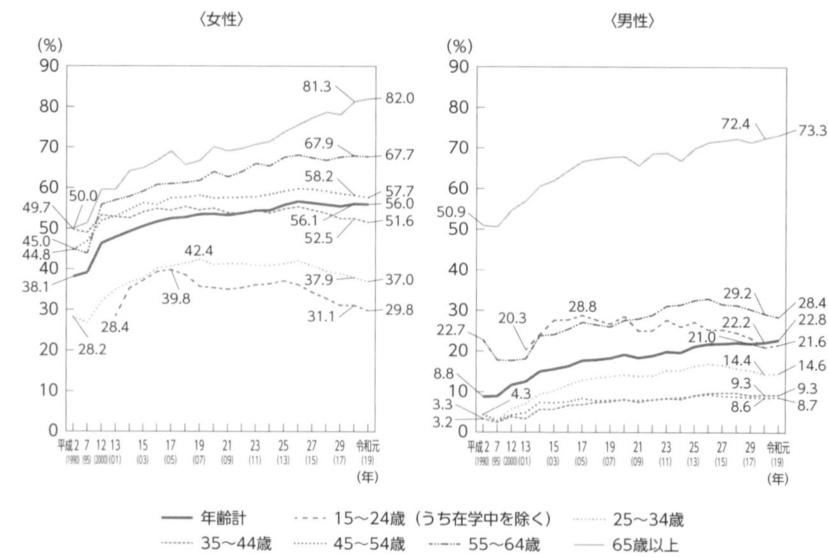

出所）内閣府「男女共同参画社会白書　令和2年版」

がるにつれて非正規雇用者の割合が高まる傾向にあるが，男性は15～24歳までの若年層と55歳以上の高齢者層の割合が高い傾向にある。

非正規雇用は，自由で多様な働き方を可能にした一方で，正規雇用に比べて低賃金で生涯賃金は6割程度にとどまること，年金をはじめとする社会保障においても格差が生じることが問題として指摘されてきた。また，非正規雇用は，企業にとって雇用の調整弁となることが多く，不安定な就労を強いられることも問題であった。2015年に労働者派遣法が改正され，正規雇用と非正規雇用の間の不合理な待遇差の解消を目指して，2019年にパートタイム・有期雇用労働法が成立した。同法の成立により，同一労働同一賃金を原則に，同一労働職場で正社員とパートタイム労働者・有期雇用労働者との間で基本給や賞与などあらゆる待遇について不合理な待遇差を設けることが禁止され，パートタイム労働者・有期雇用労働者は，待遇差がある場合にはその内容や理由などについて事業主に説明を求めることができるようになった（なお，同法は大企業が2020年4月1日から施行され，中小企業が2021年4月1日から施行の予定である。派遣労働者については2020年4月1日から施行されている）。

2）社会階層研究

社会学では，所得などの経済格差ではなく，その背後にある学歴や職歴，出身階層（親の学歴や職業）の影響から格差や不平等の問題を考える社会階層研究が主流である。これまで，産業化が進展すると人びとの地位達成は業績主義が優勢となり，世代間の階層移動は開放的になると考えられてきた。日本では，1955年以降10年ごとに実施されているSSM調査によって，世代間の階層移動が開放的か否かを実証してきた。前述の佐藤の『不平等社会日本』では，

1955年から1995年までのSSM調査の結果をもとに，親子間の職業の結びつきを分析し，高度経済成長期は，父親が専門職・管理職のホワイトカラー（以下W雇上とする）でなくても子どもはW雇上になりやすかったが，1995年調査では，父親がW雇上の方が子どもはW雇上になりやすく，階層の固定化が認められると主張した（佐藤2000）。この佐藤の主張に対し，石田浩・三輪哲は，2005年調査の結果から，出生コーホートによる50年間の趨勢分析を行い，産業構造や職業構造の変動の影響を統制した世代間移動は1995年から2005年にかけて全体としては安定的であり，変化がみられないことから，開放的でも閉鎖的でもないと指摘した（石田・三輪2011）。このように，社会的地位の移動に関しては，2000年頃に議論されたような格差は拡大していなかったことがわかる。

(3) ジェンダーによる格差

前述の所得格差，そして正規雇用と非正規雇用の雇用格差についても男女間で格差があることが指摘されている。所得の格差に関して，図表9－6は，厚生労働省「賃金構造基本統計調査」における一般労働者の賃金の推移を男女別に示したものである。一般労働者は，常用労働者のうち，パートタイマーなどの短時間労働者以外の者のことを指すので，正規雇用労働者の平均賃金をおおむね把握できる。男女間の賃金格差は，男性の賃金に対する女性の賃金の比率として示される。1976年頃は58.8％であり，近年では74.3％と縮小傾向にあるが，依然として一定の賃金格差があることがわかる。男女間の賃金格差の要因としては，男性に比べて女性の勤続年数が短いこと，管理職などに占める女

図表9－6　一般労働者の賃金の推移（男女別）

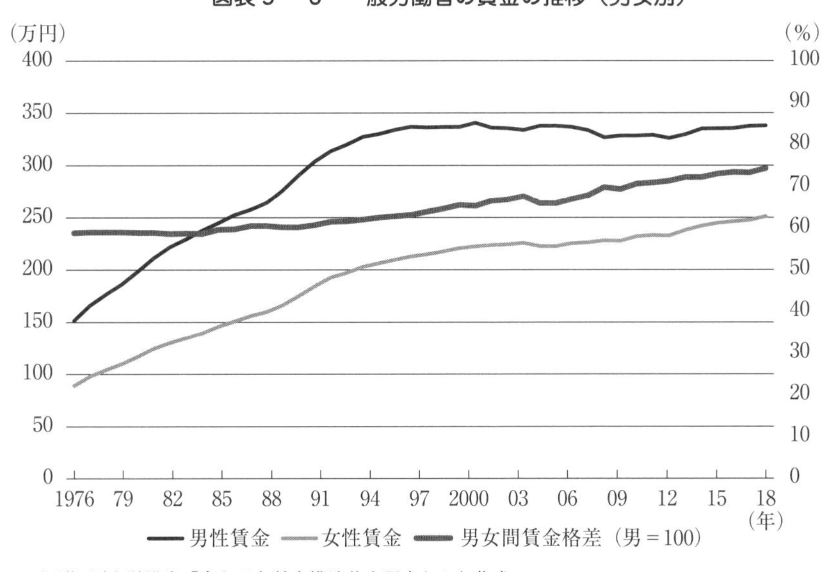

出所）厚生労働省「令和元年賃金構造基本調査」より作成

性割合が低いことなどが指摘されている。

また，男女間の賃金格差は正規雇用と非正規雇用でみた場合に，より格差が大きくなる。図表９－７は，厚生労働省「賃金構造基本統計調査」における雇用形態別・男女別賃金格差を示したものである。ここから，男性でも非正社員・正職員の場合で66.8％，女性では非正社員・正職員の場合は，53.8％とおよそ半分程度であることがわかる。このような男女間の賃金格差の背景には，学卒後は就職するが，出産・育児期に仕事を中断し，子育てが一段落すると再就職する「Ｍ字型就労」と呼ばれる女性特有の働き方などが影響している。特に，非正規雇用は以前から女性の割合，なかでも既婚女性の割合が高いのは，戦後の高度経済成長期に性別役割分業が一般化し，その後の低成長期に働く女性は増加したが，あくまでも男性が主たる稼ぎ手であり，女性は家計の補助的な役割を担ってきた経緯がある。このような状況から，女性は経済的な自立が難しく，男性に依存せざるを得ないこと，また，離婚して母子世帯になった場合に働いていても貧困状態から抜け出すことが難しいことが問題として指摘されている。さらに，所得格差のところで，高齢の単身者に貧困層が多いことを指摘したが，それは高齢の単身者に女性が多いことも一因にある。日本の社会保障制度においては，現役世代の収入をもとに老後の年金額が決まる。そのため，有償労働をしている時期の社会階層がそのまま老後の階層にもつながることが指摘されている（岩間 2015）。女性の場合，現役世代に就労していても非正規雇用であったり，勤続年数が短かったりすると賃金は低くなるため，年金の受給額も少なくなることが多い。また，専業主婦の場合には，配偶者が亡くなると遺族年金となるため，年金額は減少する。このように，女性の所得格差，貧困の問題は，職歴や結婚経歴といったライフコースとも大きく関係している。

Ｍ字型就労
日本の女性の年齢階層別就業率をグラフ化するとＭ字型曲線を描くことから。Ｍ字の底は就業率，年齢階層ともに年々上昇傾向にある。

図表９－７　雇用形態別男女別賃金格差の推移

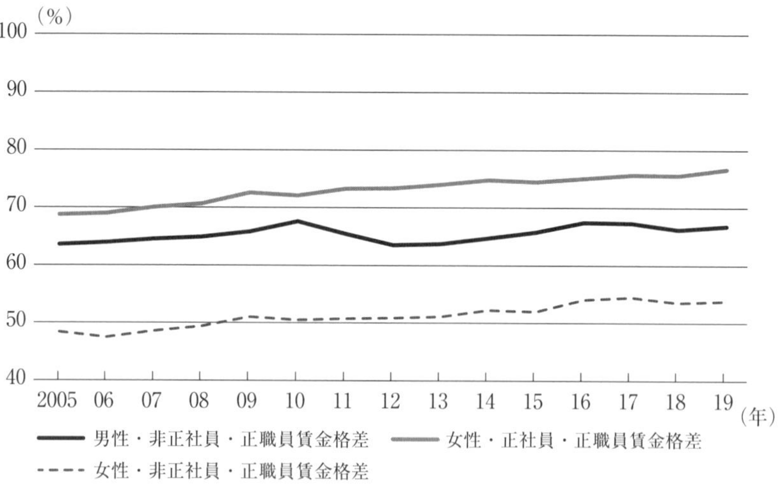

（注）賃金格差は，男性・正社員・正職員賃金を100とした場合の各賃金の比率で算出している。
出所）厚生労働省「令和元年賃金構造基本調査」より作成

2 教育格差

(1) 社会的地位の配分原理

教育格差の問題を考えるために，最初に社会的地位の配分原理である属性主義と業績主義について理解しておきたい。属性主義とは，身分や家柄，性別，出身地といった個人が生まれながらにしてもっている属性によって社会的地位が決定されるとする立場である。近代社会以前の伝統社会では身分制度があり，個人の能力にかかわらず生まれてきた家の身分によって自分の社会的地位や職業までもが決定されていた。業績主義は，個人の能力や努力によって社会的地位が決定されるとする立場である。近代以降の社会は，業績主義を原則とする社会であり，義務教育段階より上の高校や大学への進学，さらに国家資格の取得や就職などは試験等によって学力や能力が測定され，成績の良い者や能力のある者が選抜される。業績主義の配分原理は，個人の能力を考慮しない属性主義よりも民主的で平等な仕組みであると考えられている。

(2) 教育機会の拡大と高度化がもたらす帰結

日本では，第2次世界大戦後の高度経済成長期に，高校への進学率，大学への進学率が上昇した。高校進学率は，1955年に50%であったのが，1980年には95%を超えた。2019年には98.8%とほとんど全入に近い状況である。大学や短大への進学率は，1960年は10%であったが，1975年には37%になり，2019年には54%と半数以上の人が大学や短大に進学している。高度経済成長期に多くの人が進学するようになった背景としては，所得水準の上昇に伴い経済的な理由で進学を諦める人が少なくなったこと，産業構造の変化（第3次産業の比率の増加）でより高度な知識と訓練を受けた人が必要とされたこと，などがあげられる。教育社会学者の苅谷剛彦によれば，1970年代の誰もが高校に進学するような段階になると，どの高校に進学するか，その高校は大学に進学できる可能性があるかが重要になってくる（苅谷 2010）。また，偏差値のような一元的な尺度により，受かりやすい高校や大学に進学できる可能性など，ある程度自分で予測できることで，今度は自分の努力や能力，あるいは適性を理由に高校進学を諦める人が出てくる（苅谷 2010）。この段階になると，学力は個人の能力の結果とみなされることになるが，苅谷は，社会学者のヤング（Young, M.D.）の描いたメリトクラシー社会の帰結をもとに，学力が個人の能力なのかを疑問視する（苅谷 2010）。ヤング（Young, M.D.）は，近代社会の社会的地位の配分がメリット（能力）によるものであるなら，その結果，社会は能力のある人が支配する社会（メリトクラシー）になると考えた。メリトクラシーの社会では，当初は出身階層や貧富の差などに関わらず能力のある者を選抜するが，何世代も繰り返されると能力のあるエリート層と非エリートの下層階級との格差が拡大し，世代を超えて階級が固定化され，世襲制に近づくようになる（ヤング 1982）。苅谷は，日本の学歴社会が一所懸命努力して成功を収める努力主義で，ヤングのいう能力とは異なるとしながらも，両者がもたらす帰結の類似性を指摘する（苅谷 2010）。つまり，学歴は本当に個人の努力の結果なのか，実は努力も出身階層の影響などを受けているのではないか疑問を呈しているのである。

(3) 学歴をめぐる議論—技術機能主義と葛藤理論

学歴が個人の能力あるいは努力の結果としてみなされるのか，という点については議論が分かれている。ひとつが技術機能主義と呼ばれる立場である。先ほど産業構造の変化によって高度な知識と訓練を受けた人が必要となると述べたが，これが技術機能主義の考え方で，職業に要求される知識や技術を修得している人がその職業に就くべきであり，教育も産業側の要請に応えることが期待されていると考えられている。こうした考え方は，産業化が進展した社会ほど高学歴化が進んでいることを説明するのに有用である。しかし，技術機能主義は，社会的な不平等を正当化し，その原因を個人の性向（たとえば，努力しなかったから，あるいはやる気がなかったから成功しなかった，など）に帰着させることで，他の要因がみえなくなってしまう点が問題点として批判されている。このような技術機能主義を批判しているのが，もうひとつの葛藤理論の立場である。その代表的な論者が，コリンズ（Collins, R.）とブルデュー（Bourdiou, P.）である。コリンズは，学校の文化伝達という側面に注目し，学校教育が知識や技術を教えるというよりも，ある特定の集団に適合的な人びとを選抜するのに貢献していると主張した。コリンズは，同じ学歴の人間は，趣味や礼儀作法，儀礼の遵守，会話のスタイルや話題，価値観など多方面において同類とみなされ，それが選抜の際に評価されていると考えたのである。ブルデューは，「文化資本」という概念から，学校教育が特定の階層出身者に有利に働くことを明らかにした。文化資本は，言葉遣いや振る舞い方，態度，学歴観，職業観，人や物に対する好み，趣味，美的センス，などを指し，これらは家庭での「しつけ」という養育プロセスを通して形成される。ブルデューは，学校教育が中流階級の文化であり，日頃から抽象的な概念や論理的な思考に馴染みのある階級の出身者ほど，学校には適合的であり，こうした文化資本が学力や学歴になり，個人の能力や努力とみなされることを問題視した。

このように葛藤理論の立場から学歴を考えた場合，個人の能力や努力の結果とはいいきれない出身階層の文化などが学歴の獲得に影響している可能性を私たちに示しているのである。

(4) 学歴の階層間格差

ここでは，現代の日本社会において学歴の階層間格差が生じているかどうか，近年のSSM調査の結果をもとに考えてみたい。SSM調査ではこれまで，親子間の社会移動について，親の学歴や職業が子どもの学歴や職業と関連があるかを検討してきた。そこで得られている知見は，親の学歴と子どもの学歴には関連があり，調査年次によって多少の変動はあるものの，基本的にはいつの時代も階層間の格差は確認できるということである。

松岡は2015年のSSM調査結果をもとに，出身階層による学歴格差を年代別に集計している（松岡 2019）。なお，40代以上の中年層・高年層は男女で最終学歴が異なるため，女性については短大卒以上を集計している。ここから，年齢層や男女によって多少の違いはあるものの，父親が大卒か非大卒かで子どもの学歴に違いがあることがわかる（図表9－8）。さらに，松岡は2000年代半ばから注目されるようになった「子どもの貧困」の問題についても，SSM調査の15歳時の所有物に関する設問の回答をもとに相対的貧困層と非貧困層に分類し，男女別，年齢別に大卒割合を集計しているが，そこでも年齢に関わらず貧困層と非貧困層の格差が確認されている。そこから，「子どもの貧困」はいつの時代も存在してきた現象であり，これまで見過ごされてきていると指摘する（松岡 2019）。

子どもの貧困
日本の子どもの貧困率はOECD加盟国で最悪の水準にある。2019年には13.5%となり，7人に1人の子どもが貧困状態にあるという。

このように「子どもの貧困」は世代を超えて学歴格差や貧困が再生産されているのである。現在，子どもの将来が生まれ育った環境に左右されないよう，

図表9－8　父親の学歴と大学卒・短大卒の割合（男女別・年齢別）

父親学歴別・短大卒以上の割合（%）〈女性〉

年齢	父・大卒 (a)	父・非大卒 (b)	差 (a-b)
20代	76	35	40
30代	74	36	38
40代	74	34	40
50代	67	30	37
60代	57	14	43
70代	32	6	26

父親学歴別・短大卒以上の割合（%）〈男性〉

年齢	父・大卒 (a)	父・非大卒 (b)	差 (a-b)
20代	80	35	45
30代	69	31	39
40代	80	27	53
50代	78	34	44
60代	74	24	49
70代	56	19	37

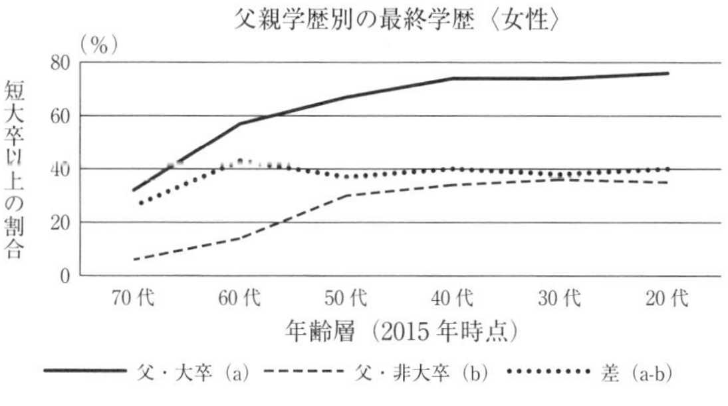

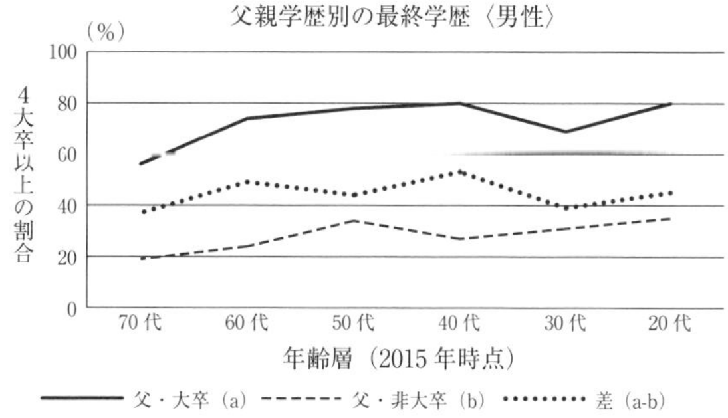

出所）松岡亮二『教育格差―階層・地域・学歴』ちくま書房，2019年

貧困状況にある子どもが健やかに育つ環境を整備することを目的に「子どもの貧困対策の推進に関する法律」が 2013 年に成立し，翌年 2014 年に施行された。同法では，子どもへの支援として，教育支援，生活支援，保護者への就労支援などが示されており，教育支援には，児童生徒への個別指導，スクールソーシャルワーカーの配置，教育費の負担軽減，学習支援などがある。

3 健康格差

(1) 健康に関する社会学的研究と疫学研究

日本の社会学研究で，健康格差が注目を集めるようになったのは，比較的最近のことである。欧米では 1980 年頃から研究が進んできた。日本では，1990 年頃から医療社会学を中心に研究が行われてきていたが，社会階層をもとにした研究が少なかったこと，調査規模が小さいこと，など課題があった（早坂 2001）。社会階層との関連では 2005 年の SSM 調査で初めて健康に関する項目が導入され，大規模調査から得られる研究の蓄積が進んできている状況である。ところで，医学の専門分野のひとつに，病気の原因を統計的に追求する疫学がある。現在の先進国では，周産期の疾患や結核などの感染症が主体であった段階から肥満や高血圧，糖尿病など非感染症が主体の段階へと疾病構造が変化しており（これを「疫学転換」という），これに伴い疫学の研究対象となる疾病も生活習慣病に移っていった。生活習慣病は，食生活と運動習慣，ストレスなど日常の生活に影響される病気であり，それを追求する疫学は，社会疫学とも呼ばれ，社会学と類似した研究が行われている。ここでは，健康格差に関する社会学的な研究について，先進的なイギリスの状況を紹介し，日本の状況については疫学での知見を紹介していくことにする。

(2) イギリスにおける健康格差研究

イギリスでは，1980 年に当時の保健社会保障省が出した「ブラック・レポート」が健康の不平等に関する最初の調査報告として知られている。その主な結果は，① 男女共に，すべての年齢層において死亡率に階層間の差異があり，それはほとんどの死因においてみられること，② 職業による差異として，子どもの生後 1 ヵ月の死亡率は，親が未熟練肉体労働者の子どもは，親が専門職の子どもの 2 倍であること，熟練肉体労働者と未熟練肉体労働者と専門職との間には死亡率に格差がみられること，③ ヘルスサービスの利用にも不平等は存在しており，肉体労働者が予防サービスを利用しない度合いが高いこと，④ 事故死は子どもの死因の 3 分の 1 を占めるだけではなく，呼吸系の病気と共に階層による差異が大きいこと，である（早坂 2001）。

また，マーモット（Marmot, M.G.）らのホワイトホール調査は，18,000 人もの男性公務員を対象に1970年代から25年間追跡した調査で，職種・職位により4段階に区分した階層別の年齢調整死亡率をみた場合，社会階層の高いグループと低いグループの死亡率の格差は40～64歳でもっとも大きく，同じ公務員であるのに，3.12倍にもなった。しかも，すべての階層間で差がみられたことが特徴的であった（近藤2005）。こうした調査報告が人びとの関心を呼び，欧米では社会階層と健康に関する研究が進んでいくことになった。

なお，イギリスの健康格差の研究では，社会階層との関連だけではなく，エスニックマイノリティ間の健康格差やジェンダーの健康格差（男女間の差異，女性間の差異）などが検討されている（早坂2001）。

(3) 社会疫学の知見にみる日本の健康格差

日本では健康格差に関する研究が社会疫学を中心に蓄積されてきた。ここでは，それを紹介したい。近藤克則によれば，所得階層別の抑うつ群の割合を分析したところ，最低所得層と最高所得層の格差は，女性で4.1倍，男性では6.9倍もの差があった（近藤2005）。また，所得階層別の要介護高齢者の割合は，男女とも全ての年齢層で，最低所得層で要介護者はもっとも多い。最高所得層では3.7%であったが，最低所得層では17.2%にもおよび，その差は5倍であった（近藤2005）。近藤は，4つの社会経済状態（所得，職業階層，学歴，就業状況）が次の5つの要因によって健康状態に影響を及ぼすと考えている（近藤2005）。

ひとつは物質的環境で，住環境や労働環境の衛生状態などは，社会経済状態により格差がみられる。たとえば，低所得層ほど劣悪な住環境（狭く，日当たりの悪い，風通しの悪い部屋，騒音や排気ガスにさらされ，寒暖差が大きいなど）で我慢している。2つ目は，ライフスタイルで，低所得や低学歴，低い職業階層の者ほど，肥満や喫煙など，好ましくないライフスタイルがみられる。3つ目は，利用できる医療・社会サービスで，健康保険の自己負担額が引き上げられると，低所得層を中心に受診抑制が生じる。また，健康教室や健診，保健・福祉制度の利用や情報収集などにも階層差がみられる。4つ目は，人間関係である。低い社会経済状態の人の人間関係は，貧しくなる傾向にある。たとえば，社会的サポートの受領や提供が乏しいのは，低学歴，離婚や再婚が多い，独居の男性が多いなどの傾向がみられる。そして，5つ目が心理的ストレスで，社会経済状態が低い層ほど，失業の危険にさらされたり，経済的に追い詰められたりするので，心理的・精神的ストレスは高く，不安など日常的な精神障害やうつなどが多くなるとされている。

これらの要因は，健康状態に悪影響をもたらすものであるが，逆に健康に良い影響を与える要因も示されている。特に注目を集めているのが，ソーシャル・キャピタルである。パットナム（Putnam, R.D.）によれば，ソーシャル・キャピタルとは，人びとの協調行動を活発にすることによって社会の効率性を高めることのできる社会組織の特徴を指し，具体的には信頼，規範，ネットワークがあげられる。ソーシャル・キャピタルが豊かな地域ほど，住民の主観的健康感が高く，死亡率が低いこと，また，都道府県レベルでも合計特殊出生率が高い，65 歳以上の女性の平均余命が長いこと，などが指摘されている（近藤 2005）。

参考文献

阿部彩『子どもの貧困―日本の不公平を考える』岩波書店，2008 年

石田浩・三輪哲「階層移動からみた日本社会―長期的趨勢と国際比較―」『社会学評論』59（4），pp.648-662，2011 年

岩間暁子「家族・貧困・福祉」岩間暁子・大和礼子・田間泰子『問いからはじめる家族社会学』有斐閣，2014 年

苅谷剛彦「教育の格差拡大と学歴社会の変貌」苅谷剛彦・濱名陽子・木村涼子・酒井朗『教育の社会学　新版』有斐閣，2011 年

近藤克則『健康格差社会―何が心と健康を蝕むのか―』医学書院，2005 年

松岡亮二『教育格差』筑摩書房，2019 年

大竹文雄『日本の不平等』日本経済新聞出版社，2005 年

佐藤俊樹『不平等社会日本―さよなら総中流』中央公論新社，2000 年

橘木俊詔『格差社会―何が問題なのか』岩波書店，2006 年

プロムナード

社会的格差を考えるとき，私たちが考えておく必要があるもののひとつに，不平等の問題があります。格差と不平等は，言葉のさす意味内容が異なります。格差は，同類のものの間に程度の差や違いがあることを示す言葉で，そこに良い，悪いといった価値判断は含まれません。一方，不平等は平等ではないことを示す言葉で，そこには良い，悪い，改善すべきといった価値判断が含まれます。そのため，格差があるという場合には，それが不平等なのかどうかは，それぞれの状況に照らして判断する必要がありますが，この章で取り上げた所得格差，学歴格差，健康格差は，いずれも個人的な努力だけでは解決が難しく，社会的に是正が求められる問題であるため，不平等の問題として考えることができます。

学びを深めるために

松岡亮二『教育格差』筑摩書房，2019 年

出身家庭と地域が子どもの学歴にもたらす影響（収入・職業・健康）について，膨大なデータを分析しながら幼児教育から小学校，中学校，高校といった段階ごとの教育格差の実態を明らかにし，現在の日本社会が，「生まれ」による格差が存在するゆるやかな身分制の社会であることを指摘しています。

家庭の経済状況をはじめとするさまざまな社会的条件が子どもの人生にどのような影響を与えるのだろうか，所得，雇用，学歴，健康などを手がかりに考えてみよう。

福祉の仕事に関する案内書

近藤克則『長生きできる町』角川書店，2018 年

第10章

社会政策と社会問題

1　福祉国家と福祉社会

(1) 福祉国家の基本構造

1) 福祉国家の登場

「福祉国家 (welfare state)」という用語は，1930 年代末のイギリスにおいて使われ始めている。1920 ～ 1930 年代にかけて経済の近代化と構造変革が急速に進んだが，後発工業国であるイタリア，ドイツ，そして日本では，ファシズム，ナチズム，そして軍国主義が台頭していた。これらの国々では自由，民主主義，そして人権がないがしろにされ，第二次世界大戦への道を歩むことになった。

福祉国家という国家像は，イタリアのムッソリーニやドイツのヒトラーなどが追求した「権力国家 (power state)」あるいは「戦時国家 (warfare state)」と対比するための国家目標として示されたものである。イギリスは，敵国ドイツへの対抗から，国家目標として福祉国家を表明したのである。そこでいう福祉国家とは，権力により国民を支配すること，抑圧することはしないという意味合いで使用されている。イギリスは市民の「福祉」に対しては国家が責任を持ち，その責任を果たすためにさまざまな政策・事業を積極的に行うという新しい国家像を表明したのである。福祉国家とは理念的な国家像のことである。

1942 年 11 月に公表された『ベヴァリッジ報告 (Beveridge Report)』が，イギリスを福祉国家への道筋を歩ませるスタート台となっている。以下，その概略を示しておこう。『ベヴァリッジ報告』には，第二次世界大戦で甚大な被害を受けたイギリスを再建するための社会保障制度の検討が主要なテーマとして掲げられていた。このレポートでは，社会の発展のための包括的施策として社会保険制度を軸に，国家はナショナル・ミニマムを保障すべきであり，国民の自発的な行動を阻害しないことを強調している。社会保障政策としては児童手当 (children's allowance)，包括的な保健及びリハビリテーション・サービス (comprehensive health and rehabilitation services)，雇用の維持 (maintenance of employment) を提唱していた。福祉国家の実現に向けての方法論としては，社会保障制度を構築する上で，社会保険 (social insurance)，公的扶助 (national assistance)，任意保険 (voluntary insurance) という 3 つの方法が提示された。

なお，今日の日本の社会保障制度の骨格を作った 1950 年の社会保障制度審議会による「社会保障制度に関する勧告」は，この『ベヴァレッジ報告』の影響を強く受けている。

2) 福祉国家のフレームワーク

福祉国家とは，国民の最低生活の保障 (ナショナル・ミニマム) のために，社会資源の再分配を通じて国民生活の安定を図るとともに，経済社会全般の社会的統合を理念とする国家像と定義できる。社会資源の再分配のために，所得保

夜警国家
国家の役割は安全保障や治安維持に限られる。国家が国民の生活に関与することは好ましくないという国家像。小さな政府を志向する。

ベヴァリッジ報告
1942 年 11 月に「揺りかごから墓場まで」の福祉国家像を提示。正式名称は『社会保険及び関連サービス (social insurance and allied services)』。

社会の繁栄を妨げている 5 つの巨人
「窮乏 (want)」,「疾病 (disease)」,「無知 (ignorance)」,「不潔 (squalor)」,「怠惰 (idleness)」。

ナショナル・ミニマム
国がすべての国民に対し保障しようとする最低生活水準。ウェッブ夫妻により提唱され，『ベヴァレッジ報告』では具体的な政策目標として採用された。

障，保健医療，教育，住宅，雇用，社会福祉等のさまざまな社会政策，各種の社会保障制度を整備する。福祉国家では経済活動の状況を調整して雇用・就業機会の保障を目指す「完全雇用政策」が採用されている。国民のための社会政策や社会保障制度を展開・維持するには，経済活動が活性化するとともに，持続的な「経済成長」が必要である。社会資源の再分配とは，経済活動の成果である「国民所得」を原資として，各種の政策・事業等により必要な国民に配分するということである。

完全雇用
非自発的な失業をできる限り縮減する政策。失業者がいないという意味ではない。一般的には失業率が3%未満の状態。

国民所得
national income。国内の労働者や企業等の生産活動により獲得した所得の総額。賃金総額と企業利益の合計額。

自由放任の市場経済に関する古典的な楽観論は，福祉国家では否定されている。福祉国家では，市場経済の欠陥を補正するために，政府は市場経済や企業等の経済活動に一定の関与をする。また，国民所得の社会的分配において，つまり社会保障制度による財・サービスの社会給付についても一定の規制がかけられている。たとえば，公的な年金給付については，国民は公的年金の社会保険制度へ加入義務があり，一定期間保険料を納付することにより，一定の年齢に到達することを条件に老齢年金が給付される。社会福祉サービスについても，要件を満たした事業者のみが社会福祉サービスを給付することが認められる。

福祉国家は，市場の原理にすべて任せるのではなく，社会資源としての財・サービスの受給と給付のそれぞれにおいて政府が関与し，社会的規制のもとで社会的分配が行われる。

3) 福祉国家の類型論

デンマークの社会政策学者であるエスピン-アンデルセン（Esping-Andersen, G.）は，福祉国家を類型化する試みを行っている。

この福祉レジームによる福祉国家の類型論では，広義の福祉の財・サービスを生産・供給する主体として，政府や地方自治体のみならず，市場や共同体（家族や地域社会）も組み入れている。

「自由主義レジーム」に区分けされるのはアメリカ，カナダなどのアングロ・サクソン諸国であり，これらの国々は，どちらかと言えば，小さな国家とリスク管理に対する個人的責任に立脚し，問題解決について必要なサービスは市場を通じて購入することを原則とするところが多い。機会の平等や個人の自己責任を重視するとともに，公的制度による社会保障は必要最小限に限ろうとしている。「社会民主主義レジーム」はスウェーデン，デンマークなどの北欧諸国が代表的であり，サービスの提供にあたり普遍主義を採用し，リスクに対する包括的な社会化を志向している。社会保障の受給権は個人が有する市民権のひとつと考え，社会保障給付の水準が高く，同時に負担の水準も高くなっている。「保守主義レジーム」はドイツ，フランス，イタリアなどの大陸ヨーロッパ諸国がそれに該当するとしている。リスクの共同負担（連帯）と家族主義を志向する。カトリック教会が社会サービスを主導してきた歴史的経緯，伝統的な家族主義やギルドに代表される封建的な職域を重視する考え方が強く，職域ごと

ギルド
中世ヨーロッパの自治都市における商工業者の仲間組織。中世後期には，自治都市における各経済活動の独占的地位を獲得し，産業の発展に寄与したが，資本主義化の過程で解体していく。

年金医療介護保険給付費
2009 年度に社会保障関係費の区分見直しが行われ，年金，医療，介護等の社会保険費の名称が変更された。

社会保障給付費
ILO（国際労働機関）の基準。個人に帰着する給付について集計。〈部門別〉は医療，年金，福祉その他。〈機能別〉は高齢，遺族，障害，労働災害，保健医療，家族，失業，住宅，生活保護その他。

社会支出
OECD（経済協力開発機構）の基準。社会保障給付費より範囲が広く，施設整備費等直接個人に帰着しない費用も含む。〈政策分野別〉に，高齢，遺族，障害・業務災害・傷病，保健，家族，積極的労働市場政策，失業，住宅，他の政策分野の９つある。

通貨危機
1971 年８月にアメリカ政府がドルと金の交換性を停止したことに始まる。産業の国際競争力の低下，諸外国への経済的支援そしてベトナム戦争の軍事負担等から，国際収支における赤字が大きく拡大したことにより，無条件での金とドルの交換ができなくなる。国際通貨としてのドルの信用が揺らいだ。

の社会保険制度を中心に発展してきている。

4）福祉国家の財政構造

医療・年金・介護そして社会福祉や生活保護等の社会保障制度に支出する費用から，福祉国家の財政構造の特性を知ることができる。日本の場合，社会保障に関する費用は政府予算においては「社会保障関係費」として予算化され，年金医療介護保険給付費（年金保険，医療保険，介護保険），雇用保険，生活保護費，社会福祉費などがこれに含まれている。2019 年度の政府予算の「社会保障関係費」は約 33 兆 9, 900 億円である。

社会保障制度として１年間に支出する総額である「社会保障費用」は，国立社会保障・人口問題研究所が公表する「社会保障費用統計」に明らかにされている。「社会保障費用統計」は，「社会保障給付費」と「社会支出」から構成されており，この２つの統計により日本の社会保障費用の規模の全体像を把握できる。なお，「社会保障費用統計」には，政府予算の他に，社会保険料や国や地方公共団体の公費負担分などが含まれるため，2018 年度の支出ベースでの「社会保障給付費」は約 125 兆 116 億円である。また，2018 年度の「社会支出」の額は約 125 兆 4, 294 億円となる。

福祉国家としての財政構造の特性を「国民所得」との関係でみると，たとえば「社会支出」の国際比較では，日本は 2015 年度で 30.96％であるのに対して，スウェーデンは 41.49％，フランスは 45.10％となっている。アメリカは 30.61％であり，「国民所得」という経済活動の規模からするとアメリカ並みということになり，いわゆる福祉先進国の北欧諸国に比べると見劣りする。

図表 10 − 1　３つの福祉レジームの比較

類型	主な特徴	所得再分配の規模	給付の対象・性格
自由主義レジーム （アングロ・サクソン諸国）	市場の役割大	小規模 （小さな政府）	生活困窮者向けの給付が多い。（選別主義）
社会民主主義レジーム （北欧諸国）	国家の役割大	大規模 （大きな政府）	現役世代向け，高齢世代向けともに充実。（普遍主義）
保守主義レジーム （大陸ヨーロッパ諸国）	家族・職域の 役割大	中〜大規模	高齢世代向け給付が多い。 （社会保険は普遍主義） （公的扶助は選別主義）

出所）平成 24 年版『厚生労働白書』p.84 一部作表

(2) 福祉国家への批判そして転換

1）福祉国家への批判

第二次世界大戦後，いわゆる西側先進諸国はそれぞれの福祉国家の体制づくりに取り組むが，福祉国家への批判が巻き起こってくる。1970 年代以降，世界経済が危機に見舞われ，社会保障の諸制度の維持が財政面で困難になったことが背景の一つにある。世界経済の危機とは，「通貨危機」と「石油危機」である。これらの世界レベルでの経済危機は，先進諸国の財政基盤は大きく揺るがすこととなった。経済活動の停滞と税収の伸び悩み，経済不況による失業者の増加に伴う失業給付等の社会保障給付の支払いを増加させた。景気回復のための公共事業等の財政出動などは，国家財政を逼迫させ，財政危機から社会保障制度の維持や拡大に対する反対意見として「福祉見直し」の声が高まった。

また，国民が物質的豊かさを享受，生活水準の向上，ライフスタイルの変化などから，福祉国家のシステム維持と運用に対する評価に変化が生じてきた。政府や地方自治体の行政組織の肥大化，運用面での非効率性と硬直化の問題が指摘されるようになったからである。

福祉国家への批判は「福祉見直し」論へと結びついていくのである。

日本では，高度経済成長の終焉とともに財政赤字が拡大する過程で，財政支出の大幅な抑制を目指して国債等の公債依存度を抑制するために，「財政再建」と「行政改革」の政策目標が掲げられた。1982 年の第 2 次臨時行政調査会において，「活力ある福祉社会の建設」が掲げられ，国民の連帯と相互扶助が強調されたのである。財政危機を背景に，政府や政権与党から「日本型福祉社会論」が喧伝されるようになる。この日本型福祉社会論は，個人の自助努力，家族の相互扶助，そして近隣社会等の社会連帯などが強調された。

2）福祉多元主義への転換

福祉国家批判への対応として，「福祉多元主義（welfare pluralism）」という考え方が登場する。「混合福祉（福祉ミックス）」と呼ばれることもある。これは，社会保障制度の諸サービスの供給主体の多様化を前提としている。福祉多元主義とは，社会保障の諸制度に基づく各種の財・サービスの供給は，中央政府や地方自治体が独占するのではなく，多様な複数の部門セクターからもサービス等の供給を行うという考え方である。供給主体として想定されているのは，第 1 は，従来からの，中央政府や地方自治体が社会資源を一元的に管理し供給するという公共部門（公的部門）である。第 2 が，インフォーマル部門（非公式部門）であり，家族・親族や近隣・地域社会，あるいは友人のネットワークなでである。社会学の視点からすると第一次集団となる。第 3 がボランタリー部門（民間の非営利事業体）である NPO 団体，各種のボランティア団体，一定程度の組織化がなされている住民参加型の福祉組織がこれに当たる。活動主体は民間であるから公共部門とは区分されるが，活動の動機は非営利目的であるから市場部門からも区別される。第 4 が民間営利部門（株式会社等の営利企業）の 4 つである。

福祉多元主義は市場の原理を積極的に導入する。採用される市場とは，「準市場（quasi-market）」あるいは「疑似市場」といわれるものである。準市場は，通常の市場とは異なる点がいくつかある。準市場において競争は存在するが，財・サービスの供給主体という観点からすると，そこに参加する事業体には利益追求を組織原理としない主体が含まれている。さらに，政府などの公的部門

石油危機
1973 年の第 4 次中東戦争に際して，中東の石油産出国が原油の供給の制限と価格の大幅な値上げを外交手段として採用したことに始まる。1979 ～ 1980 年にかけても原油価格は大幅に引き上げられ，世界経済は大きな打撃を受けた。

第2次臨時行政調査会
増税なき財政再建をスローガンに，高度経済成長終焉後の財政再建と行政改革に取り組む。5 回の答申を出し，その一つが「活力ある福祉社会の建設」である。

国民の連帯と相互扶助
現在の地域包括ケアシステムでは自助，互助，共助，公助の組合せが示されているが，その淵源はこの時期にある。

福祉多元主義
さまざまな供給主体からサービスが提供されることから，利用者視点からすると供給されるサービスのマネジメントが重要となる。コーディネイト能力を備えた福祉専門職の配置が前提となる。

準市場
1990 年代にイギリスの経済学者ルグラン（Le Grand）教授が提示したものである。

も含まれ，株式会社のように利益追求を組織原理とする事業体もある。福祉多元主義における社会保障の諸制度では，財・サービスの供給主体として非営利組織と営利組織が混在し，組織原理の異なる事業体間での競争が行われる。

(3)「福祉社会」の創造

1) 福祉国家と福祉社会の関係

「福祉国家」と「福祉社会」をそれぞれどのように捉えるかによって，その関係性は異なってくる。たとえば，福祉国家をマイナスイメージで捉え，福祉社会をプラスのイメージで捉えると，国民負担の肥大化，財政上の制約のために福祉国家の仕組みをこれ以上は拡大できない。経済成長を与件とした福祉国家を持続していくのが困難だとすれば，新たな福祉社会への移行を視野に入れることになる。この場合は福祉国家の否定と，それに替わる福祉社会の創生となる。1980 年代の家族や地域社会の役割を過度に強調した「日本型福祉社会論」がひとつの例である。反対に，福祉国家をプラスに捉え，福祉社会をマイナスに捉える考え方では，財政上の制約をいかに克服するかが大きな課題となる。増税を避けることは難しくなる。国債残高が巨額となっている日本の場合，公的部門の責任と役割をある程度縮減しつつ，市民参加や民間事業者の事業領域の拡大が現実的な選択肢である。

国債発行残高
2020 年度末に見込まれる国債発行残高は，特例国債，建設国債などを含め約 1100 兆円である。新型コロナウイルス感染症対策で膨れ上がり，2020 年度内末で約 263 兆円の国債発行総額（新規国債は約 113 兆円）となることが見込まれている。

2) 福祉国家と福祉社会の相補性

福祉国家と福祉社会を対立的に捉えるのではなく，両者の共存を志向すべきではないか。

地域コミュニティレベルでの「狭義の福祉社会」としては，多くのかつ多様な市民が各自の可能な範囲で，相互の連帯と協力によって生活の安全と安定を高めるためのさまざまな自発的活動に参加している状態をイメージできる。その前提には，中央政府や地方自治体が用意する社会保障の諸制度が，国民のナショナル・ミニマムを確保できていなければならない。国民の最低限の生活保障を整えない状態で，相互の連帯と協力とによる自発的活動への市民の参加は期待できないからである。また，効率的で，公平・公正な社会保障の諸制度があることが，地域コミュニティレベルでの活動の活性化そして福祉社会の形成を促すことになる。さらに，地方自治や地域コミュニティレベルでの政策決定や意思決定において，市民一般が情報を共有することと熟議を前提に「合意と決定のプロセス」に参加する仕組み作りが肝要である。租税や社会保険料の拠出を担っているのは，そして財・サービスの利用者あるいは購入者は，市民一般であるのだから。

経済社会の変化，人びとの意識や価値観の変容は，新たな問題提起をするであろう。予見しがたい事態に遭遇し，新たな生活問題やニーズが生み出されてくる。それらをいち早く察知するためにも，地域住民の自発的な問題意識に根ざす社会運動の役割は大きい。

2 社会運動

(1) 社会運動へのアプローチ

1) 社会運動とは

社会運動を定義するならば，一定の地域エリアの人びとが，あるいは社会全体のなかの一部もしくは多くの人びとが，ある特定の社会的状況について問題があると認識し，それを改革・改善しようとして複数の人びとが集合的組織的に取り組む社会的活動とすることができる。

社会運動というと身構える向きもあるかも知れないが，よくよく考えると世界の歴史において，また日本の歴史においても，常に社会運動が新たな時代を作り続けている。たとえば，現在の東京湾の浦賀の沖合に 4 隻の蒸気船が突如現われたところから，封建体制を終わらせ明治という時代を作る社会運動（政治運動）が始まっている。時代は随分変わるが，高齢者福祉の世界でも，介護保険制度において「短期入所生活介護」あるいは「短期入所療養介護」と区分されるサービスは，数十年前にある特別養護老人ホーム（介護保険制度では介護老人福祉施設）において，利用者が退所して次の方が入所するまでの空きベッドの活用策として創案されたものである。いわゆるショートステイサービスであり，多くの特別養護老人ホームで新たな試みとして急速に取り入れられ，現在は重要な福祉サービスとなっている。これなども高齢者福祉をテーマにした社会運動のひとつであり，その成果は新しい福祉サービスの制度化である。

短期入所生活介護と短期入所療養介護
設置主体が，前者は特別養護老人ホーム等の社会福祉法人，後者は介護老人保健施設，介護医療院等を設置する医療法人。

2) 社会運動の諸相

社会全体の人びと，特定の地域社会の人びと，あるいは一定の属性（性や年齢など）に属する人びとが，何らかの事柄について問題があるのではないかという認識を共有し，その解決や改善に取り組もうとするところから社会運動は始まる。また，社会運動のなかには，個人の不平，不満，怒り等を根源にしていることもあるし，階級的対立に基づく政治闘争といった社会運動もある。

第二次世界大戦後の社会運動の歴史的変遷をみると，ヨーロッパ諸国で展開された 1960 ～ 70 年代以降の社会運動は，環境運動，女性解放運動，平和運動，少数民族の権利運動などがある。これらの社会運動は新しい価値観の創出や探求，考え方の変更などを求めていることを特徴としている。それまでの社会体制の変革，階級対立を基軸としたものとは異なるという観点から，トゥレーヌ（Touraine, A.）やハーバーマス（Habermas, J.）らは「新しい社会運動」と名付けた。

これに対して，「資源動員論」というアプローチがある。資源動員論は，社会運動の発展・衰退などについて説明する際に，中心的な人物や活動グループ

新しい社会運動
1960 年代以降の西ドイツ，フランス，イタリアなどが舞台となり，成長主義的な近代的価値観への批判であり，体制変革を強く志向するものではない。

資源動員論
運動組織が目標遂行に向けて必要な資源をいかに調達・動員するかに注目。運動組織それ自体を対象として，人材，資金等々の種々の運動を支える資源に着目。

がさまざまな資源（資金や人材等）を戦略的に収集・活用するというプロセスに注目する。社会運動の機能や能力について，資金や人材といった資源の量の視点から，社会運動の動態に対する接近方法である。社会運動は，それをコントロールできる人や金銭があって成り立つ。それを「資源」というならば，目の前の課題を解決しより良い社会を作ろうとする「熱い心」や「思い入れ」が必要であるが，同時に，冷静な判断と計画を立案できる人材が不可欠である。

さて，社会運動の端緒とは何であろうか。それは，何らかの問題や矛盾への人びとの「気づき」にある。たとえば，高度経済成長を謳歌するなかで，生活の豊かさに隠れ「見捨てられた」水俣病という矛盾に対する人びとの声と運動が，公害に対する広範な社会運動につながっていくのである。

水俣病
熊本県水俣市のチッソ水俣工場の廃液の中のメチル水銀が魚介類を汚染し，それを食べた沿岸住民に発生した中毒事件。

(2) 社会運動の展開と意義

1) 社会運動の展開

社会運動にはさまざまな種類がある。これまで述べてきたように，自らの生活環境や子どもの社会環境あるいは高齢者や障がい者の権利擁護を求めるような，ある種予防的な性格を持つ社会運動から，異なるイデオロギーを持って社会体制の変革を意図する社会運動まで幅広い。日々の暮らしに直結する運動から，社会制度や社会体制の変革，さらにはわれわれの支配的な価値観の変更や新しい価値の容認を求めるようなものまで多種多様である。

戦後日本における社会運動をみていく。とくに高度経済成長期において，日本の社会構造の大きな変化，それに係る構造的な諸問題の顕在化により，階級対立のひとつの現象形態である労働運動や政治運動が生起した。さらに，高度経済成長の末期から終焉の時期にかけて，「各種の公害問題」に対する反対運動や環境保護運動が起こっている。たとえば，琵琶湖の水の再生運動は琵琶湖の水質を守りたいという市民の手から始まっている。現在は，日本の代表的な観光地のひとつでもある「中仙道妻籠宿」の町並み保存運動は，景観保全の運動の先駆けである。これらは「新しいタイプの社会運動」と位置づけることができる。物質的な豊かさよりも，自らの生活を見つめたときに，そこにある問題に「気づき」，経済的利益ではなく，「生活の質」「心のゆとり」を求める運動である。

各種の公害問題
公害の歴史は長く，古くは明治期の足尾鉱毒問題があり，高度経済成長期には，水俣病，森永ヒ素ミルク，イタイイタイ病，四日市ぜんそく，カネミ油症などがある。

琵琶湖の水の再生運動
富栄養化により赤潮が発生，琵琶湖の水質汚染の原因の一つであるリンを含む石鹸をやめるというボトムアップ型の運動。

中仙道妻籠宿
江戸時代からの宿場景観が残るように，家や土地を「売らない，貸さない，壊さない」の３原則で古い街並みを保存。

2) 社会運動の意義：先駆性と開拓性

社会運動には，先駆性と開拓性という社会的機能がある。

社会運動に対しては，ともすれば，社会に対して波風を立てて，人びとに対して不安をあおり，動揺をもたらすものであるといった否定的な見方がある。

他方では，新たな価値や秩序を生み出し，質の高い安定をもたらす契機ともなりうる。社会運動は政府や地方自治体などの行政機関が気づかないことを指摘する働きを持っている。社会運動は，未来に対する，新しい時代への駆動力となる可能性も秘めている。社会運動がない時代や社会は，閉塞された社会といえよう。社会運動は現状維持ではなく，より質の高い水準での人びとの生活を作り出していくための，現状に安住しない，満足しない市民一般のアクティブな社会的態度に根を張っている。人びとがさらに問題状況を確認し，改善を求めようとすることは，市民レベルでの「運動エネルギー」のあることの証であり，社会が停滞していないことを意味している。多様な意見や考えが，広く開陳され，さまざまな角度で議論されることは，民主主義の成熟段階を示しているともいえる。

ともあれ，社会運動は社会を革新するエネルギーであり，次の時代や社会に向けた先駆性や開拓性という社会的機能が潜在化している。

3 公共空間

(1) 公共空間の捉え方

1) 公共空間とは：パブリックなオープンスペース

公共空間として，われわれがすぐに思い浮かべるのは，広場，公園，道路，河川敷の緑地帯などである。これらの多くは，行政機関の所有であり，利用に際しては何らかの制約が設けられている。行政所有の公共空間は，公有地，公共施設，そしてそれらによって形成される公的空間等である。これらは，いわば「公有」の「狭義の公共空間」と位置づけることができる。だが，所有者が民間企業であり，また住宅団地やマンションそして個人に所有権がある「空間」であっても，あるいは地域コミュニティの社会集団の所有の「空間」であっても，一般市民の人びとが自由に利用可能な「空間」は，「広義の公共空間」と位置づけることができる。公共空間の所有権が「公有」であろうが，「私有」であろうが，基本的に利用において制限が大きくかけられていない，「自由空間」を「広義の公共空間」と見なすことができる。公共空間の「公共」は，行政が管理している空間のみではないのである。ここで言う「公共」とは，メンバーシップなどの面である程度の制約があるにしても，多くの「市民が自由に利用・活用できる」という，「パブリックなオープンスペース」として位置づけることができる。

2) 地域コミュニティにおける公共空間

日本の地域コミュニティにおける公共空間としてはどのようなものがあるだろうか。

農村・山村・漁村といった村落コミュニティと都市コミュニティに分けて考えていこう。

村落コミュニティの公共空間としては，神社仏閣の境内がパブリックなオープンスペースの代表例となる。次に，「入会地」である。里山などは生産や生活に必要な物資を得るために，山林原野等に個人所有ではない「入会地」を設け，「入会地」を共同で管理し利用する権利を地域の住民が共有するという仕組みである。「入会地」の利用権は「入会権」であり，一定地域の住民の共同利用の権利である。山林，原野，湖沼などで，放牧，果実採集，採薪などを行うことができる。「入会権」の本質は，村落共同体の共有地における「総有」という考え方に立脚している。

共有地の悲劇
多数者が共同利用可能な資源を一方的に利用・乱獲すれば，資源は枯渇する。その悲劇を防ぐために共有の権利を有する者は協調行動をとる。

総有
「総有」とは，森林や牧草地等が村落共同体に共同所有され，処分管理の権能は共同体に属する．使用利益の権能はその団体に属する．共同所有の一形態。

都市コミュニティの公共空間としての代表例は，村落コミュニティと同様に神社仏閣の境内がパブリックなオープンスペースである。神社仏閣の門扉は夜間は閉ざされるのであるが，神社仏閣を訪れた人を拒んだ例は聞いたことがない。むしろ，季節の祭礼等の行事には多くの人を迎えるために屋台等を出している。地域の人びとが行き交う，賑わいを伴うパブリックなオープンスペースとなる。この他に，都市部では，広場，公園が公共空間であり，道路を休日の一定時間封鎖し手作られる「歩行者天国」などもパブリックなオープンスペースの例である。

(2)「サードプレイス」からのアプローチ

1) サードプレイスとは

オルデンバーグ（Oldenburg, R.）は，われわれの日常生活を 3 つのフィールドに区分する。第 1 の生活の場である「家庭」，そして第 2 の生活の場である「職場」，次いで第 3 の生活の場である「サードプレイス」については，それを「インフォーマルな公共生活の場」としている。オルデンバーグは，世界各地のサードプレイスの例として，イギリスのパブ，フランスのカフェ，アラビアのコーヒーハウス，ドイツの居酒屋，イタリアの食堂，アメリカ西部の昔ながらの雑貨屋，スラム街のバーなどを代表例としてあげている。これを日本の場合に当てはめるならば，「隣近所にあり，常連が集う馴染みの居酒屋」といったところであろう。

とびきり居心地良い場所
原文表記は，the great good place　である。

オルテンバーグは，サードプレイスを「とびきり居心地良い場所」「インフォーマルな公共生活の中核的環境」「家庭と仕事の領域を超えた個々人の，定期的で自発的でインフォーマルな，楽しみの集いのために場を提供する」ものと位置づけている。これは，メンバーシップの制約はあるにしても，市民レベルでの「パブリックなオープンスペース」の一形態と見なすことができる。

2) サードプレイスの特徴

オルデンバーグが言うところのサードプレイスは，どのような要件を有しているのであろうか。

第 1 の要件は，それが「中立の領域」であることである。人びとが自由に出入りでき，誰も接待役を引き受けることはなく，その場にいる多くの人がくつろぐことができ居心地良いと感じることができるフィールドである。第 2 に

「社会的平等」が実現できていることである。出入りに際して「敷居が低く」，メンバーシップ資格や入場拒否の基準がないフィールドであり，社会的地位の高い人にとっても低い人にとっても，そこを訪問する人たちは差別をなくして社会的平等の状態にすることができるフィールドである。第3は「会話が主な活動」だということである。交流の喜びは，訪れた瞬間の笑顔やきらめく瞳であり，あるいは握手や軽く背中を叩く仕草に示される。その場を共有することの喜び，愉快で面白い会話が始まる。第4は「利用しやすさと便宜」である。「あって当たり前のものと思われている」ことが大切であり，人びとが何気なく，昼夜を問わずにほとんどいつでも，「知っている人」が，「私の話を聞いてくれる人」がいることを確信して，一人でも出かけて行ける場所のことである。そして，そこには，第5に「常連」がいる。常連客という固定客をサードプレイスに引き寄せるものは，店舗の経営者やフィールドの主催者のみによって果たせるものではなく，常連客の互いがそこにいて活気づけてこその空間である。サードプレイスの個性は，とりわけ常連客によって決まる。第6に「目立たない存在」である．地域コミュニティの中に溶け込み，地味さや飾り気のなさがサードプレイスの保護色となり，そこに出入りする人たちの気分を軽くすることとなる。第7に「遊び心がある」ことが肝要である。これは，遊び心に満ちた雰囲気をサードプレイスは特徴とする。結果，サードプレイスはいわば「もう一つの我が家」であり，家庭ではないが，精神的な心地良さと支えを与えてくれるのである。

(3) 福祉社会における公共空間

1) パブリックなオープンスペースを創る

オルデンバーグによる「サードプレイスの要件」は，「パブリックなオープンスペース」として公共空間を創ろうとするときに，その基本設計にアイデアを与えてくれる。

たとえば，商店街の空き店舗の活用，高齢者や障がい者のサロン，誰でもが集える場所づくり，子ども食堂等々，公共空間としてのパブリックなオープンスペースへの取り組みは，商店街の活性化や空き家対策等と関連付けながら，地方自治体が「まちづくり」の一環として地域住民との協働体制をとりながら取り組んでいる，東京都豊島区では，空き家を地域活性化に役立てるために，「地域貢献型空き家利活用事業」を開始している。戸建ての空き家を子育てママの交流スペース，地域の方が気軽に集うことのできるコミュニティカフェ等の地域貢献活動の場として利用することを目的としている。行政は，空き家のオーナーと活動事業者とを結びつける役割を担い，これを通じて防災，防犯，衛生面等への悪影響の予防への効果も期待されている。行政と地域住民が協働する，ある種の「サードプレイス」の具現化ともいえる。

子ども食堂
育ち盛りの子どもやその保護者等が，無料もしくは安価で栄養のある食事を提供するとともに，暖かく気持ちが休まるような団らんと交流の場を提供する社会的活動。

また，近年では多くの地域コミュニティにおいて「子ども食堂」の活動が活性化してきている。地域コミュニティの大人が，地域の子どもに無料や安価な食事を提供するという子どもたちにとって「心の安らげるフィールド」の提供である。食事をきっかけに集まり，安心して自分らしく過ごせる場所の提供を目指している。子どもの目線や心地安さに力点をおいた「子どものサードプレイス」と位置づけられよう。

これらはコミュニティづくりであり，社会運動によるパブリックなオープンスペースの創造である。

2) これからの公共空間

われわれの身近な地域コミュニティの生活でも，また日本社会全般において，「福祉的な社会」を創造しようとするならば，それには，いくつかの基本軸の確認と考え方あるいは共有すべき価値観が不可欠である。

ひとつは，社会的包摂（social inclusion）である。グローバル化する現代社会において，性，年齢，宗教，国籍等々の多様性への受容と共感が必要である。それを踏まえた，社会的統合（social integration）への志向性を確認しなければならない。また，地域コミュニティにおいて，あるいは社会全体について，持続的な地域社会づくりを進めるための組織やネットワークへの理解が求められる。

参考文献

エスピン-アンデルセン，G. 著，岡沢憲芙・宮本太郎監訳『福祉資本主義の三つの世界』ミネルヴァ書房，2001 年
大畑裕嗣・成元哲・道場親信・樋口直人編『社会運動の社会学』有斐閣，2004 年
オルデンバーグ，R. 著，忠平美幸訳『サードプレイス』みすず書房，2013 年
武川正吾『福祉社会』有斐閣，2001 年
東京大学社会科学研究所編『福祉国家の形成（福祉国家第 1 巻）』東京大学出版会，1984 年
鳴海邦碩『都市の自由空間』学芸出版社，2009 年
正村公宏『福祉社会論』創文社，1989 年

プロムナード

子ども食堂に定まった定義があるわけではありません。全国的にある子ども食堂に共通するところを探し出すならば，子どもたちに温かい食事を提供していると言うことです。子ども食堂の主催者により，開催頻度，利用料金，メニューなどさまざまです。対象とする年齢層も幼児対象とするところもありますが，高校生ぐらいまでを利用者として受け入れるところもあり，子どもの保護者も利用者に含めているところもあります。

子どもたちの食事が貧しくなるのは，あるいは十分に栄養価のある食事がとれないのは，家庭が貧困世帯に属するということだけではありません。ひとり親家庭の場合，仕事に忙しく調理時間が確保できないといった事情もあるのです。

子ども食堂の社会的機能としては，栄養バランスのとれた温かい食事の提供だけではありません。高校生や大学生が子どもたちの宿題を見ると言った学習支援に取り組んでいるところもあります。また，高齢者などとの交流を企画するところもあり，多世代の交流を試みるところもあります。

子どもたちにとっては，気安く立ち寄れる場所であり，まさに「子ども版のサードプレイス」と言えましょう。

2010 年代以降に急速に広がりを見せています。子ども食堂の主催者は NPO 法人から，宗教団体，住民有志，そして個人と多様です。食材の確保についても，運営する人たちの持ち寄り，民間企業の寄付，近隣の寄付，フードバンクなどさまざまなルートがあります。

2015 年に全国レベルでの「子ども食堂ネットワーク」が結成されています。2019 年度，全国に約 3700 カ所の子ども食堂の存在が確認されています。

児童福祉法第 2 条には，「すべて国民は……児童の年齢及び発達の程度に応じて……心身ともに健やかに育成されるように努めなければならない」と規定されています。子ども食堂に携わる人たちは，この法の精神を実践しているのです。

学びを深めるために

オルデンバーグ, R. 著，忠平美幸訳『サードプレイス』みすず書房，2013 年

オルデンバーグの「サードプレイス」は，原書タイトルが「The Great Good Place」となっています。邦訳は「とびきり居心地良い場所」とされています。現在のわれわれの生活は，家庭・家族を生活の拠点として，社会人は職場との，学生は学校との往復が日々の暮らしのベースにあります。そこでは，それぞれの場所で期待される社会的役割を演じなければなりません。本書では，世界中に，人びとが解放される「居場所」のあったことを教えています。子ども，障がいを持つ人，高齢者，子育て中の親などなど，「解放され，人心地できる」場所が必要です。

みなさんも身近にあるサードプレイスを探してみましょう。子ども食堂，赤ちゃんサロンやコミュニティサロンなど，結構いろいろあるはずです。章中のサードプレイスの要件についても，それぞれ当てはまるか分析してみましょう。

福祉の仕事に関する案内書

「ふくしのしごとがわかる本：2021 年版」社会福祉法人　東京都社会福祉協議会，2020 年 11 月発行

第11章

社会的排除と差別

1　社会的排除

(1) 社会的排除とは何か

人はさまざまな立場で社会に参加している。かつての共同体的社会においては，村落や家族などの集団に永続的に帰属することがすなわち，社会に参加することであった。今日ではどのような社会に参加し，どのような社会に参加しないのかという選択は，個人の自由に任せられる。しかし，それゆえに，何らかの理由により参加を拒否されることもある。主要な社会関係から特定の人びとを締め出す構造の中に，現代の社会問題として社会的排除 (social exclusion) がある。

社会的排除という視点は，1970 年代のフランスで生れたといわれている。フランスでは戦後復興と福祉国家の諸制度が達成されながらも，そこから排除されている人びとの存在を「豊かな社会の新しい貧困」として指摘し，とくに障害をもつ人びとの社会への参入政策を推進する政策担当者たちが社会的排除という概念によって，社会のひずみを世に訴え始めた。そして，その関心はヨーロッパ連合 (EU) に広がり，加盟国の社会政策のキーコンセプトになっていった。

社会的排除と具体的に結びつく排除の指標について，パーシースミス (Percy-Smith, J.) は，7 つの側面に区分している[1)]。① 経済的側面 (長期失業，就業の不安定，貧困)，② 社会的側面 (伝統的家族の解体，望まない十代の妊娠，ホームレス，犯罪)，③ 政治的側面 (選挙人登録率の低さ，投票率の低さ，地域活動の低調さ，社会的騒乱)，④ 近隣 (環境評価の格下げ，低質な住宅，地域サービスの撤退，サポートネットワークの崩壊)，⑤ 個人的側面 (心身の疾病，低教育，低技術，自己評価の低さ)，⑥ 空間的側面 (弱者の集中や周縁化)，⑦ 集団的側面 (高齢者，障害者，少数民族などの特定集団に上記の特徴が集中していること)。これらをみてもわかるように，社会的排除とは主要な制度への参加問題であり，人びとの社会活動のあらゆる側面，あるいは地域社会全体における人びとの参加の欠如状態を指している。また，パーシースミスは社会的排除とは社会関係資本 (ソーシャル・キャピタル) の不足と言い換えることができると述べており，ここでいう社会関係資本とは，① 地域ネットワークの存在，② ネットワークへの市民の参加，③ 地域アイデンティティや連帯感，④ ほかのメンバーとの間の相互扶助や信頼の規範の存在，を意味している[2)]。

一般に社会的に排除される人びとは，社会的弱者であることが多い。社会的排除の原因は貧困でもあるし，逆に貧困の結果でもある。また，社会的不平等の問題とも密接に関連している。社会的不平等には，結果の不平等と機会の不平等がある。結果の不平等は競争の結果として勝者と敗者の間で生じる財に関する不平等であり，資本主義の国々では往々にして起こっている。問題なのは機会の不平等である。社会的に排除された人びとは，機会の不平等にさらされ，結果の不平等におちいる，つまり常に「負ける」という構造の中にいる。このような社会的不平等を是正する手段として，税制や社会保障による所得の再配分が行われ，結果の不平等の補正がすすめられてきたが，機会の不平等を是正することは今もって難しい課題である。そこで，機会の不平等の解消をめざして，社会的包摂（social inclusion）を実現しようとする政策が注目されている。

2 逸脱とラベリング理論

社会には「常識」や「普通」といった基準があり，その基準から外れると「逸脱している」といわれる。一般に，逸脱行動という言葉は，ある一定のルールから外れた望ましくない行動のことを指しており，道徳的に間違っているという意味を含んでいる。

社会学における逸脱論は，異常で病理的とされる社会的事象を対象に論じられる。しかし，ある社会において逸脱といわれる行為が，別の社会では逸脱とは必ずしもいえない。

デュルケム（Durkheim, É.）は，「犯罪は社会にとって不可欠の機能を果たしている」として犯罪の正常性を主張することで，一般的な常識や偏見をくつがえす科学的な社会病理学の先鞭をつけた。これは，犯罪を正当化しているわけではない。たとえば，犯罪がまったくない社会を形成し，隠そうとする恐怖国家は正常な社会とはいえないと考えられる。

1960年代のシカゴ学派に属するベッカー（Becker, H. S.）らは，それまでの逸脱行動を社会病理現象として扱う視点とは異なり，「逸脱」は行為者の内的な属性ではなく，周囲からのラベリング（レッテル貼り）によって生み出されるというラベリング理論を提唱した。たとえば，ある少年のグループについて，他者が「非行少年」というラベルを貼ることによって，非行少年という実態ができあがってしまう。ベッカーは逸脱行為は「これを犯せば逸脱となるような規則」を特定の人びとに適用し，ラベリングすることによって生み出されるとした。この理論は，逸脱者といわれる側にのみ着目するのではなく，規則をつくり執行する人びとと逸脱者を対等に扱い，双方の相互作用過程として逸脱を捉えるものであった。ベッカーは，マリファナ使用者やジャズメンへの聞き取り調査や参与観察を行い，その調査結果をもとに『アウトサイダーズ』(1963)をまとめた。

ところで，ラベルの中でも，好ましくないラベルのことをスティグマ（stigma）という。ゴッフマン（Goffman, E.）によると，スティグマとは，個人のある特性が恥ずべきものだと認識されるため，その個人が社会から受け入れられない状態のことをいう。それは，外見からわかる身体的変形だけでなく，精神異常，

ラベリング理論
従来の犯罪学が犯罪や犯罪者の異質性ないし病理性を前提とした逸脱行動とみなしたのに対して，ラベリング論ではそれらに対する社会の側の対応に注目し，社会によるラベリング（レッテル貼り）こそが犯罪を生み出すとして，犯罪学に大きな転換をもたらした。

スティグマ
欠点や短所，ハンディキャップなどの属性により，社会によって完全に受け入れられる資格を与えられない者の状況を指す。

麻薬常用，アル中といった内面の特性も含まれる。しかし，スティグマは，必ずしも個人の属性を正確に捉えているわけではなく，誤った知識によりレッテルを貼られている状態であることもある。スティグマは差別や偏見を助長することから，個人のアイデンティティにも大きく影響を及ぼす。差別や偏見に対する恐怖から，スティグマ化された自身のアイデンティティを隠そうとしたり，消そうとしたりすることがあり，差別が潜在化されることがある。

マイノリティ
社会的少数者のことで，社会においてその属性が少数派であることを示す。対義語はマジョリティで，彼らの権力は強く，社会を支配している。

3　マイノリティとの共存

(1) 国際結婚

国際化やグローバリゼーションの進展に伴い，わが国における国際結婚は増加している。日本人と外国人の結婚は，1960 年代には 4 ～ 5 千件であったが，1980 年代後半から急増しはじめ，1983（昭和 58）年に 1 万件，1989（昭和 64）年に 2 万件，1999（平成 11）年に 3 万件，そして 2005（平成 17）年に 4 万件を越えた。2006（平成 18）年の 4.47 万人をピークにそれ以後減少に転じたが，2016（平成 28）年には再度増加に転じている。国際結婚が多くなるに伴って，外国人との結婚の破綻（離婚）も増加しており，離婚率は約 50％である（厚生労働省　平成 29 年）。

国際結婚には，日本人女性が外国人を夫にする場合と，日本人男性が外国人を妻にする場合とがある。1974（昭和 49）年までは外国人夫が外国人妻を上回っていたが，75（昭和 50）年から逆転し，外国人妻が外国人夫を上回っている。外国人妻の国別推移については，かつては韓国・朝鮮籍女性が多かったが，1992（平成 4）年以降，フィリピン女性が最多となり，1997（平成 9）年以降は中国人女性が最多となっている。一方，外国人夫の場合は，1970（昭和 45）年まではアメリカ人が最多であり，1971（昭和 46）年以降は韓国・朝鮮籍男性が最多となったが，韓国・朝鮮籍男性との結婚は 1996（平成 8）年から減少に転じ，それに代わって，アメリカ人や中国人の他，多種多様な国の男性との結婚が大きく増加してきている。

国際結婚の増加に伴って，外国人の親を持つ子どもたちが増え，近年スポーツ選手やテレビタレントとしての活躍が目立つようになってきている。かつては，「混血」と呼ばれて差別や偏見にさらされていた。現在においても，皮膚や髪の毛の色や日本語の習得状況などにより，いじめや差別が生じているが，お互いに違いを認めて共生していけるように努力をしていかねばならない。

(2) セクシャル・マイノリティ

LGBT とは，レズビアン（女性同性愛者，Lesbian），ゲイ（男性同性愛者，Gay），バイセクシャル（両性愛者，Bisexual），トランスジェンダー（性別越境者，

図表 11 － 1　性的指向における人権問題

「性的指向に関し，現在，どのような人権問題が起きていると思いますか？」

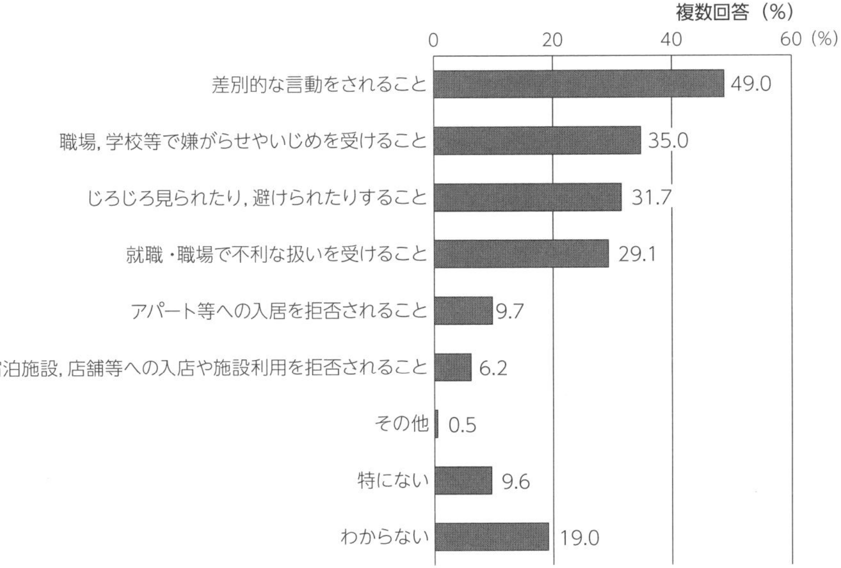

出所）内閣府「人権擁護に関する世論調査」（平成 29 年 10 月調査）

Transgender）の頭文字をとった単語で，セクシュアル・マイノリティ（性的少数者）の総称のひとつである。電通ダイバーシティ・ラボの 2015（平成 27）年の調べ（全国 69, 989 名にスクリーニング調査を実施）では，日本の人口の 7.6％が LGBT であるといわれている[3)]。近年では，LGBT にクエスチョニング／クィア（自分自身のセクシュアリティを決められない，わからない，または決めない人，Questioning ／ Queer）を入れて LGBTQ が使用されたり，LGBT+ と表記されたりする。

同性カップルは不動産の賃貸契約や病院の面会で断られるケースがあり，当事者はカミングアウトができなかったり，周りの人びとから不当な差別や偏見を受けたり，常に「生きづらさ」を抱えている場合が多い（図表 11 － 1）。

このような中，同性のカップルを「結婚に相当する関係」と認めるパートナーシップ制度が東京都渋谷区と世田谷区で 2015 年 11 月 5 日にスタートした。日本の法律では同性婚は認められていないが，自治体によるパートナーシップ証明によって，一部の生命保険や，携帯電話の家族割，公営住宅の入居申し込みなどで「家族」として認められるようになってきている。渋谷区と NPO 法人「虹色ダイバーシティ」の調査によると，2020（令和 2）年 9 月 30 日時点でパートナーシップ制度を導入したのは全国 59 自治体で，制度のスタートからの 5 年間で合計 1, 301 組のカップルが自治体に申請手続きをして，証明書などの発行を受けたという。現在，全国 64 自治体でパートナーシップ制度が導入され，次々と導入する自治体が増えてきている[4)]。

LGBT+

性的少数者を表す LGBT に「+（プラス）」をつける動きが広まっている。LGBT に限らず，さまざまなセクシャリティがある，という意味である。

4 社会的孤立

社会的孤立（social isolation）と孤独（loneliness）

タウンゼント（Townsend, P. B.）は，社会的孤立とは「家族やコミュニティとほとんど接触がないということ」であるのに対し，孤独とは「仲間づきあいの欠如あるいは喪失による好まざる感じ（unwelcome feeling）をもつこと」であるとした。つまり社会的孤立は客観的であり，孤独は主観的なものである。

(1) 高齢者の社会的孤立

近年，社会的孤立という新たな社会リスクが急激に増加している。個人の内省的な孤独とは異なり，社会的なつながりの欠如が社会的孤立を生んでいる。人は誰しも独りでは生きていけず，悩み，挫け，倒れたときに，寄り添ってくれる人がいるからこそ，再び立ち上がれる。かつては，家族や地域社会，そして企業による支えが，そうした機能を担ってきた。しかし，核家族化や，共同体の崩壊，終身雇用の終焉など，急速な社会変化の中で，社会的排除や格差が増大しており，人びとの孤立化が問題になっている。それは，高齢者において顕著であり，誰にも看取られることなく息を引き取り，その後，相当期間放置されるような悲惨な「孤立死」の事例が頻繁に報道されている。「孤立死」の確立した定義はなく，また全国的な統計も存在していないが，東京都監察医務院が公表しているデータによれば，東京都 23 区内における一人暮らしの 65 歳以上の自宅での死亡者数は 2002（平成 14）年の 1, 364 人から 2018（平成 30）年には 3, 867 人と，2.8 倍に増加している[5]（図表 11 − 2）。

ところで，2010（平成 22）年には日本中で 100 歳以上の高齢者が次々と所在不明になり，連日新聞やテレビで報道された。NHK は家族や親族に看取られず，死亡届も出ていない，いわゆる「無縁死」について調査を開始し，その結果，年間 3 万 2, 000 人が無縁死を遂げていることをつきとめた。「無縁社会」と題した NHK の番組は，多くの視聴者に衝撃を与えた[6]。血縁，地縁，職縁から離れて孤立した人びとに対して，新しい「居場所」を提供しながら社会的なつながりを再生し支援していくことは喫緊の課題でもある。

無縁社会

単身世帯が増え，人と人との関係が希薄となりつつある日本の社会の特徴を言い表したもので，NHK の番組を通じた造語。

図表 11 − 2　性・年齢階級別の自宅住居死亡単身世帯者数（平成 30 年）

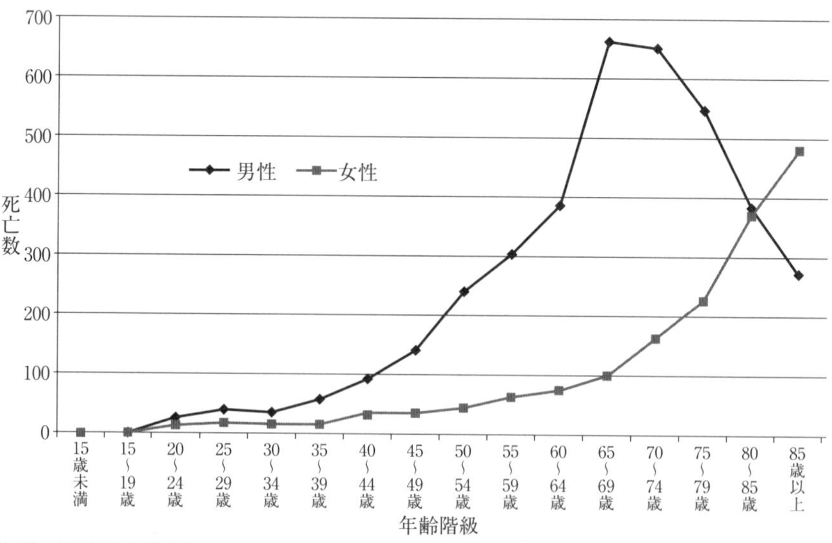

出所）東京都保健福祉局

(2) 子どもの社会的孤立

社会的孤立が問題になっているのは高齢者だけではない。子どもの福祉実現の要件は「育ち」の保障と「幸福」の保障である。前者は文化的社会に生きるための能力や技術を身につけさせることであり，後者は子ども一人ひとりが生きる歓びを十分に経験できることである。いずれの要件を満たすうえでも，他者や出来事とのゆたかな社会関係（つながり）を欠かすことはできない。

しかし，現代社会の子どもは，親の経済力などの養育力格差や児童虐待の増加，学力偏重の教育内容といじめや不登校の深刻化，自由な遊び場の減少，電子機器ゲームやスマートフォンの普及，さらには地域養育力の低下と集団遊びの衰退など，子どもにとって必要なつながりが希薄な環境の中におかれている。子どもは大人に比べて社会経験が浅く，子どもひとりで他者や社会との関係を築くことが難しいので，それを可能にする仕掛けや配慮が必要になる。実際には大人社会が抱える格差，孤立，貧困問題が直接子どもの養育環境に悪影響を及ぼしており，子どもの社会的孤立や孤独を促している。わが国の子どもは他国の子どもに比べて「自分は孤独と感じる」比率が突出して高いことがUNICEFの調査（2007年）で明らかになっており，暗い影をおとしている（図表11－3）。

図表11－3　子どもの孤立（国際比較）

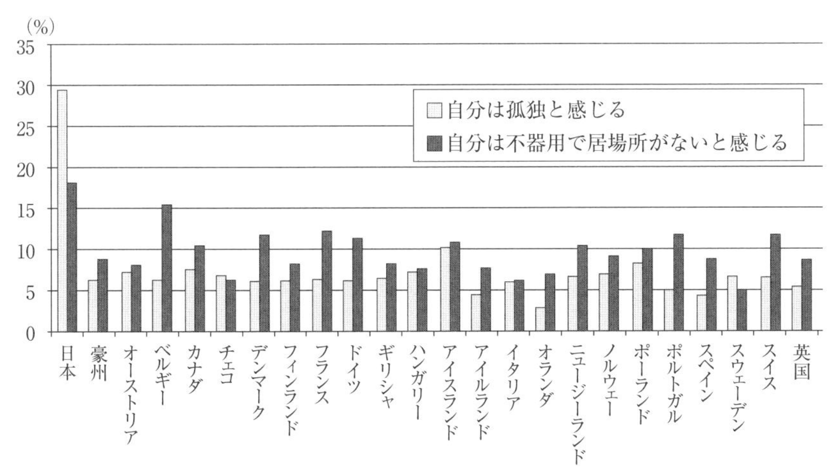

備考）それぞれの質問に「はい」と回答した15歳の学生の割合
出所）UNICEF Innocenti Research Center (2007), *An overview of child well-being in rich countries.*

貧困の文化（culture of poverty）
文化人類学者ルイス（Lewis, O.）が，著書『貧困の文化―メキシコの"5つの家族"―』（1959年）の中で用いた表現で，貧困者が貧困生活を次の世代に受け継ぐような生活習慣や世界観を伝承している，という考え。アメリカの貧困対策に大きな影響を与えたが，批判も多い。

5　社会的つながりの再生

(1) 貧困と格差

1960年代以降のアメリカでは，貧困が再生産される原因として家庭の問題や教育があり，怠惰な文化を内面化してしまうことによって，貧困家庭の子どもは低賃金のブルーカラーになるとして「よき家庭」や「よきコミュニティ」

の復権が求められた。それに対し，1980 年代のアメリカにおいては，貧困がエスニック・マイノリティといった特定の社会集団に顕著になる中で，彼らが当該社会の主流をなす人びとや施設と日常的に接触をもたないことが問題なっているとウィルソン（Wilson, W. J.）は指摘した。

第 2 次世界大戦後に貧困を経験し，その後，高度経済成長を経て繁栄を手に入れたかのようにみえたわが国は，現在，再び貧困問題と格差社会に直面している。それは，単に所得が低いことだけが問題なのではなく，貧困がその人から適切な教育の機会を奪い，適切な職に就く機会を奪い，快適な住居を奪い，自尊心を奪い，そして健康的で文化的な生活を送る機会を奪っていることが問題となっている。貧困の状態にある人びとが，社会を生きるうえで必要とされる多くの機会から排除され，他者とのつながりを失い，さらなる貧困におちいっていく。もし，私たちが貧困を克服し，地域に生きる人びとの社会関係を再生していこうという努力を怠れば，国家や地域社会のソーシャル・キャピタル（社会関係資本）は衰弱し，社会の生産性は低下して，活力が失われていくだろう。現代の日本における高齢者，若者，シングルマザー，障害者，外国人労働者，性的少数者の生活状況は厳しい。働き盛りの人であっても，いったん学歴や職歴のコースから外れるとワーキングプアになる可能性が高く，社会的地位の移動が困難なため，格差社会は大きな社会問題である。

格差社会
現代社会の抱える社会問題のひとつで，社会の階層間格差が大きく，階層間の移動が不能あるいは困難な状態。人びとの社会的地位の変化が困難で，社会移動が少ないと閉鎖性が強い社会となる。

ワーキングプア
正社員並み，あるいは正社員としてフルタイムで働いてもギリギリの生活さえ維持か困難，あるいは生活保護の水準にも満たない収入しか得られない就労者層のこと。典型的な失業者をはじめとする貧困層とは異なり，先進国でみられる新しい貧困の姿として問題視されている。

(2) 社会的つながりの「場」

社会的排除の解決策のひとつとして，情報交換・情報提供の「場」の創造があげられる。

アメリカの社会学者オルデンバーグ（Oldenburg, R.）は，家庭でも職場でもない心地の良い第三の場所として「サードプレイス」が重要であると指摘した。サードプレイスとしては，カフェ，クラブ，公園などがあり，その特徴は，① 無料あるいは安い，② 食事や飲料が提供されている，③ アクセスがしやすく歩いていけるような場所，④ 習慣的に集まってくる，⑤ フレンドリーで心地よい，⑥ 古い友人も新しい友人もみつかるようなところ，だという。

サードプレイス
コミュニティにおいて，自宅や職場とは離れた，心地の良い第 3 の場所を指す。カフェや，クラブ，公園などで，市民の地域社会への参加や参画にも必要な居場所として需要な役割をもつ。

子どもの貧困やつながりの希薄さに対応するため，近年，「子ども食堂」の取り組みが各地でみられるようになった。子ども食堂は，子どもに食事を提供するだけではなく，子どもたちや孤立しがちな母親たちにも好評で，地域の「居場所」となっている。子どもの貧困に対応する形で始まった子ども食堂であるが，だれでもが集える「場」として機能していることが多く期待されている。

また，行政による地域福祉計画や民間（多くは社会福祉協議会など）による地域福祉活動計画の策定によって，地域住民の参画を得ながら共に生きる地域社会づくりが進められている。孤立している高齢者，貧困や失業状態にある人びと，障害者や家族，LGBT+ の人びとなどを社会的に排除するのではなく，地域社会への参加と参画を促し，社会の中に包み込んでいかなくてはならない。

ところで，特定の民族や国籍の人びとを排斥する差別的言動のことをヘイトスピーチといい，大きな社会問題となっている。2016（平成28）年にヘイトスピーチ解消法が成立したが，人種や民族，宗教による差別も解消していかねばならない。

いずれにしても，差別や偏見をなくし，「一人ひとりを包摂する社会」の構築を目指して，その実現に向けて具体的にどのような取り組みをすべきかが社会福祉の重要な課題となっている。

ヘイトスピーチ解消法
外国人や本邦外出身者に対する不当な差別的言動の解消に向けた取組の推進に関する法律という。ヘイトスピーチは，過激なデモや抗議行動などを伴うことがある。

注）

1）岩田正美『社会的排除』有斐閣，2008年，p.25
2）前掲書，pp.29-30
3）電通　2015年4月「電通ダイバーシティ・ラボが「LGBT調査2015」を実施―LGBT市場規模を約5.9兆円と算出―」https://www.dentsu.co.jp/news/release/pdf-cms/2015041-0423.pdf（2021年2月1日閲覧）
4）全国で1301組の同性カップルに証明書：パートナーシップ制度スタートから5年（2020.11.09）　https://www.nippon.com/ja/japan-data/h00860/（2021年2月1日閲覧）
5）東京都保健福祉局　「東京都監察医務院で取り扱った自宅住居で亡くなった単身世帯の者の統計（平成30年）」
6）NHK「無縁社会プロジェクト」取材班『無縁社会』文藝春秋，2010年
6）加藤悦雄「社会から排除される子どもとソーシャル・インクルージョンの構想―子供の暮らしの社会史的動向をふまえて―」園田恭一・西村昌記編著『ソーシャル・インクルージョンの社会福祉―新しい〈つながり〉を求めて―』ミネルヴァ書房，2008年，p.114

プロムナード

「普通」とは何だろうか。「平均」とは何だろうか。わが国では，「普通」から上でも，下でも，あるいは「平均」から低すぎても，高すぎても，目立ってしまう。「出る杭は打たれる」という言葉があるように，「普通」や「平均」といったマジョリティ（多数派）に属していなければ，打たれるのである。そのため人びとは，個性を隠し「普通」に生きようとしているのではなかろうか。

しかし，人間はそもそも多様なのだ。男性や女性，皮膚や目の色，人種や民族，言葉や宗教，学歴や価値観，そして障害があってもなくても，人間は多様であり「普通」などないのだ。

外国人や性的少数者（LGBT+），障害者などのマイノリティの人たちがいて，社会は成り立っている。マイノリティのことを知り，理解を深め，一人ひとりの違いを認識しながら，お互いを尊重し，ダイバーシティ（多様）な社会を構築していかねばならない。

2019年12月に開催された世界経済フォーラム（WEF）で，世界「男女平等ランキング2020」が発表された。世界153か国中，日本は121位であった。ダイバーシティな社会への道は，まだまだ遠い。

学びを深めるために

NHK「無縁社会プロジェクト」取材班『無縁社会』文藝春秋，2010 年

年間 3 万人以上の人びとが無縁死（家族や親族から死亡届が出されなかった）をしていることが NHK 取材班によって明らかになり，国民に大きな衝撃を与えた一冊。

オルデンバーグ，R. 著，忠平美幸訳『サードプレイス―コミュニティの核になる「とびきり居心地よい場所」』みすず書房，2013 年

家庭や仕事場での役割から解放され，くつろぐこのことできる心地の良い場所が，地域社会を活性化させるという示唆に富んだ一冊。

最近，あなたの周りで起こった差別について考え，その差別を解消するためにはどうすればよいか考えてみよう。

あなたが暮らしている地域の高齢者や若者，障害児・者や子どもの社会的孤立について考えてみよう。

福祉の仕事に関する案内書

針間克己・平田俊明編著『セクシャル・マイノリティへの心理的支援―同性愛，性同一性障害を理解する―』岩崎学術出版社，2014 年

第 12 章

健康と労働

1 健　康

平均寿命
新生児が，出生時の保健衛生状況で生きながらえると仮定した場合の余命年数のこと。したがって存命中の多くの高齢者の年齢についての指標ではない。現段階では，日本は世界有数の高年数となっている。

わが国の平均寿命は過去約 30 年間で 5 年以上延び（2019 年現在で男性 81.41 年，女性 87.45 年），今後 20 年間でさらに約 2 年延びると推計されている。2040 年に 65 歳となる男性の約 4 割が 90 歳まで，女性の約 2 割が 100 歳まで生存するという推計もあり，わが国には近い将来，「人生 100 年時代」が到来する。

他方で健康寿命（日常生活で健康上の問題の制限が無い期間）と平均寿命との開きは大きい（2016 年で男性：72.14 歳，女性：74.79 歳）。国は健康寿命延伸を目標とした「健康日本 21（第二次）」（2013 年）に続き，生涯現役（エイジフリー）で活躍できる社会の構築に向け，健康寿命を 2040 年までに 3 年以上伸ばし（2016 年比）75 歳以上とする目標を含む「健康寿命延伸プラン」（2019 年）を策定した。

(1) 心身の障害，慢性疾患

医療法には広範かつ継続的な医療の提供が必要な疾病として 5 つの疾病（5 疾病：がん，脳卒中，心筋梗塞等の心血管疾患，糖尿病，精神疾患）が規定されている。2017 年時点での 5 疾病の患者数（人口 100 人当たり）は，がん（悪性新生物）1.4 人，脳卒中 0.9 人，心筋梗塞等の心血管疾患 1.4 人，糖尿病 2.6 人，精神疾患（うつ病やその他のこころの病気）2.7 人であった。

5 疾病のうちがんは生存率が年々上昇しているが，患者の約 3 人に 1 人は 20 歳から 64 歳で罹患している。脳卒中は，患者数は減少傾向にあるものの後遺症を残す可能性のある疾患である。ただし 18 歳から 65 歳で罹患した脳卒中は予後が比較的良く，介助なしで日常生活を過ごせるまで機能回復する者も多い。心筋梗塞等の心血管疾患は，発症の引き金としてストレスや抑うつがあげられる。糖尿病は，有病者または予備軍の数がいずれも約 1, 000 万人と推計されている。精神疾患の患者数は増加傾向にあり，約 7 割は 20 歳から 64 歳が占めている。ちなみに過労死等の労働災害（労災）補償としての件数（2019 年）は，脳・心臓疾患で 936 件（支給決定件数は 216 件），精神障害では 2, 060 件（同 509 件）であり，請求件数では両疾病とも増加傾向にある。5 疾病以外にも，高齢者の病気と思われがちな認知症の 65 歳未満（若年性）での発症や，晩婚化等を背景にした不妊治療の患者数増加など，健康寿命の延伸に向けた広範かつ継続的な治療の提供は，今日でも幅広い世代で必要とされている。

難病患者の多くは障害者総合支援法に定める「障害者」として，身体障害者手帳の所持の有無にかかわらず障害福祉サービス等の利用が可能である（対象難病は 2020 年現在で 361 疾病）。難病医療費助成制度の対象疾病（指定難病：2020

※本章の項目や統計は，厚生労働白書や労働経済白書（労働経済の分析）など，政府発行の白書類を参照（引用）している。

年現在で333疾病）においては，患者の医療費の自己負担上減額の定めがある。指定難病の受給者証所持者（約90万人）のうち20～50歳代の割合は4割強，75歳以上の割合は2割半ばであり，難病患者は幅広い年代で存在している。

(2) 治療と仕事の両立

病院等に通院する労働者数は現在（2016年時点）2,000万人強である（労働者の約3割）。また職場の定期健康診断での有所見率は5割を超えており，病気のリスクを有する労働者は増加傾向にある。また，労働者の退職理由として「健康がすぐれない」をあげる者が1割強という調査結果（2017年）がある。同年の別の調査では，非労働力人口の8%を占める就職希望者のうち，健康上の理由で就職活動をしていない者は男性で4割弱，女性で2割弱であった（65歳～69歳の高齢者では，両性ともに3割程度（2010年時点））。

働き続ける患者の状況を各種調査結果から眺めると，がん患者の3割半ばが離職し，その時期は治療開始前が約4割であることから，離職防止には診断時からの支援が必要とされる。脳卒中患者の場合，発症後の最終的な復職率は5～6割という報告から，障害が残る者への就労支援の重要性が指摘されている。同じ復職率でも心血管疾患（心筋梗塞等）の場合は7～8割とされる。体力面や再発などの健康への不安感の高さが離職を招いていると考えられる。発症後に継続的な治療が必要な糖尿病では，患者の1割弱が治療を中断しており，その理由は「仕事（学業）のため，忙しいから」が最も多い。精神疾患では，仕事や職業生活でストレスを感じる者が，患者の6割程度存在している。

過労死等の労災補償で見たように，業務上の脳・心臓疾患や精神障害を原因とする労災請求が増えていることから，各事業所におけるこころの健康（メンタルヘルス）の増進が求められている。また近年注目される若年性認知症や不妊治療をきっかけとする退職も，治療と仕事の両立に向けた課題となっている。

これらの課題解決に向け公共職業安定所では，長期療養が必要な労働者向けの復職・雇用継続支援として，難病患者専門の相談員配置やがん・肝炎などの診療連携拠点病院との連携事業を全国で実施している（2016年度から）。また全国に所在する難病相談支援センター（難病患者の日常生活での相談支援，地域交流活動の促進，就労支援などを行う拠点施設）との連携による，難病の症状の特性を踏まえたきめ細かな就労支援も行っている。

公共職業安定所
日本では"ハローワーク"とも呼ばれる，雇用主の求人を受付け，求職者に無料の職業紹介を行う国の機関。雇用保険に基づく失業や育児（介護）休業などの給付（現金）や，雇用主向けの国による雇入れ支援の助成金受付も行う。

難病患者を対象にした調査結果（2015年）によると，難病患者（18歳～65歳）の約半数が最近10年間に何らかの形で働いている。しかし難病患者の職場定着には課題が多い。調査対象のうち，就職活動経験者の約8割は就職に成功している。ただし，同期間に難病を持ちながら就業経験がある者は全体の約7割であるにもかかわらず，難病に関連した離職が全体の約3割もある。これらのことから，就業経験者の半数弱が難病に関連して離職している状況が窺える。

労働安全衛生法には事業者による労働者の健康確保対策の定めがあり，難病患者である労働者の疾病が仮に私傷病であったとしても，事業者には治療と仕事の両立への配慮が求められている。ある調査（2017年）では，傷病（がん，糖尿病などの私傷病）の治療と仕事の両立に係る取り組みがある事業所は約半数であった。しかし同じ調査において約8割の事業所が，取り組みにおいての困難や課題（「代替要員の確保」や「上司や同僚の負担」など）を回答している。そこで厚生労働省は，疾病のある労働者が治療と仕事の両立を実現できるようガイドラインを策定し（2016年），企業と医療機関の連携による両立支援の取り組み促進のマニュアルを作成した。これらを活用した，患者（労働者）の主治医，会社・産業医，両立支援コーディネーター（個々の患者に応じた治療と仕事の両立に向けたプランの作成支援などを担う）とによる，トライアングル型サポート体制の構築が進められている。その他に医療面からの支援として，診療報酬のひとつ「療養・就労両立支援指導料」の対象拡大といった動きもある。

私傷病
帰宅後や休日などに業務外で発生したケガや病気のこと。

診療報酬
健康保険制度を利用した医療（保険診療）において，その費用（報酬）を公的に定めたもの。日本では1点=10円（労災保険では12円）とする点数が医療行為に応じて定められている。似たものに介護保険の介護報酬（1単位=10円）がある。

「ニッポン一億総活躍プラン」（2016年閣議決定）では，「障害者，難病患者，がん患者等が希望や能力，障害や疾病の特性等に応じて最大限活躍できる環境を整備することが必要である」とされた。これを受けた動きとして，「仕事と育児・介護・病気治療の両立支援」や「人材の特性に合わせた多様な雇用管理」といった理由から「限定正社員」（正規雇用労働者と同様の無期労働契約で，勤務地，職務，労働時間などが限定的な者）という働き方を導入する企業が増えている，とする調査結果（2018年）もある。

(3) 依存症と自殺

精神疾患にもつながる各種依存症の対策として国は，全国拠点機関（国立病院機構久里浜医療センター）の指定，地域での依存症の相談対応・治療指導者の養成や依存症回復施設職員への研修，依存症関連情報の発信に取り組んでいる。さらに近年の危険ドラッグからの大麻回帰や若年層の大麻濫用増加を受け「第五次薬物乱用防止五か年戦略」を策定し（2018年），①都道府県との連携による薬物依存症の知識普及，②保健所や精神保健福祉センターの薬物相談窓口での薬物依存症者やその家族への相談事業等の実施，③薬物乱用者等への再乱用防止支援員による面談や電話によるカウンセリング，などを実施している。

アルコール健康障害やギャンブル等依存症に対して，対策のための基本法制定や，各都道府県策定の「対策推進計画」に基づく対策の普及啓発が実施されている。世界保健機関（WHO）がゲーム障害を国際疾病分類（ICD）の精神疾患に分類したことから（2019年），その対策に注目が集まった。たとえば国の関係省庁とゲーム供給企業を含む関係団体との協議といった取り組みが始まっている。

近年のわが国の自殺者数は減少傾向にあり，年間約2万人となっている。自殺死亡率（人口10万人あたりの自殺者数）は全年齢階級で減少傾向にあるが，若年世代の自殺は10～39歳の各年代の死因の第1位となっている。配偶関係別に見ると，有配偶者は低く，未婚・死別・離別の場合に高い傾向が見られる。また自殺者（原因や動機が特定できた者）の原因・動機は，多い順に「健康問題」「経済・生活問題」「家庭問題」「勤務問題」であった（2019年）。これらを踏まえ，自殺対策基本法（2006年施行）が2016年に改正され，翌年には国の対策指針である「自殺総合対策大綱」も改定された。「大綱」では基本理念として「生きることの包括的な支援」を掲げ，2026年までの自殺死亡率の30％以上減少（2015年比）を目標とした。具体的な対策として自殺対策を支える調査研究やその成果活用の推進が法制度化され，研究等の実施機関として「いのち支える自殺対策推進センター」が活動を始めた（2020年）。

自殺の原因・動機のひとつ「勤務問題」には，業務に起因する労働者の精神疾患（過労死など）が含まれるものと推測される。働き方が多様化する今日，「きめ細やかな雇用管理」を推進することで「ワークエンゲイジメント」（仕事に対する熱意・没頭・活力の3つが揃った状態）を高め，仕事を通じた「バーンアウト（燃え尽き）」の予防を進めることがますます望まれる。

2 ある職場（社会福祉事業所）での出来事

Aさんは社会福祉事業所であるHとふるAたご（以下HA社）に介護福祉士として入社した。HA社は「“人”を一番大切にします。」を基本理念に，厚生労働省の若者応援宣言企業の認定やN県のハッピーパートナー企業の登録を受けており，利用者だけでなく従業員も大切にする企業だと期待していた。

入社から1カ月が過ぎた日，デイサービスを利用する「お客様」（HA社では利用者をこのように呼んでいる）の自宅を訪問した。初訪問の場所であったが上司からは訪問に際しての注意はなかった。玄関の扉を開けると利用者の飼い犬が飛び出してきてAさんの足を噛んだ。足に噛み傷がついたものの歩くことはできたため，そのままサービスを提供した。事業所へ戻った後，傷のことが心配になり犬に噛まれたことを上司に報告すると，職場の看護師が対応し「消毒すれば大丈夫」と言われただけで，消毒してその日の勤務をこなし帰宅した。帰宅後に噛み傷を眺めるにつけ，狂犬病など感染症が発症し職場の利用者に伝染させてはいけないと心配になり，夜間対応の診療所を受診した。受付で仕事中のケガであることを伝えると「健康保険の保険証は使えません。今日は全額自己負担になりますが，お渡しする労災保険の書類を職場に出せば，今日の費用は全額，Aさんに返されます」と説明され，受診した。

翌日の出勤の際，上司に診療所で渡された書類を提出すると，本社の確認が必要とのことだった。しばらく待たされた後に「本社の指示でこの書類は受け取れない」と告げられた。仕方がなくその日は業務に就いたが，終業後に応接

健康保険

日本では「国民皆保険」（1961年）により，すべての人が公的健康保険制度に加入する。被用者向けの健康保険，自営業や無職者向けの国民健康保険，高齢者向けの後期高齢者医療制度があり，自己負担額が医療費の原則3割で受診できる。

室へ来るよう上司から指示があった。

Aさんは部屋の奥に座らされ，職場の長と上司は入り口側に座り，長時間にわたる上司らの説得が始まった。説得の内容は「こんなことを申し出る従業員など聞いたことがない」「こんな手続きをすると“お客様”に迷惑がかかるから自分で治しなさい」「これは本社の指示だ」。挙句の果てに，以前に利用者の送迎中に起きたトラブル（走行中は窓を開け放たないというルールがあるにもかかわらず運転手が窓を開け放っていたため，書類が車外に飛び散った）を持ち出し，「今回の件は以前のミス（トラブル）と相殺するから，労災保険は使わせない」という理不尽な命令を受け，3時間後にようやく解放された。

Aさんは職場のこのような対応にショックを受け，翌日から通勤できなくなった。後日，知り合いである筆者（社会保険労務士）に相談したところ「これは明らかに業務上のケガ。労働基準監督署で直接，労災保険の手続きができる」とアドバイスされた。しかし相談したことが職場に伝わり，同僚に迷惑を掛けることが心配だった。Aさんはこの件のショックによる休職の後，HA社を辞めざるをえなかった。今では介護の仕事など二度と就くものかと思っている。

※本事例はN県に実在のHA社での出来事をもとに作成した（Aさん承諾済）。

社会保険労務士

労働保険（労災保険や雇用保険）や社会保険（健康保険や公的年金）の手続における国家資格。手続のほか，これらに関連する相談やアドバイスも業務とする，労働（労務や安全衛生）や社会保障の分野での活躍が求められる専門家である。

労働基準監督署

あらゆる働き方（働かせ方）における法令違反や労働災害（仕事における病気やケガ）の監督・捜査，労災保険の給付を行う国の機関。労働者が「人たるに値する生活」を営む最低限度を守る仕事であるが，慢性的に人員不足でもある。

3　労　働

近年は減少傾向の企業倒産においても人手不足関連は増加しており，その理由には後継者難のほか求人難が多い。他方で2009年以降の有効求人倍率は上昇傾向で，2013年に1倍を超えて以降，1974年以来の高い水準を維持している。

就業形態別の名目賃金（2018年度：月額）を見ると，全体で32.3万円，一般労働者では42.3万円，パートタイム労働者では10.0万円であり，全体では2014年度以降，5年連続の増加である。なおここ数年，法定の最低賃金額は引上げられ続けている。2019年には900円（時給：全国加重平均）を超え，パートタイム労働者の時給額は継続して上昇している。女性や高齢者の賃金も増えており，総雇用者所得は増加傾向にある。特に45～64歳の女性一般労働者の賃金上昇が注目されている。他の年齢層でも初任給や45歳未満の転職者の賃金が上昇していることから，人手不足に伴う人材確保が賃金上昇の一因になっている。

2002年以降，賃金を年齢ごとに並べた際にできる「賃金カーブ」の上昇度合いは緩やかになってきている。その要因として賃金体系に占める「職能給」（賃金の決定要素が学歴や年齢，勤続年数など）の割合の低水準での推移や，「役割・職務給」（同要素が仕事の内容・成果）の割合の高まりがある。

(1) ワークライフバランス

近年の月間総実労働時間は所定内労働時間を中心に減少傾向にある。その要因として一般労働者の所定内労働時間の減少や，パートタイム労働者比率の上昇（2015年以降は3割超）がある。パートタイム労働者の数は女性を中心に増えており，体力的な理由で労働時間が短くなりがちな高齢者もまた増えている。

一般労働者の所定内労働時間は減少するも，所定外では増加している。週60時間以上就労する雇用者の割合は減る一方，週40～48時間の割合は増えている。ゆえに近年では1,700時間前後の年間総実労働時間も，一般労働者では2,000時間前後である。年次有給休暇取得率は年々上昇するも（2019年現在で52.4%：男性49.1%，女性58%），人手不足感が強い産業（医療・福祉など）では低い。

減少傾向の長時間労働者の数も全体の1割といまだ存在する。特に近年では子育て世代の長時間労働が減らない現状から，仕事と育児・介護や治療の両立など，仕事と生活の調和（ワークライフバランス）が求められてきている。ある世論調査（2019年）において「仕事を優先したい」とする希望が少ない一方で，実際には「仕事を優先」しているとする回答が多い状況が明らかになっている。特に20～29歳男性，20～49歳女性で，仕事に対する理想と現実の乖離幅が大きい。さらに両性とも2～3割が「仕事」と「家庭生活」のみならず「地域・個人の生活」も優先したいと回答している。別の調査（2017年）では労働者が必要とする福利厚生として，休暇に関する項目が多く回答されている。

ワークライフバランスを目指す労働者の動きとして「副業」や「兼業」がある。厚生労働省は2018年，そのメリットや労働時間・健康管理等を盛り込んだガイドラインの策定や，「モデル就業規則」を副業・兼業に対応させる改定を行ったほか，2020年には複数の場所での就業者に対するセーフティネットを整備するための労働者災害補償（労災）保険法の改正も行われた。

各企業でも，労働者の動向に対応した優秀な人材の確保・定着実現のため，「限定正社員」制度の導入が試みられている。ある調査（2018年）では基本給が正社員の方が限定正社員より高い企業は多いものの，差がない企業も約4割となっている。また昇進スピードや早期選抜制度の対象において，正社員と限定正社員との間に差を設ける企業と設けない企業はおおむね半々となっている。

また別の動きに「転職」がある。転職環境の整備に向け労働施策総合推進法が改正され（2020年），大企業では正規雇用労働者の中途採用比率情報を公表する必要が生じた。ある調査（2016年）によるとわが国の転職市場は，男性の「15～34歳」「35～54歳」の年齢層で，「一般労働者（雇用期間の定めなし）間」の転職が多く，2013年の結果と比べ増えている。また女性の「35～54歳」においても「一般労働者（雇用期間の定めなし）間」の転職が増えている。なお女性では全年齢層で，両年とも「パートタイム労働者間」の構成比が他の雇用

労働者災害補償保険

業務や通勤での病気やケガ（労災）から労働者を守り，社会復帰を促すための国の保険。労働者をひとりでも雇う事業は原則，この保険に加入しなければならない。労災は事業主の責任であり，この保険での治療に労働者の自己負担は無い。

形態間と比較し最も高い。転職者の現職場での職業生活全体の満足度は，「15〜24 歳」「25 〜 34 歳」の若年層は高いが，加齢とともに「不満がある」の回答割合が増えている。転職者の「現在の勤め先を選んだ理由」は，「自分の技能・能力が活かせる」「仕事の内容・職種に満足がいく」「労働条件（賃金以外）がよい」などが多い（2015 年）。ただし「正社員間の転職」での「他職種転換」は，賃金の減少に結びつくという調査結果（2013/2016 年）もある。

情報化の進展は職場の人員配置や雇用管理，仕事内容の変化をもたらした。たとえば定型業務が減り，非対人的な仕事や創意工夫や専門性が必要な仕事が増える傾向にある。そこで近年は「テレワーク」（情報通信機器を用いた勤務）という動きも見られるようになった。2011 年には 1 割未満だった雇用型テレワークを導入する企業の割合が 2015 年には約 2 割になるなど導入企業は増えている。ただテレワークのデメリットとして「仕事と仕事以外の切り分けが難しい」「長時間労働になりやすい」ことをあげる企業も多く，就業時間の管理の難しさがある。また「仕事の評価」や「上司等とコミュニケーション」が難しいなど，勤務評価の難しさもある。「雇用によらない」働き方（起業）である自営型（フリーランス）テレワークの実態を眺めると，それらの者の収入分布は 100 万円未満の層が最も多く，300 万円未満の層が相対的に多い。他方で年収 1, 000 万円以上の層も一定程度存在するなど多様である。その数は増加しているものの（2010 年の約 38 万人が 2015 年には約 42 万人），4 人に 1 人は就業時間が定まっていない。雇用者と比べて働き方の自由度の観点でメリットがあると感じる者が多い一方，収入面などの保障が少ないため不安定な働き方となっているといった課題もある。そこで厚生労働省は，テレワークの対象を在宅勤務に限定した雇用型ガイドラインを，労働時間管理方法の整理と長時間労働防止の観点からモバイルワークやサテライトオフィス勤務を含むものに，また自営型のそれも，クラウドソーシングの普及に伴うトラブルの実態を反映したものに改定した（2018 年）。これらの変化により全労働者におけるテレワーカーの割合は，2019 年度には雇用型で約 15%，自営型で約 20%を占めるまでになった。

業務の繁閑や人手不足の状況で，ただ単に労働時間を減らすことは難しい。年次有給休暇の取得日数の増加（労働者が終日休む機会を増やす）は，職場全体での仕事の分担見直しを促進することが知られている。労働者が休暇を取得しやすい環境の整備は，育児や介護と仕事の両立，肉体的・精神的休養の機会の増加といったワークライフバランスの実現につながる。結果として，働く人が安心して快適に働ける職場環境としての「働きやすさ」の実現が期待できる。この「働きやすさ」は個々の労働者の「働きがい」につながる。働きづらさがもたらす「バーンアウト（燃え尽き）」を防ぐため，対極概念としての「ワークエンゲージメント」が近年，注目されている。ただしワークエンゲージメントは仕事への没頭（ワーカホリズム）との間に正の相関が確認されている。「働きがい」増進のためには個々の労働者の「働き方」改革のみならず，組織としての「働かせ方」改革が重要である。あらたな感染症の全世界的な広まりにより「新しい生活様式」が求められるなか，日常生活の情報化も進展している。感染症拡大防止のための密を避ける行動が，エッセンシャルワーク（医療・福祉，流通業，生活衛生業等，人びとの社会生活の維持に不可欠で人と接することが欠かせない働き方）においても求められ始めている。人材不足の問題が多いこの分野での働き方には，より一層のワークライフバランスが求められることになろう。

(2) 女性の活躍推進

「労働力調査」によると，2019 年の女性の労働力人口は約 3, 000 万人で，女性人口の 5 割を超え，2016 年度から 3 年度連続で非労働力人口を上回っている。生産年齢（15 ～ 64 歳）に限ると，女性人口の 7 割を超えている。また雇用者に限ると約 2, 700 万人で雇用者総数に占める女性の割合は 4 割半ば，女性労働力人口のうち雇用者が占める割合は 9 割となっている。

これらの状況から，20 歳代半ばから 30 歳代女性の就業率は上昇傾向にある。就業率を年齢階層別にグラフ化するとそのかたちは台形に近づいており，いわゆる「M 字カーブ」は解消に向かっている。その背景には，女性のライフコース（結婚，出産，子育てと就業との関係）に対する意識の変化がある。女性が予定したいライフコースの回答として，「再就職」「両立」「非婚就業」「専業主婦」の順に多い（除く「その他・不詳」）という調査結果（2015 年）もある。女性の非労働力人口のうち就業希望者は，非正規雇用を希望する者が多いとされる。実際に，週就業時間が「15 ～ 34 時間」のような比較的短時間の働き方が増加傾向にある。また夫婦の働き方としての「共働き」が全世帯の 6 割半を占めるが，男性（非農林業雇用者）の働き方には長時間労働が依然として存在するため，女性のライフコースの予定と現実との一致には至っていない。

> **M 字カーブ**
> 女性の年齢階層別就業率をグラフ化すると描かれた，日本特有の形のこと。20 歳代後半でひとつ目の山，30 歳代半ば（多くの妊娠・出産の時期）で谷を，40 歳代後半で二つ目の山（ただしひとつ目の山の率には及ばない）を描く特徴があった。

働き方と子育てに目を向けると，育児休業取得率（2019 年）は女性の場合 83％である。男性の約 3 割が取得希望であるものの，実際の取得率は 7.48％にすぎない。第 1 子出産後の女性の継続就業割合は 5 割強（2015 年）であることから，半数近くの女性が出産を機にいまだ離職している。この状況を改善するための法制度として，育児・介護休業法がある。この法律では一定条件のもと，正規・非正規を問わず育児（介護）休業の取得を認めている。近年は有期雇用労働者の育児休業の取得要件緩和（2017 年）や，子の看護休暇の半日単位（2021 年からは時間単位）取得が法に盛り込まれた。これまでも，事業主による子育て労働者への短時間勤務制度の設定や所定時間外労働の制限の義務化，両親がともに育児休業を取得する場合の育児休業取得可能期間の延長（パパ・ママ育休プラス），父親が配偶者の出産後 8 週間以内に育児休業を取得した場合の育児休業再取得を認めるなどの改正が重ねられた。事業主には，これらの内容の周知や育児（介護）目的の休暇設置の努力義務がある。育児（介護）休業期間中の所得について，雇用保険法には賃金の 3 分の 2（原則）を一定期間支給する仕組みがある。また非正規労働者の雇用保険への加入や受給可能労働者の範囲も広げられてきた。また（国民）健康保険法には，出産費用を賄うための出産育児一時金や，産前産後の所得保障を目的とする出産手当金制度（市町村国保を除く）が設けられている。

雇用保険
失業やその予防をサポートする給付（現金）を行う国の保険。かつては「失業保険」と呼ばれていたが，現在では失業を防ぐ（雇用継続）ための給付（育児や介護，職業訓練など）の役割もある。財源は雇用主と被用者の保険料，国庫負担による。

次世代育成支援対策推進法（2005 年施行）では，仕事と子育ての両立可能な雇用環境や多様な労働条件の整備を定めた「行動計画」の策定・公表を，一定数の労働者を雇う事業主に求めている。また計画における目標達成など一定要件を満たす企業の認定制度も 2007 年から実施された（通称「くるみん」認定）。実施に際しての労働時間の基準の追加，男性の育児休業取得基準の厳格化，関係法令違反の重大な事実の範囲の拡大など，認定基準の見直しも順次行われている。女性活躍推進法（2016 年施行）でも，女性労働者の採用・登用や労働時間に関する「行動計画」の策定・公表を，一定数の労働者を雇う事業主に求めている。「行動計画」策定企業のうち，女性活躍推進の状況などが優良な企業の認定制度も創設された（通称「えるぼし」認定）。

直近では雇用機会均等法の改正（2020 年施行）によって，セクシュアルハラスメントや妊娠・出産等に関するハラスメントへの国や事業主及び労働者の責務の明確化，相談したこと等を理由とした労働者に対する不利益取扱いの禁止など，雇用分野での女性活躍推進に関する法整備が進んでいる。しかしながら，実際の雇用現場でのそれらの対策の定着には至っていない。たとえば OECD の「国際成人力調査」によると，わが国の女性の OJT（企業内教育）の実施率は男性と比べ低く OECD 平均を下回っている。女性のほか高齢者や外国人（特定技能制度や経済連携協定（EPA）等に基づく介護や看護の分野での就労者など）の受入が進むなど企業の内部人材が多様化するなかで，個々の労働者への対応のみならず，企業組織全体としての次世代育成支援の取り組みが求められている。

(3) 正規雇用，非正規雇用

正社員の有効求人倍率は 2017 年以降，1 倍超で推移している。その影響で 15 ～ 54 歳の非正規雇用から正規雇用への転換が多い。とはいえわが国の高齢化率が 3 割に近づくことで非就業者の，特に非正規雇用への就業が進む可能性が指摘されている。実際に「都合のよい時間に働きたい」という理由や定年以降の継続雇用の影響で非正規雇用に就く高齢者は増加しており，高年齢者雇用確保措置の導入が義務付けられた 2006 年以降，60 歳代前半の就業率は上昇傾向にある。

高年齢者雇用確保措置
平均寿命の延びや公的年金の支給開始年齢引上げ（60 歳から 65 歳へ）を背景に，高年齢者の雇用確保を目的とした制度。「65 歳までの定年引上げ」「65 歳までの継続雇用制度導入」「定年廃止」のいずれかの実施を事業主に求めている。

経済市場のさらなる国際化は非正規雇用の増加をもたらし，全雇用者の 4 割近くを占めるに至っている。性別ごとの非正規雇用労働者数は，男性は「パート・アルバイト」に次いで「契約社員」「嘱託」が多く，女性は「パート・アルバイト」が多い。また性別ごとの割合は過去30年間で，男性は1割弱から2割強へ，女性は3割半ばから5割半ばへ上昇した。非正規雇用増加の背景には働く側の意識変化もあるが，雇う側の人件費抑制志向や人材確保のための短時間労働者活用といった事情がある。そのため正規雇用との間での賃金や教育格差の拡大が問題視されている。両者の賃金カーブは正規雇用では年齢を重ねるごとに上昇するのに対し非正規雇用では横ばいのままで，この10年間ほとんど変化が無い。また教育訓練（OJTや企業外のOFF-JT）の，非正規雇用に対する実施事業所数は正規雇用のそれの約半分といった格差が見られる。いわゆる「就職氷河期」世代の中心層（2019年段階で35～44歳の者）の雇用形態において，非正規雇用（359万人）には男性を中心に不本意非正規雇用が存在し，無業者は39万人（10年前から横ばい）であるなど，この世代の働き方の課題は今なお残っている。

正規雇用と非正規雇用との間で生じている働き方の格差是正に向け，これまでもさまざまな施策が行われている。改正労働契約法（2013年施行）では，全国で1,500万人弱（2019年平均）の有期雇用労働者を対象に，(1)「無期転換ルール」（繰り返し更新され通算5年超えの有期労働契約を，労働者の申込みで無期労働契約に転換できる制度）の導入，(2) 最高裁判例として確立した「雇止め法理」の法定化，(3) 有期契約労働者と無期契約労働者との間での，契約期間の有無による不合理な労働条件設定の禁止，が定められた。全雇用者の3割を超えるパートタイム労働者には，補助的業務のみならず役職に就くなど基幹的業務を果たす者もいることから，待遇の合理的改善が事業主に求められている。パートタイム・有期雇用労働法（2020年施行）では，(1) 不合理な待遇差の禁止（別途定められる指針による「同一労働同一賃金」の原則など），(2) 労働者への待遇に関する説明義務の強化，(3) 行政による事業主への助言・指導等や裁判外紛争解決手続（行政ADR）の整備が定められた。さらに非正規雇用労働者への能力開発機会の確保策として，公共職業安定所によるキャリアコンサルティングや公的職業訓練の機会提供，ジョブ・カード（職務経歴や職業訓練終了後の能力評価結果の記録）の作成・就職活動での活用支援が進んでいる。これらの結果，人手不足感の高まりからもあって非正規雇用労働者から「限定正社員」を含む正規雇用労働者を登用する企業が増えている。

働き方の多様化に伴い，雇う側の「きめ細やかな雇用管理」が，これまで以上に必要とされている。近年の法改正を受け正規雇用労働者には「能力開発機会の充実」などの取り組みが，非正規雇用労働者には「従業員間の不合理な待遇格差の解消（性別，正規・非正規間）」等の取り組みが実施される傾向にある。また非正規雇用増加に伴い，長時間労働が問題視される正規雇用も含む職場全体の環境改善が，自らのキャリア形成が誰でも可能な社会実現に求められている。

キャリアコンサルティング
求職者や在職者に対する，キャリア形成支援（職業選択，職業生活設計又は職業能力の開発・向上に関する相談やアドバイス）のこと。近年は専門の支援員が公共職業安定所のほか，企業内・教育機関内にも配置され，相談業務を行っている。

(4) 失業と過労死

完全失業率（2019 年時点で 2.4%）は多くの年齢階級で近年低下しており，特に若年層の低下幅が大きい。自発的な理由による完全失業者数は 45 歳以上で横ばいであるが，15 ～ 44 歳では減少している。非自発的な理由による者の数は，多くの各年齢階級で減少している。すべての年齢階級で減少している 2010 年代の長期失業者（失業 1 年以上）では，続柄別で「世帯主の配偶者」「子又は子の配偶者」，年齢別で「35 ～ 54 歳」（この年齢層には「就職氷河期」世代が含まれる），性別で「男性」が占める割合が増えている。女性の場合，追加就業希望者や新規就業希望者が多いことも明らかになっている。

自殺者の約 1 割の原因・動機が「勤務問題」であるなど，わが国には過労死に至らしめるほどの厳しい職場環境がいまだ存在する。そこで過重労働解消に向けた過労死遺族の働きかけによって，過労死等防止対策推進法が施行された（2014 年）。しかしその後も一般労働者（正社員等）において過重労働の要因である長時間労働が常態化してきた。そのため「働き方改革関連」法（2019 年施行）では，法定労働時間（一日 8 時間，週原則 40 時間）超の時間外労働を，原則月 45 時間かつ年 360 時間を“上限”とすることが，法律として初めて定められた。これに先立つ「『過労死等ゼロ』緊急対策」（2017 年実施）で国は，計画的年次有給休暇の取得を含む連続休暇の推奨（長時間労働抑制）や，労働者のメンタルヘルスの増進（職場におけるパワーハラスメントの予防・解決に必要な取り組みの導入など）を各企業に促している。また労働者の健康診断実施などを規定する労働安全衛生法の改正（2015 年）により，ストレスチェック（労働者の心理的負担を把握し，セルフケアや職場環境の改善につなげ，メンタルヘルス不調を未然に防止する取り組み）の実施が，一定規模以上の事業場において義務化された。

三浦文夫
(1928-2015)
日本の福祉研究において，ニード（ニーズ）概念を導入した福祉学者。社会福祉関連の大学や国の研究所で教育・研究活動を行った後，政府関連の審議会等の委員を務め福祉分野で大きな影響力を発揮した，いわゆる「御用」学者。

社会福祉のテキスト（全国社会福祉協議会）においてかつての三浦文夫は，社会福祉のニード（ニーズ）を「解決または改善する必要がある」という「社会的認識」（「社会的判断」）は誰によってなされるか，という問いに対し「政策を策定する組織・機関等の判断に委ねる」と主張した。しかしながら健康や労働は個々人の営みに直接関わっており，その条件は「人たるに値する生活」を営むための必要（＝ニーズ）を充たすべきもの（労働基準法第 1 条）である。ゆえにセーフティネット（政策によって実施される公助）は，一人ひとりが主人公として仲間（社会）と共に必要を充たすための，最低限かつ不可欠な条件となる。

社会福祉におけるニーズとは何かについて，他者の判断に委ねず一人ひとりの健康や労働のあり方から考えることが，「福祉」を専門屋の自己満足でなく“社会”を伴ったみんなのもの（社会福祉）にするきっかけになることを切に願う。

参考文献

厚生労働省『厚生労働白書』2016-2020 年版

厚生労働省『労働経済の分析（労働経済白書）』2016-2019 年版

三浦文夫『[増補] 社会福祉政策研究—社会福祉経営論ノート』全国社会福祉協議会，1987 年

プロムナード

実習中のBさん，ある日突然，実習指導者が勤務しない時間帯（早朝）の身体介助を伴う実習日程が，指導者の確認が無いまま職場の相談員によって設定されてしまいました。現場担当者はこのことを当日初めて知ることになり，利用者（食いしばり癖あり）の朝食後の口腔ケアが実習として急遽組まれました。

いざ実習が始まると利用者は歯ブラシの毛先を噛み切り飲み込もうとしたことから，Bさんは利用者の口の中に指を入れ飲み込みを止めるとともに，周りの介護職員に助けを求めました。しかし誰も助けてくれないまま 10 分ほど過ぎたところで，他の利用者の介助を行っていた担当者がようやくBさんのもとを訪れました。驚いた担当者によって毛先は取り出されたものの，Bさんの指には血豆ができ，担当者の指にできた噛み傷からは血が流れ出ていました。

現場が騒然とするなか出勤した実習指導者は，想定外の実習が行われていたことを初めて知ったのでした。指導者はその場で「たいへんだったね」とBさんに声を掛けるとともに「このことは口外してはいけないし，実習日誌にも書かないでね」と告げました。

翌日，Bさんが実習のため出勤すると職員全員が確認する掲示板のド真ん中に，実習先の事業所の理事長が記した文書が張り出されていました。その文書には利用者に対する「不適切行為」について，昨朝の現場担当者のみ実名を明かした上で減給処分することが記されていました。

もしあなた（読者）がBさん（実習生）だとしたら，また将来あなたが社会福祉の専門職としてこの職場で働くとしたら，どのような対応をとるでしょうか？この章で学んだことをもとに考えてみましょう。

学びを深めるために

中野陽介『路上ワークの幸福論 世界で出会ったしばられない働き方』CCC メディアハウス，2019 年

決まった場所で働くだけが就労じゃない?! テレワークや兼業・副業を通じてワーク・ライフ・バランス（“ライフ・ワーク” が正しい語順なのでは…）が注目される昨今，生きる場所は自ら創れる，という当たり前に気づかされる一冊。

「業種」と「職種」の違いについて調べた上で，それぞれの具体例（自身が希望するものを含む）をいくつかあげてみよう。

福祉の仕事に関する案内書

渡辺一史『こんな夜更けにバナナかよ　筋ジス・鹿野靖明とボランティアたち』北海道新聞社，2003 年

第13章

ライフコースと世代

1　ライフコースと世代

(1) 世代と時代

「団塊の世代」という言葉は聞いたことがあるだろう。他にも「バブル世代」,「ゆとり世代」,「ロスト・ジェネレーション」(失われた世代),「就職氷河期世代」,「さとり世代」など，世代を表す言葉が色々ある。すでに「コロナ世代」という言葉も散見される。新型コロナウィルスの影響のため，企業の求人が減り就職活動が難しくなる世代を指しているようだ。

世代とは同時代に生まれ，同じ時代を生きることにより共通の社会体験を通して，ある程度同じような考え方や特徴を持つ人びとを指している。現代の日本社会では「団塊の世代」の影響が大きい。1947 年から 1949 年頃の第一次ベビーブームの時代に 800 万人以上が誕生し，人口構成で大きな塊となることから「団塊の世代」と呼ばれている。高度経済成長期には豊富な労働力として経済発展を支え，日本の雇用や消費の支え手として大きな影響力を持って来た。

一方，この世代の退職が始まった 2007 年には，労働人口の減少，熟練技能者の不在や伝承の危機，年金や医療費など社会保障費の問題などが懸念され，「2007 年問題」ともいわれた。この問題に対して，政府は年金受給年齢の順次引き上げや，そのために企業に対しても定年退職年齢の引き上げや廃止，再雇用制度の充実などを働きかけたため，問題は回避されることとなった。しかし，労働人口や社会保障費の問題は，長寿化や少子化と相まって，今後も日本の政策に与える影響は大きい。

2025 年問題
団塊の世代が 75 歳以上の後期高齢者に入り，医療や介護など社会保障費の急増が予想されると共に，人口の 4 人に 1 人が 75 歳以上になり，若い世代への負担が懸念されている。

「ロスト・ジェネレーション」や「就職氷河期世代」は，日本社会から大きな影響を受けた世代である。この世代は，日本のバブル経済崩壊後「失われた 10 年」と呼ばれる 1990 年代後半から 2000 年代前半の就職氷河期に社会に出た世代である。本人たち自身の問題よりも，長引く景気の低迷という日本社会の時代的な問題により，うまく就職できなかった人も多い。そのため，不安定雇用に留まり，本人が希望しても低賃金のため結婚して家族を持てない人も多い。結果的には，日本社会の少子化にも繋がっている。安定した仕事が持てず，親との同居による中高年の「パラサイト・シングル」や「ひきこもり」の問題，親の死亡後には社会的孤立の問題もありえる。

社会的孤立
社会の中で居場所がなく，他者とのつながりが切れている状態。独居生活を送っていても，家族や友人・知人との交流が保たれていれば社会的孤立とは呼ばれない。

政府もこうした課題は，個々人やその家族だけの問題ではなく，社会全体で受け止めるべき大変重要なものであり，日本の将来に関わる重要な課題として受け止めている。そのため，2019 (令和元) 年より就職氷河期世代に向けて多様なプログラムを準備するなどの支援を始めた (内閣官房「就職氷河期世代支援に関する行動計画」)。

我々の生活や人生には，いつ生まれ，どのような時代を生きているのか，つまり世代や時代の影響が大きいことがわかる。時代の変化による影響 (時代効果）や加齢による影響（加齢効果）に加え，生まれた年代による影響のことをコーホート効果と呼ぶ。たとえば，「さとり世代」は，1990年前後の生まれを指すが，日本経済の長引く景気低迷期に若い時代を過ごしたため，物質的豊かさよりも精神的豊かさを求めるなどの価値観や消費スタイルの特徴が指摘されている。個々人の違いには十分配慮が必要だが，各世代の考え方や行動様式を理解することは，対象者理解においても一定の有効性があるといえるだろう。

(2) ライフステージとライフコース

個人を社会の影響から考えるのが世代という捉え方であるが，人間の発達を生物学的な加齢の側面から捉える概念がライフサイクル（life cycle）である。出生から成長，そして死に至る流れのことを指す。

このライフサイクルを分ける各段階のことをライフステージ（life stage）と呼ぶ。ライフステージ毎に人間のライフサイクルを通じての発達を分析したエリクソン（Erikson, E.H.）はよく引用されている。エリクソンは，人間の生涯を幼児期から老年期までの８段階で捉え，それぞれの段階に習得すべき課題を設定したライフサイクル論を提唱した（図表13－1）。

ライフステージ
人間の一生の発達過程に認められる諸段階のこと。幼年期・児童期・青年期・壮年期・老年期などのそれぞれの段階。心身の発達を中心として段階区分がよく用いられる。

このエリクソンのモデルでは，人間発達の普遍的モデルを構築しようと試みており，その前提となるのが，誰もが同じライフイベント（life event）を経験するという考え方である。たとえば，青年後期や成人初期では，異性との親密な交際からやがて結婚して自分の家族を持つということである。しかし，近年は晩婚化や非婚化，少子化などの影響を受け，個々人のライフサイクルでは，同じライフステージで共通のライフイベントを必ずしも経験しないようになってきている。

個人の出生から死亡までを描くライフサイクルは，家族にも応用されている。結婚から夫婦の死亡までの規則的変化を描くものをファミリー・ライフサイクル（family life cycle）と呼んでいる。このファミリー・ライフサイクル（家族周期）でも，Ⅰ新婚期（夫婦関係の形成），Ⅱ養育期（子どもの出生・保育），Ⅲ教育

図表13－1　エリクソンの発達理論

	発達段階	年齢	発達課題と危機	獲得する力
Ⅰ	幼児期	0～1.5歳	基本的信頼　VS.　基本的不信	希望
Ⅱ	児童初期	1.5～3歳	自律　VS.　恥と疑惑	意思
Ⅲ	遊戯期	3～6歳	自発性　VS.　罪悪感	決意
Ⅳ	学童期	6～12歳	勤勉性　VS.　劣等感	才能
Ⅴ	思春期	12～20歳	アイデンティティ　VS.　混乱	忠誠
Ⅵ	成年前期	20～40歳	親密性　VS.　孤独	愛
Ⅶ	成年期	40～65歳	生殖性　VS.　自己没入	世話
Ⅷ	老年期	65歳以上	統合　VS.　絶望	英知

出所）エリクソン，E.H.ほか著，朝長正徳・朝長梨枝子訳『老年期』みすず書房，1997年，p.35改変。

図表 13 − 2　家族周期と貧困

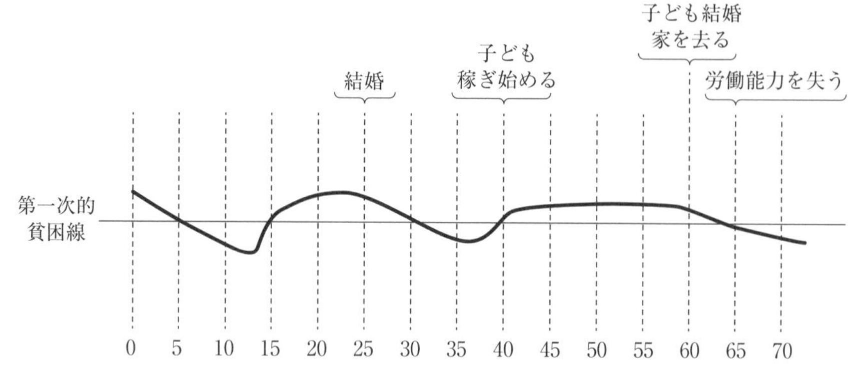

出所）ラウントリー , B.S. 著，長沼弘毅訳『貧乏研究』ダイヤモンド社，1959, p.152.

期（夫婦関係の見直し・子どもの成長），Ⅳ排出期（夫婦関係の再調整・子どもの独立・親の介護），Ⅴ孤老期（生きがいや心身の自立・老後の生活設計）など，ライフステージごとの発達課題がある。

家族周期研究の先駆けとなったのは，19 世紀末にイギリスの ラウントリー（Rowntree, B.S.）がヨーク市で行った労働者の家計調査である。労働者世帯を対象に行った貧困調査によって，労働者が困窮する生活は，少年期，中年期初期の子どもを養っている期間，子どもが自立した老年期に現れることを見出した。労働者の生涯は貧困線を上下するサイクルによって営まれることから，家族発達の周期性を見出したのである（図表 13 − 2）。

しかし，近年は晩婚化による晩産化や，高齢化にともなう高齢期の伸びなど，ライフサイクルにも変化が見られるようになった。さらに，非婚化や，DINKS（Double Income No Kids）のように結婚しても子どもを持たなかったり，また離婚や再婚することもあったりなど，皆が同じファミリー・ライフサイクルをたどるとはいえない状況になっている。

このような「個人化」ともいうべき現象が進行していることを考慮し，今日ではライフコース（life course）分析へと移行している。先のファミリー・ライフサイクルの分析では，標準的な家族発達を前提としており，結婚や出産をしない場合や，離婚，再婚などへの対応が難しい。また，エリクソンのライフサイクルと発達での分析も，就学や就職，結婚などのライフイベントと生物的年齢が相まって発達課題が設定されていた。しかし，今日の日本の社会では，かつては自明とみなされていたこれらのライフイベントのパターンにも変化が生じてきている。

ライフコース
年齢ごとに分化した役割と出来事（卒業，就職結婚等）や社会的環境・歴史的事件を重視し，個人がたどる生涯の道のこと。

個人の生き方や家族のパターンが多様化している現代社会では，個人の視点を中心とするライフコース分析の方が，個人の出来事としてこれらの家族に関する経験を捉えることができ，個人の生き方や家族の在り方の多様性にも対応できる概念であるといえよう。

2 個人化

(1) 家族の個人化

わが国の高度経済成長期は，性別役割分業による家族に支えられたといわれる。その時代，「外で働く父親」と「家庭を守る母親」が典型的な家族であり，父親不在の母子密着が社会問題化していった。1960年代後半には，家庭で子どもの教育にエネルギーを注ぐ「教育ママ」が増え，マスコミの影響もあり，子どもの所属する「学校」の偏差値が，母親の偏差値として捉えられるようになる。「お受験」という言葉も生まれ，私立の幼稚園や小学校に入学するために，乳幼児期からの「早期教育」も流行した。

しかし，学校や家庭で行き場のなくなった子どもたちによって，1970年代後半の家族殺傷事件，1980年代の校内暴力や家庭内暴力，1980年には「予備校生金属バット殺人事件」という「親殺し」という事件が起こり，世間を震撼させた。

かつて，家族はひとつの集団（社会）として，「性，生殖，子育て，経済，憩い」などの機能をもつものとされてきた。しかし，経済成長とともに家族内部でのこれらの機能は縮小していき，「家族機能の外部化」が引き起こされていった。いわゆる「家族規範」が希薄化する中で，「家族の個人化」といわれる現象がみられるようになったのである。

家族構成員の価値観が多様化するとともに，家族のあり方も多様化していくさまを，精神科医の小此木啓吾は「家庭のない家族の時代」と表現した[1)]。また，家族で食卓を囲むのではなく，個別ばらばらで食事をする「個食」という現象も出てきた。また，子育ての場面においても，孤立する母親の子育て放棄が社会問題になっている。

(2) 晩婚化，未婚化，生涯未婚

結婚についても，意識も実態も変化してきている。かつて，わが国は「皆婚社会」といわれ，一定の年齢に達するとほとんどの人が結婚した。初婚年齢は1908（明治41）年には男性26.8歳，女性22.9歳であった。初婚年齢は時代とともに上昇し，1965（昭和40）年には男性27.2歳，女性24.5歳になった。女性の高学歴化，社会進出によって，晩婚化がすすみ2011年には男性30.7歳，女性29.0歳になった。それとともに「結婚適齢期」という言葉は死語になり，「○歳になったら結婚する」といった「規範」はなくなったといってもよいであろう。

ところで，50歳までに結婚したことがない人の割合のことを「50歳時点未

図表 13 − 3　平均初婚年齢の年次推移

	男性	女性
1908	26.8	22.9
1926	27.1	23.1
1965	27.2	24.5
1977	27.4	25.0
1992	28.4	26.0
2003	29.4	27.6
2008	30.2	28.5
2011	30.7	29.0

出所）内閣府『平成 16 年版 少子化社会白書』他より筆者作表

婚率」と呼ぶ。以前は「生涯未婚率」と呼ばれていた。統計上，50 歳まで結婚歴がないと，その後結婚する可能性が低くなる。1985 年までは男女ともに 50 歳時点未婚率は低く，むしろ女性のほうがやや高い状況が続いていた。ところが 1990 年にこの割合が男女逆転し，1995 年で男性の 50 歳時点未婚率が急激に上昇してきた。2015 年の国勢調査のデータを基に算出した 50 歳時点未婚率を見ると，女性が 14.9％なのに対し，男性は 24.2％と，10 ポイント程度も男性が上回っていた。男性のほうが生涯独身で過ごす割合が高いことが示唆される。

もはや，すべての人が結婚というライフイベントを経験することはなくなっている。結婚はライフコースの一つの選択でしかない。結婚，離婚，再婚―未婚も含めて―の結婚歴（marital status）が世代とは連動しなくなっており，そのため家族はますます多様化しており，画一的に捉えることはできなくなっている。

3　世代間交流

(1) 無縁社会

家族や地域のつながりの希薄化が指摘されるようになって久しい。SNS の普及がそれに拍車をかけ，今や家族メンバー間でも LINE で連絡しあうなど，家族間のコミュニケーションのとり方も変わってきた。また，2020 年の新型コロナウィルス感染拡大予防のため，仕事がリモートになり，ますます人と人との「対面」の機会が少なくなりつつある。

2010 年の夏，日本中で 100 歳以上の高齢者が次々と所在不明であることが判明し，「消えた高齢者」という社会問題となった。「自分の親がいなくなっても探さない」，「葬式も出さない」という，従来の習慣や規範では考えられない家族観が拡大してきた。NHK（日本放送協会）は 2009 年から「無縁社会」とい

図表 13 － 4　65 歳以上人口のうち単独世帯の割合－都道府県（平成 22 年，27 年国勢調査）

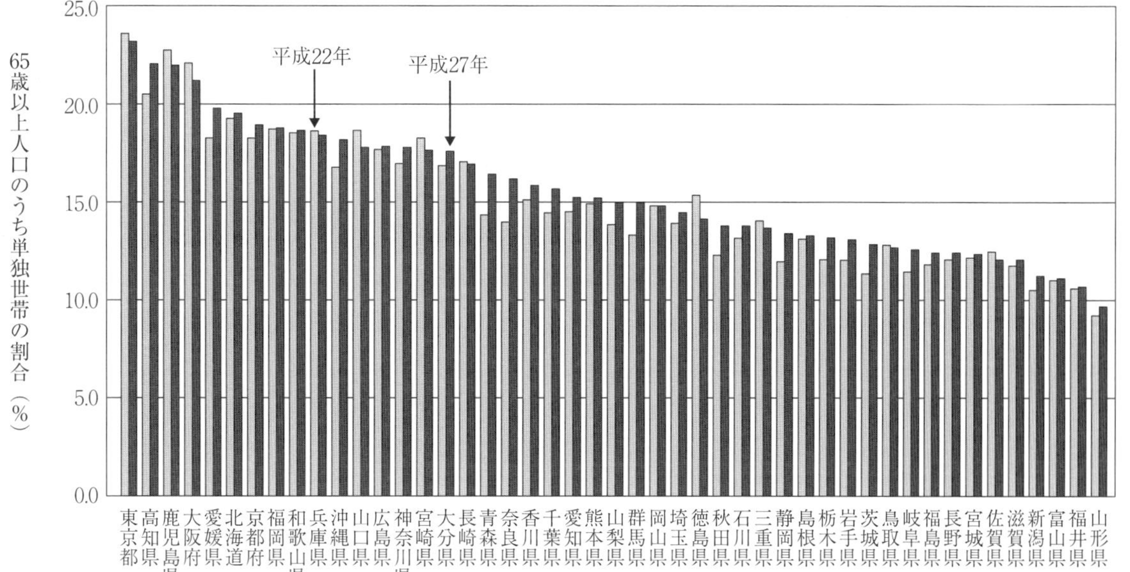

う切り口で全国規模の取材をすすめ，血縁の希薄さ，雇用の悪化，地域のつながりの喪失が，「家族」という社会の最小単位そのものを孤立させているという実態を明らかにした。そして，無縁死，つまり行旅死亡人が全国で年間 3 万 2 千人に達することを明らかにした[2)]。

2015（平成 27）年国勢調査によれば，65 歳以上人口のうち，単独世帯（一人暮らし）の割合を都道府県別にみると，東京都が 23.2％と最も高く，山形県が 9.7％と最も低くなっていた（図表 13 － 4）。総人口に占める 65 歳以上人口の割合は全国で 2 番目に低い東京都であるが，65 歳以上の一人暮らしの割合は最も高くなっている。また，2010（平成 22）年と比べると，37 道府県で 65 歳以上の一人暮らしの割合が上昇している。

これらのことから，私たちは“ひとりぼっち”で生きる人が増え続けている社会に暮らしていることが示唆される。一人でも安心して生きられる社会，一人でも安心して死を迎えられる社会のあり方が問われているのではなかろうか。

行旅死亡人
本人の氏名または本籍地・住所などが判明せず，かつ遺体の引き取り手が存在しない死者。行旅病人及行旅死亡人取扱法により，死亡推定日時や発見された場所，所持品や外見などの特徴などが市町村長名義にて，官報に掲載され公告される。

(2) 世代間交流とソーシャル・キャピタル

人間は社会的存在といわれるが，社会全体が個人化に向かう現代，誰もが他者とのつながりを希薄化させ，社会的に孤立する可能性がある。“ひとりぼっち”が増えている今日，意図的に社会的なつながりを構築していく必要がある。

たとえば，世代間交流もそのひとつである。テレビアニメの「ちびまるこちゃん」や「サザエさん」を思い出してみよう。さくら友蔵（祖父）とまるこ（孫）の関係や，磯野浪平（祖父）とたらちゃん（孫）の関係は非常に良好に描か

ソーシャル・キャピタル
信頼や規範，ネットワークなど，社会や地域コミュニティにおける人々の相互関係や結びつきを支える仕組みのこと。社会関係資本と訳される。

れている。実際にはアニメのような三世代世帯は非常に少なくなっており，家庭内で高齢者と子どもが触れ合う機会はなくなっている。そのような中，高齢者施設へ保育園児が訪問して交流したり，地域の祭りで高齢者と子どもたちが「昔遊び」で触れ合うイベントが全国各地で行われたりしている。近年では，高齢者施設と保育園が同一の建物の中にある複合施設もみられるようになってきた。

世代間交流は地域福祉の重要な課題の一つであるが，高齢者，子ども，地域それぞれに利点がある。高齢者にとっては子どもたちと触れ合うことや教えることで精神的な安定を得るといわれ，子どもたちは高齢者から知識を得ることができる。何よりも，「高齢者」に出会うことで，高齢社会を考える機会になっている。また，地域が多世代のメンバーから構成されているという「あたりまえ」のことを確認する場となっている。

「個人」は尊重されなくてはならない。しかし同時に，ゆきすぎた個人化により，社会でのつながりが希薄化し，人びとが社会的に孤立し，その結果，安心して暮らし続けることが難しい社会になっているのではないだろうか。ソーシャル・キャピタル（social capital）醸成のため，地域コミュニティにおける人びとの相互関係や結びつきを強化し，支える仕組みづくりが求められている。

注）

1）小此木啓吾『家庭のない家族の時代』ちくま文庫，1992 年
2）NHK「無縁社会プロジェクト」取材班『無縁社会』文藝春秋，2010 年

参考文献

エリクソン, E.H. 著, 西平直訳『アイデンティティとライフサイクル』誠信書房, 2013 年
エリクソン, E.H. ほか著，朝長正徳・朝長梨枝子訳『老年期』みすず書房，1997 年
ラウントリー, B.S. 著，長沼弘毅訳『貧乏研究』ダイヤモンド社，1959 年

プロムナード

少し重い話になるかもしれません。家庭内の殺人事件についてです。子殺しや親殺しといった事件は非常にセンセーショナルで，テレビの報道は過熱し，インターネット上では加害者・被害者双方のプライバシー侵害にあたる情報戦が繰り広げられます。そして，これらの事件に対する報道から，犯罪の凶悪化や家族のきずなの崩壊が強調され，家族の社会的孤立が浮き彫りになります。しかし，法務省の，『犯罪白書（平成 30 年版）』をみるとさらに深い問題がみえてきます。

「子殺しでは，女性による犯行の割合が高く，被害者に精神の障害等があるものの割合が約 9 割を占めていた。また，犯行の動機・背景に，問題の抱え込み，家庭内トラブルが多く見られ，被害者からの暴力・暴言への反撃が過半数を占めており，障害等を抱えた子の対処を，誰にも相談できないままに抱え込んだり，子の暴力・暴言に思い余って犯行に及ぶ状況が推察される。

一方，子による高齢の親殺しでは，加害者である子が精神の健康問題を有するものが 7 割を占めており，子の精神障害等が加害・被害の両面で高齢の親に影響を及ぼしている。

障害を有し，暴力に及ぶ子に，高齢者が家庭内のみで適切に対応するには困難があり，障害や犯罪に係る専門的な知見を有する機関への早期かつ十分な相談を行うことが不可欠である。その際，犯罪や非行に関する専門的知識に加え，発達の問題や精神障害にも専門的知見を有する法務技官（心理）や法務教官を擁する少年鑑別所の地域援助が，一定の役割を果たすことも期待される。」

個人や家族のあり方が多様化している今日，誰もが標準的な家族周期やライフイベントを経験するわけではありません。上記のように，課題を抱えた家族が SOS を出せず惨劇に至ってしまう事件が後を絶ちません。無縁社会といわれる現代社会において，このような不幸な事件を起こさないためにも，地域で孤立した家族への支援のあり方を考える必要があるでしょう。

学びを深めるために

新藤こずえ『知的障害者と自立―青年期・成人期におけるライフコースのために』生活書院，2013 年

知的障害当事者が「大人になる」ことを視野に入れてこなかった従来の自立論。彼ら／彼女らが経験しうる出来事を排除しない，ライフコースの視点から知的障害者の自立について検討する。

地域でどのような高齢者と幼児の交流事業が行われているか調べてみよう。

福祉の仕事に関する案内書

草野篤子ほか編『人を結び，未来を拓く世代間交流（世代間交流の理論と実践 1）』三学出版，2015 年

第14章

自己と他者

1　社会と個人

(1) 社会形成と個人形成

ジンメル (Simmel, G.) は「多くの諸個人が相互作用に入るとき，そこに社会は存在する」と述べ，相互行為こそが社会学の主題になると考えた。ジンメルは相互行為を「糸」にたとえており，社会はその糸によって織られる「織物」であるとした。しかし，この「糸」は結ばれては消え，消えては結ばれるといった流動的な性質をもっており，したがってその糸で織られる織物も絶え間なく変化する。つまり，社会とはたえず形成されるプロセスのことであり，その性格を強調して「社会化 (社会形成)」といった。

また，個人は相互行為という糸が交差するところにできる「結び目」にあたり，「個人とは社会的な糸がたがいに結び合う場所にすぎず，人格とはこの結合に生じる特別な様式にほかならない」という。つまり，この結び目も結ばれてはほどけ，ほどけては結ばれるという，たえまない変化の中にあり，個人もまた「個人化 (個人形成)」すると述べた。

ジンメルは，相互行為を社会化 (社会形成) と個人化 (個人形成) という 2 つの過程が同時に進行する場と捉えた。この 2 つの過程は相互行為の中で常に調和しているとは限らず，時に調和し，時に葛藤する。ジンメルは，相互行為が可能となるためには信頼が必要であり，信頼関係がなければ社会は立ち行かないと考えた。

(2) 他者あっての自己

日常用語であり，演劇用語でもある「役割」は，私たちがよく使う言葉であるが，社会学においても基本的な概念のひとつである。

クーリー (Cooley, C. H.) によれば，人間は，他者の反応に対する自己の反応として形成される社会的自己 (social self) を有するという。つまり，人間は自己を自分自身ではみることができないが，他人を通すことにより知ることができる。自己は他者の自己に対する認識や評価を想像することにより形成されていくものであり，自己形成において対人コミュニケーションが重要であると説き，これらのことを「鏡に映った自己 (looking-glass self)」と説明した。

社会的自己
他者とは自己を映し出している鏡であると捉え，この他者との相互作用とそこに映し出された反応としての他者の振る舞いを考慮することによって形成される自己のこと。ミードの self は通常「自我」と訳されるが，本書では混乱を避けるため「自己」と訳す。

クーリーの影響を受けたとされるミード (Mead, G. H.) は，役割概念を強く探求する中で，自己は他者との相互行為の中で生じる社会的な現象であるとした。

ミードによると，幼児期の子どもは他者とプレイすることやゲームをすることにより，自分の役割や他者の役割を取得するという。たとえば，子どもはままごとやお医者さんごっこなどの「ごっこ遊び」を通じて，父や母，医者や患者といった社会に共通した他者の役割を取得する。これが，役割取得 (role

図表 14 − 1　A 子さんの地位と役割

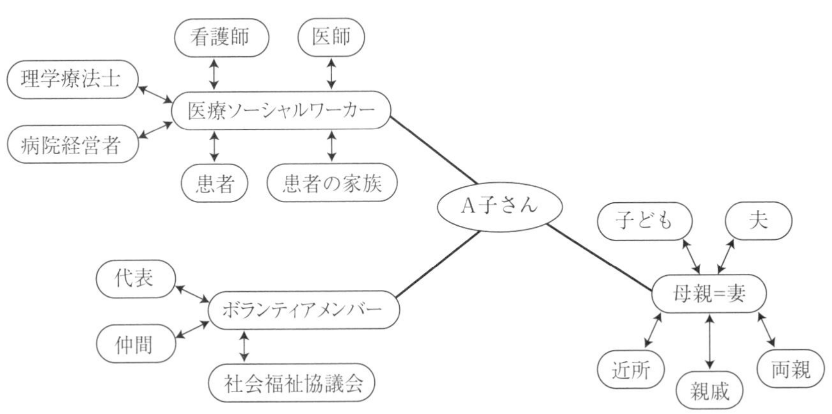

出所）森下伸也『社会学がわかる事典』日本実業出版社，2000 年，p.61 の図を参照

taking）である。

ミードは他者との相互行為を通じて，個人が役割を取得していく過程に注目した。また，企業における経営者と雇用者，学校における教師と生徒などの関係は，それぞれの準拠集団の中で決定づけられた地位であり，個人はそのような関係に付随する地位を意識しながら，各自の役割を果たしているともいえる。

> **地位**
> 相互作用している行為者のそれぞれの立場を，空間上の座標にたとえて位置関係として示したもの。

具体的にみてみよう。女性 A さんの地位は，家庭という中では夫に対する「妻」であり，子どもに対する「母親」である。また，職場（病院）においては「医療ソーシャルワーカー」で，さらにはボランティア団体の「メンバー」でもある。役割は，役割セットにおいて頻繁に相互接続される。医療ソーシャルワーカーとしての A さんは，病院スタッフのチーム員であり，医療相談室の先輩・後輩・同僚などの役割も演じている（図表 14 − 1）。

(3) 役割期待・役割遂行・役割葛藤

役割とは期待された行動様式である。A さんが夫に対して，妻の行動を理解し激励や助言を与えてくれることを期待しているとすれば，それは妻から夫に対する役割期待（role expectation）である。夫は夫で，彼の役割について彼なりの認識をもっており（これを役割認知（role recognition）と呼ぶ），当然ながら夫から妻へ役割期待もある。夫は自分の役割認知に沿いつつ役割を遂行するだろう。夫の役割遂行（role performance）が，A 子さんの期待通りであったり，期待以上であったりする場合には，妻から夫へ是認・感謝・賞賛が与えられる。このように，他者に対する自分の期待と，自分に対する他者の期待が，うまくかみあうようになることを役割期待の相補性という。

しかし，夫婦とはいえ 2 人の間には価値観の相違があると予測されるから，妻から夫への役割期待と夫の役割認知が一致するとは限らず，食い違いが生じることもある。役割期待に応えようとすることによって，さまざまな問題が引き起こされ，矛盾した役割期待によって自分が主体的に処理できずに，役割遂行にあたって内的葛藤を引き起こす。このような葛藤を役割葛藤（role conflict）と呼ぶ。

ところで，A 子さんのように仕事をもつ母親は，育児と仕事と家事の間で葛藤にさいなまれている。近年多発する児童虐待や育児不安を引き起こす原因のひとつとして，役割葛藤の中にいる母親の孤立（誰からも協力を得られない）が考えられており，このような状況では一時的に育児の義務から解放するレスパイト・サービス（respite-service）が必要とされている。

レスパイト・サービス
障害児・者をもつ家族を一時的に，一定の期間，介護や世話から解放することによって，日頃の心身の疲れを回復しレスパイト（一息つく）するために，ショートステイやホームヘルプサービスを利用するといった，障害児・者に対する援助から生まれたサービス。

2　社会化としつけ

(1) 自己と主我の関係

個人の成長過程の中で社会に適応していく思考や行動様式を身につけることを社会化という。ミードは，ごっこ遊びやゲーム遊びの中で，自分に対して社会全体の多数の人びとが自分への役割を期待する「一般化された他者（generalized other）」を認識し，他者の態度を取得することによって，社会的自己が認識可能になる。それは，言葉や身振りなどの「有意味シンボル（significant symbol）」を使い，お互いのコミュニケーションなどの「社会的相互作用」を通して行われる。つまり，他者の期待を学習して，それを身につけ，自分が所属する社会集団に会った行動を実現していくのである。また，一般化された他者の態度に照らして自己を振り返ることで，自己意識が生じると考えられる。

個人が社会化していく中で，自己を主張する「自己」と役割を期待する他者との折り合いが問題になることがある。自己主張が強すぎると自己本位でわがままになる。一方，自己の社会性が過剰になり，一般化された他者の期待通りに反応するのみであれば，自己主張がなく支持されたまま動く機械的な人間になってしまう。ミードはこのことに関して自己を，① 他者の期待を受け入れる自己の社会的側面を「客我（Me）」，② 客我に対する個人の中からの内発的反応を「主我（I）」に分けた。つまり，自己の内部に取り込まれた一般化された他者の態度を客我（Me），客我では解決できない問題に直面したとき，よりよい未来を実現しようとするのが主我（I）となる。自己の中で I と Me は対話し，問題解決に向かい，全体として自己も変容していく。ミードは主我や客我は他者とのコミュニケーションによって生まれるとし，自己にとっても他者にとってもコミュニケーションは重要だとした。

また，フッサール（Husserl, E. G. A.）によれば，夫婦関係や恋愛関係，友人関係などの近しい人間の二者関係において，さまざまな状況や出来事について，それぞれが主観性（subjectivity）を相手に表現することによって，共有された第三の主観性である「間主観性（inter-subjectivity）」を無意識的に構築してい

間主観性
フッサール現象学の用語で，自我共同体ともよばれる。2 人以上の人間に同意が成り立っており，一般に，主観的よりも優れ，客観的よりも劣るような状態のことである。

くという。この場合，二者関係にコミュニケーションが存在すれば間主観性を構築できるが，一方が無視したり，あるいは自分の主観性を表現できなかったりする場合は，間主観性は存在しない。

(2) しつけ

子どもに対する社会化のひとつとして，わが国では「しつけ」がある。「しつけ」という言葉は，和服（着物）を仮縫いする際のしつけ（形をととのえるために仮にざっくりと縫っておくこと）が語源とされる。つまり，もともと，子どもが社会に適応するために，大人が一定の型にはめることを意味していた。

子どもの社会化については「薫化」「感化」「模倣」「しつけ」の4つに分類されるが，「薫化」は親も子も意図していないにもかかわらず，子が身につけることであり，「感化」は親の側は意図的であるが，子の側が無意図的なものであり，「模倣」は親の側が無意図的であるにもかかわらず，子の側が意図的に学習するものである。これらに対し，親も子も，ともに意図的に教え・教えられるのが「しつけ」である[1)]。

しかし，この「しつけ」の名のもとで暴力や児童虐待が起こり社会問題となっている。虐待や体罰，放置によって，子どもたちは死に至ることもある。しかし，虐待を加えていた保護者は「しつけのつもりだった」と言い逃れをしようとする。虐待を受け傷つくのは子どもであるにもかかわらず，今なお体罰がしつけの一環という意識がわが国には残っているのではなかろうか。このような意識を変えていくためにも，2019（令和元）年6月の児童虐待の防止等に関する法律（児童虐待防止法）の改正（2020（令和2）年4月施行）では，親権者がしつけに際して体罰を加えることが禁止された。

現実には，日々の育児の中で，教え・教えられる「しつけ」の実践を継続的に行っていくことは難しい。子育てに全く不安を抱えていない家庭などなく，大なり小なり「しつけ」は試行錯誤で行われ，そこには感情が入るものである。児童虐待の防止のためには，単に大人が子どもに体罰を加えてはいけないというだけではなくて，周りに親としての役割を取得するモデルとなる他者の存在がなく，育児不安を抱えている親に対して子育て支援をしていくことが求められている。

3 アイデンティティの確立と生涯発達論

(1) アイデンティティの確立

アイデンティティは同一性，主体性などと訳される，もともと哲学の用語であったが，1950年代にアメリカの精神分析学者エリクソン（Erikson, E. H.）が概念化し，社会学においても引用される。彼によれば，アイデンティティとは

「自己の確立」あるいは「自分固有の生き方や価値観の獲得」ということになる。ここでいう「自己」とは，内省によって認識される主観的自己ではなく，社会集団の中で自覚され，評価される社会的自己（社会的自我）のことであった。

個人の発達過程の中でも，特に青年期は，アイデンティの危機が顕在化し，アイデンティティを確立することが人生の課題となる。アイデンティティの確立のためには，自己と他者とのコミュニケーションが不可欠であるが，現代におけるアイデンティティの喪失の問題は，自己と他者とのコミュニケーションの欠如によると考えらえる。

(2) 生涯発達論

エリクソンは，自己同一性を「各人が青年期の終わりに，成人としての役割を身につける準備を整えるために，成人になる以前のすべての経験から獲得していなければならない一定の総括的な」成果と定義づけている。このように彼は，青年期の発達課題は「アイデンティティの確立」にあるというが，さらには老年期（成熟期）への移行において「アイデンティの再定義」がなされるという。

エリクソンは，人の一生を 8 つの段階に分け，各段階に漸成的に発達していくと定式化した。フロイトのリビドー発達論の 5 段階に符合する形で，青年期までの段階を再定式化し，さらに晩年までの 3 段階を加えた。各段階には，正常の発達を促すために成し遂げられねばならない課題がある。各段階での心理的葛藤は「～対～」のように発達課題として表現される。そして，8 段階のうち乳児期からの 5 つの段階は，人生の最初の 3 分の 1 の期間にあたり，成人のパーソナリティが形成されつつあるステージとなる。成人後の 3 つの段階は発達課題に沿って達成していくことは難しいが，エリクソンは，成人初期にはパートナーとの安定した実りのある関係を結び，成人中期（中年期）には子どもを育て，さらに最後の老年期（成熟期）には死が目前に迫っているということを知り，自己の完全性と絶望の危機に直面するという（第 13 章　図表 13 − 1 参照）。

リビドー発達論
子どもには幼児性欲をもとにした口唇期，肛門期，エディプス期，潜伏期，性器期という 5 つの成長段階があり，身体成長と性的発達が複雑に絡み合って発展するという理論。

漸成的発達理論
エリクソンが提唱した人間の発達を包括的に捉える理論。漸成的とは epigenesis の訳語であり，生物の成体の形態や構造は発生前から予め決定されているとする『前成説』（ぜんせいせつ）に対して，発生過程において環境の諸条件の影響を受けながら漸次（ぜんじ）形成されていくとするのが『漸成説』である。これを心理学にあてはめた。

(3) 老年期の発達課題

現代人の人生は多様化してきている。かつては，何歳で定年し，何歳で隠居するといった，おおよその年齢規範が確立していた。大多数の人が同じコースをたどって人生を形成したものであった。そして，そのコースからはみ出した少数派を逸脱者とも呼んだ。しかし，今日では長寿化に伴い，さまざまな人生のスタイルの選択肢が存在しており多様化している。

老年期の長期化はかつてとは比べものにならず，人生 100 年時代といわれるうになった。長寿化や高齢化は日本だけではなく国際的な課題になっており，近年では高齢者の研究は数多くあるが，科学者が高齢者に目を向けた歴史は長いというわけではなく，エリクソンによって始まったといってもよい。

ところで，カウフマン（Kaufman, S. R.）は，アメリカの高齢者の意識を研究する中で，エリクソンの考え方を展開させた。人は文化によって望ましいとされる道筋と，自分が歩んでいる実際の人生との間のギャップに気付く。そして，自分の生き方に迷い，悩み，挫折感を味わうことになる。一般に人は，文化的環境によって期待された生き方を生きたとき，自己完結観を抱く。人はそれぞれに，いかに生きるべきかをめぐる期待や規範に即して自分自身を語り，自らのアイデンティティをみつける。つまり，人は中年期から老年期へ移行し，老年期のステージに立たざるをえなくなったとき，統合したアイデンティティをつくりあげ，自分の歩んできた道筋について語り，残された人生に意味づけをするといった作業を通して，自分自身に新たな解釈をあたえるのである。文化的な道筋と現実の人生を照らし合わせ，自分の人生に再解釈を与えるとき，人は生き方についてのある「自己イメージ」を描くが，それは「そうありたい自己のイメージ」である。その「具体的なモデル」をカフマンは「自己像（self-concept）」と呼び，「現実の自己」と「自己イメージ」とのコミュニケーションによって自己像が生まれるとした。

「人間の老い」という複雑な現象を理解するためにも，自らの一生と折り合うとはどのようなことなのか，生涯にわたりどのような他者と出会い，長い時間をかけてどのような役割を演じてきたのか。自分が選んだり，他者から与えられたりした役割を演じる中で，その役割と自分との適合，不適合がわかるようになり，生涯にわたりアイデンティティを作り上げていくのではないか。

社会福祉に関わる仕事をすれば，多くの高齢者に出会うであろう。高齢者は人生の終わりに至る人びとというわけではない。確かに肉体的には衰えているかもしれない。しかし，高齢者も「発達中」の人間であり，まさに今，人生の統合に向けて人生に折り合いをつけようとしている存在なのである。

注）

1）森岡清美・望月嵩『新しい家族社会学　四訂版』培風館，1997 年，p.127。

参考文献

長谷川公一・浜出夫・藤村正之・町村敬志『社会学』有斐閣，2007 年

森下伸也『社会学がわかる事典』日本実業出版社，2000 年

エリクソン，E.H.・エリクソン，J.M.・キヴニック，H.Q. 著，朝長正徳・朝長梨枝子訳『老年期―生き生きしたかかわりあい―』みすず書房，1997 年

カウフマン，S.R. 著，幾島幸子訳『エイジレス・セルフ―老いの自己発見―』筑摩書房，1988 年

プロムナード

「人は一人では生きていけない」とか,「人は社会的存在である」といった言葉をよく聞くのではないかと思います。皆さんは LINE で友だちと連絡をとりあうことで楽しい時間を過ごしたり，時には誤解が生じて落ち込んだりするでしょう。良いこともあれば悪いこともあるけれど，コミュニケーション手段をもたない生活を想像することはできないのではないでしょうか。コロナ禍で仕事が在宅勤務になったり，学校が休校になったりして，対面でのコミュニケーションの量と質が低下してしまいました。また，多くの大学の授業がリモートで行われることになりました。意外にも学生からは「リモートの方が集中して勉強ができる」といった声も聞かれました。でも，考えてください。確かに「知識」は本を読んだり，リモートで授業を受けたりすることで身につくでしょう。しかし，そこに真の人間的な成長があるでしょうか。アイデンティティに向かい合う大切な青年期こそ，多くの他者と対面でかかわり，コミュニケーションを多くとることによって，人は成長していきます。コロナが収束したら，対面の直接的なコミュニケーションを存分に楽しみ，人間がいかに社会的な存在であるかを実感してください。

学びを深めるために

エリクソン, E.H.・エリクソン, J.M.・キヴニック, H.Q. 著，朝長正徳・朝長梨枝子訳『老年期―生き生きしたかかわりあい―』みすず書房，1997 年

高齢者の老年期にのみ着目するのではなく，人生（ライフサイクル）の最終段階で死の恐怖や身体の不調を感じながらも，自分を懸命に統合しようとする人間の努力と英知について考えさせられる。

役割取得の過程について，自分の体験などを踏まえて考察してみよう。

身近な高齢者に，これまでの人生についてお話を伺ってみよう。

福祉の仕事に関する案内書

「障害者のリアルに迫る」東大ゼミ著，野澤和弘編『障碍者のリアル × 東大生のリアル』ぶどう社，2016 年

第15章

相互行為

1　相互行為の概念と基礎理論

複数の人びとの間で取り交わされる社会的行為のやりとりを，相互行為 (interaction) という。interaction は相互作用と訳されることもある。広い意味ではコミュニケーションを含む。相互行為は，1 対 1 の対面的な状況をはじめとして，1 人対多数，多数対多数といったさまざまな規模や，何らかのメディアに媒介された非対面的な状況でも行われる。たとえば講義は，1 人の講師が多数の受講生に向かって話すという，1 対多数の相互行為である。一見，一方通行的なコミュニケーションのようではあるが，受講生たちの反応や受講態度が講師に何らかの影響を与えており，その意味ではある程度の相互性があるといえるだろう。また，現代では電話や SNS などを通じて，目の前にいない相手とやり取りすることも多い。本章では，このような相互行為をめぐる諸理論やさまざまな社会現象についてみていこう。

(1) 相互行為論の源流―ジンメルの形式社会学

相互行為に着目した社会学の祖は，ドイツの哲学者・社会学者ジンメル (Simmel, G.) である。ジンメルは，社会が諸個人の単なる集合ではなく，また逆に個人を超えて存在するものでもなく，諸個人の間の心的相互作用 (seelische Wechselwirkung) の反復によって形成されるものであると主張した。すなわち，人びとは互いに相互作用をしながら，親密さや敵対心などさまざまな心理で関わり合い，一定の関係を形成しているのであり，そうした不断に形成される人びとの関係こそが社会だということである。

人びとの間の関係は固定的なものではない。相互作用の繰り返しによって，生成したり，維持されたり，消滅したりするものである。したがって，社会は固定した実体のようなものではなく，たえず動的(ダイナミック)な過程にあるといえる。こうして，ジンメルは社会を「社会化」として捉え直した。

ところでこの社会化は，2 つの側面に分けて捉えることができる。ひとつは，人びとが関わり合う際の目的・関心という側面である。たとえば経済的利益や政治的目的，宗教的信仰心といったものがそれに当たる。これをジンメルは「社会化の内容」と呼ぶ。もうひとつの側面は，人びとがそれらの目的・関心を満たす際に，どのように関係し合うのかという側面である。たとえば上下関係や競争，模倣，分業，党派形成などがあげられる。これを「社会化の形式」と呼ぶ。たとえば企業や政党，宗教団体，サークルなどの集団は，それぞれ異なる目的・関心 (社会化の内容) のために結成されたものであるが，いずれの集団にも共通して，上下関係や分業，競争などといった社会関係 (社会化の形式) が見られる。これら 2 つの側面のうち，ジンメルが社会学の対象としたのは後者の「社会化の形式」である。かれは人びとの社会関係から社会化の形式を抽出し，それを社会学の対象にしようと提唱した。このように社会化の形式を研究するジンメルの社会学は，形式社会学と呼ばれる。

ただし「社会化」という言葉は，社会学の中で多様な意味で用いられている。とくに，人が社会や集団の規範や価値観，行動様式などを習得する過程を指して社会化（socialization）ということが多い。ジンメルの用語としての社会化は，それとは異なる意味なので，混同しないように注意が必要である。

以上のように，社会が形成される過程として相互作用を捉えるジンメルの発想は，のちにシンボリック相互作用論などに影響を与えていった。

(2) 相互行為の不確実性

1) ダブルコンティンジェンシー

相互行為は他者との間で取り交わされるものである以上，他者によって左右されるのが常であり，自分の思いどおりに相互行為が進むとは限らない。同じことは，相手にとってもいえる。

たとえば，あなたが道を通行していると，正面から人が歩いて来たとする。この人とぶつからずにすれ違うためには，どちら側に避(よ)けたら良いだろうか。このとき，自分がどちら側によければ良いかは，相手がどちら側に避けるかによって変わってくる。同じことは相手から見てもいえる。自分が避けたのと同じ方向に相手も避けてきて，それならばと逆に避けたらまた相手もそちら側に避けて，しばらく立ち往生してしまった，という経験はないだろうか。

このように相互行為では，自己の行為は他者の行為に依存し，逆に他者の行為は自己の行為に依存する。つまり相手の出方次第というわけである。このことを，アメリカの社会学者パーソンズ（Parsons, T.）はダブル・コンティンジェンシー（double contingency）（二重の条件依存性）と呼んだ。パーソンズによれば，このダブル・コンティンジェンシーがある限り，相互行為は偶然的で，無秩序なものになってしまうだろうと考えられる。

では，このダブル・コンティンジェンシーを解消する方法はないのだろうか。パーソンズは，相互行為の当事者の間に共通の価値観や規範が存在するとき，相互行為が秩序立って行われると考えた。お互いが価値観や規範を共有していれば，相手の行為が予期できるから，自分はそれに応じた行為を選択すれば良いことになる。そして同じことは相手から見てもいえる，というわけである。

一方，ドイツの社会学者ルーマン（Luhmann, N.）は，このダブル・コンティンジェンシーをむしろ相互行為が生じる契機と捉え直す。ダブル・コンティンジェンシーがあるからこそ，お互いの間でコミュニケーションが生じ，秩序を形成していくのだと考えるのである。

2) 囚人のジレンマ

ダブル・コンティンジェンシーと関連して，経済学のゲーム理論をはじめ社

合理的選択理論
人は自らの欲求を満たすために，可能な選択肢からもっとも合理的な行為を選択するという前提のもと，諸個人の合理的選択による行為の結果として社会現象を説明する理論の総称。経済学や政治学などでしばしば採用される考え方である。

会学の合理的選択理論や社会心理学でしばしば取り上げられる「囚人のジレンマ」というモデルを紹介しよう。

これは架空の設定であるが，AとBの2人がある犯罪の容疑者として逮捕され，別室で取り調べを受けている。取調官は，2人にそれぞれ次のように持ちかける。「もし相棒が黙秘を続けている間におまえが自白すれば，おまえだけ刑期を短くしてやろう。相棒は懲役10年だが，おまえは1年で出してやる。だが，もし逆におまえが黙秘を続けている間に相棒が自白すれば，相棒は懲役1年でおまえが10年だ。2人ともおとなしく自白したら，どちらも8年にしよう。ただ，2人とも黙秘を続けるなら，どちらも3年で出られる」と。表にすると下のとおりである。

図表 15－1　囚人のジレンマ

		容疑者B	
		黙秘	自白
容疑者A	黙秘	A：3年 B：3年	A：10年 B：1年
	自白	A：1年 B：10年	A：8年 B：8年

2人は別々に取り調べを受けているので，お互いに相談することができない。したがって，共犯者が黙秘するか自白するかは不確実である。まさに先程述べたダブル・コンティンジェンシーの状況である。

AとBの2人にとってもっとも得なのは，両者とも黙秘することである。しかし，もし相棒が自白するなら自分も自白しないと，もっとも長い10年もの懲役を受けなくてはならない。したがって，各自が自分にとって合理的な選択をしようとすると，2人とも自白してしまい，8年の懲役を受ける結果になる。2人がともに黙秘を続けていれば，いずれも3年で済むにもかかわらず，である。

このように，2人で協力的な選択をすれば双方にとって利益になるにもかかわらず，個人的な利益を求めることで結果的に自分にとっても不利益になってしまうというのが，囚人のジレンマのポイントである。

(3) 社会を作り合う相互行為

1) シンボリック相互作用論

相互行為は，単なる生理的な反応ではなく，言語やジェスチャーなどの意味をもったシンボルを媒介として行われる。そのことに着目して，アメリカの社会学者ブルーマー（Blumer, H.）がシンボリック相互作用論（Symbolic Interactionism）を提唱した。

シンボリック相互作用論は，次の3つのことを前提としている。(1) 人はさまざまな物事に対して何らかの意味づけを行い，その意味に基づいて行為している。(2) 物事の意味は，他者との社会的相互行為の中から生み出されるものである。(3) 物事の意味は人によって解釈され，解釈過程の中で変化する。

このような立場からすると，われわれ人間は与えられた社会秩序の中で生きているのではなく，われわれ自身が相互行為を通じて状況を意味づけ，それに基づいて状況に対処することによって，社会を主体的に形成したり変化させたりしているのである。

シンボリック相互作用論は，ミード (Mead, G. H.) から大きく影響を受けている。ミードは，人が他者と有意味シンボルを用いて相互行為をすること通じて社会的自我を形成するとともに，同時に社会を形成すると考えた。

2) ゴッフマンの演劇論的アプローチ

シンボリック相互作用論の潮流にも位置づけられるゴッフマン (Goffman, E.) は，対面的場面での相互行為を演劇に見立てて論じた。このような観点を，ドラマトゥルギー（演劇論）(dramaturgy) 的アプローチと呼ぶ。

ゴッフマンによると，俳優が観客（オーディエンス）に向かって演技（パフォーマンス）を見せるのと同じように，相互行為における行為者は，オーディエンスとしての相手に対し，状況に応じた演技をすることによって，自分はこのような人物であるという自己呈示 (self presentation) を行っている。

たとえば就職のための面接を受けるとき，真面目で意欲のある人物として，自分を面接官に印象づけようとする。男の子に気に入られたい女子が，家庭的な一面を見せたり，わざと知識や運動能力を低く見せたりする。そうした際，相手に与えたい印象と矛盾するような自己の一面は，周到に隠されるだろう。このように，自分の言動を管理して，相手に与える印象をコントロールすることを，印象操作 (impression management) という。

他者に映る自己像の管理は，スティグマ (stigma) をもった人にとっては，とくに重要な問題である。スティグマとは，烙印や汚名という意味の言葉であるが，ゴッフマンは他者からの評判を落とすような (discreditable) 特徴のことを指してスティグマと呼ぶ。身体障害などのように外見でわかるものもあれば，社会的出自や性的指向などのように外見ではわからないものもある。ただし，ある特徴がスティグマになるのは，それを他者が否定的に見るからにほかならず，その特徴自体がスティグマというわけではない。同じ属性が，状況によってスティグマになる場合もあればならない場合もある。

スティグマをもった人は，そのスティグマを相手に気づかれないように慎重な自己呈示をして，その場その場の相互行為を切り抜ける傾向がある。これをパッシング (passing) という。これは自分のアイデンティティが他者の否定的なまなざしによって傷つけられることを回避するための，ひとつの対処戦術である。

印象操作は，たんに自分を有利にするために行われるだけではない。その場で他者から期待される役割を演じる際にも必要である。たとえば学校で教師は，教師として期待される人物像を演じることで，教師としての役割（授業や保護者対応）を務めることができる。このとき，教師に相応しくないと見られる一面は隠しておかなければならない。

しかしまた，人はかならずしも期待されたとおりに役割を演じるわけではない。あえて期待される人物像と自己とのギャップを表現することがある。そのことによって，自分はこの役割に収まるような人間でないという自己呈示を行うのである。このとき表現されている役割と自己とのギャップのことを，役割距離（role distance）と呼ぶ。

3) エスノメソドロジーと相互行為秩序

われわれは，さまざまな社会的場面で相互行為をしている。たとえば学校の授業，病院での診察，商店での買い物，就職の面接などがあげられるが，これらの社会的場面では，それぞれにふさわしい仕方でおおむね秩序立った相互行為が行われている。そのような相互行為の秩序がどのように成り立っているかを研究するアプローチとして，エスノメソドロジー（ethnomethodology）がある。

たとえば，ある人が「いま何時ですか」と尋ねると，相手は「10 時です」と答えた。それに対して，質問した人は「ありがとう」と礼を言う。これはごく自然な会話の流れであろう。では，次のような会話はどうか。「いま何時ですか」に対し「10 時です」と答えたら，「よくできました」と返ってくる。これは一般的には変な会話と思われるかもしれないが，ある特定の場面，たとえば小学 1 年生の授業で時計の読み方を学習しているときなら，違和感がないだろう。学校の授業では，答えを知っている人（教師）が質問する。そしてそれに対する答えを，質問した側が評価するのである。このような形の会話が自然なものと受け入れられるのは，その場が授業だからこそであり，逆に授業という社会的場面は，このような形式の会話によって秩序づけられているのである。

このように，相互行為の仕方は社会的場面によって異なり，また逆に諸々の社会的場面は特有の相互行為の仕方によって「それらしく」作られていく。すなわち，社会的場面の秩序は，外部から与えられたものではなく，そこに参加する人びとによって共同で達成されているのである。人びとがいかにして社会的場面を秩序立ったものにしているのか，その方法を「エスノメソッド（人びとの方法）」と呼ぶ。

エスノメソドロジーは，ガーフィンケル（Garfinkel, H.）によって提唱され，その後，会話分析などの手法が発展して，さまざまな領域における相互行為を分析している。

会話分析

エスノメソドロジーの研究法の一種。会話を正確に書き取ったデータを分析することを通して，相互行為としての会話が，参加者たちによってどのように組織化されているかを明らかにする。その技法は，学校教育や医療，福祉など，さまざまな場面での相互行為の分析に適用されている。

2 コミュニケーションとメディア

コミュニケーションは，人と人との間で言語や身振りなどをやり取りして情報を伝えるという意味では，相互行為の一種といって良いだろう。ここではコミュニケーションに関する理論と，現在のコミュニケーションの動向について見ていく。

(1) コミュニケーション的行為

一口にコミュニケーションといっても多様であるが，そのうち特定の条件を満たすコミュニケーションに注目し，それに理想的な社会形成への期待を託した理論がある。ハーバーマス（Habermas, J.）が主張したコミュニケーション的行為（communicative action）の理論である。

ハーバーマスは，対等な立場での話し合いにより相互に了解しあって合意することを目指す行為を，コミュニケーション的行為と呼んだ。これと対比されるのが戦略的行為である。

人が単独で，自分の思い通りのことを実現しようと思えば，その目的をもっとも効率的に達成するために，人や物をコントロールして道具のように用いるだろう。たとえば金の力や権力を使って他者を動かしたりする。そういった行為が戦略的行為である。戦略的行為は，目的のために効率的な手段を選択するという目的合理性に基づいている。

ハーバーマスによると近代社会は，市場経済や国家といったシステムが，人びとの生活世界から独立して肥大化し，貨幣や権力といった媒体を介して人びとの行為を調整するようになった。これをハーバーマスは，「システムによる生活世界の植民地化」と表現する。システムの領域は，まさに目的合理性に基づく戦略的行為を原理とする世界である。

他方で生活世界の方も変化してきた。かつては伝統や慣習によって人びとの行為が調整されていたが，近代社会では伝統や慣習が自明性を失い，より合理的な（理に適（かな）った）規範によって行為を調整することが求められるようになってきた。そこで人びとが相互に理性的なコミュニケーションを通して合意を形成し，それによって行為を調整すること（コミュニケーション的合理性）が必要となる。

理性的なコミュニケーションの条件として，発言内容の客観的真理性，規範的妥当性，主観的誠実性という３つの妥当性要求があげられる。コミュニケーション的行為においては，お互いの主張がこれらの要求を満たすように努める必要があり，相手からの批判に対してオープンでなくてはならない。

ハーバーマスにとってコミュニケーション的行為は，システムに依存することによって分離された諸個人が，ふたたび相互に承認しあい共同で生活世界を形成していくことにつながるものである。

(2) コミュニケーション・メディアの発展

近代以降，情報を広く伝えるメディアは，新聞・雑誌からラジオ，テレビ，そしてインターネットまで，著しい発達を遂げてきた。マクルーハン (McLuhan, H. M.) が「メディアはメッセージである」というキャッチーな表現で指摘したように，メディアの技術はそれ自体がいわばメッセージとして，人間の感覚を拡張し，思考や行動を変えてきた。では，メディアの発達によって人びとのコミュニケーションのあり方はどのように変わったのであろうか。

とくにラジオやテレビなどのマス・メディアを通じたマス・コミュニケーションの発達により，不特定多数の人びとへ一斉に情報やメッセージが送信されるようになった。このことは同時に，マス・メディアの流す情報やメッセージが多くの人びとに一方的な影響を与え，大衆を誘導する可能性をもっていることをも意味する。とくに世論形成という面についていえば，ハーバーマスは，かつてヨーロッパの市民が新聞を読んでサロンやカフェで議論する中で世論を形成していたことと対比して，現代の大衆は相互の議論のないままマス・メディアからの情報を個別に消費するだけになってしまったと指摘した。

ただし，マス・メディアからの情報は，かならずしも人びとに直接に影響を与えるわけではないし，また情報の受け手も完全に受動的なわけではないという見解もある。ラザースフェルド (Lazarsfeld, P. F.) らは，マス・メディアからのメッセージは不特定多数の諸個人に直接影響を与えるのではなく，オピニオン・リーダーを経由して諸個人に届くのだという仮説を提起した。この仮説をコミュニケーション 2 段の流れ (two-step flow of communication) と呼ぶ。また，受け手の能動性に注目し，受け手がマス・コミュニケーションをどう利用し，どのような満足を得ているかという「利用と満足」研究も行われている。

マス・コミュニケーションは，新聞社・出版社や放送局といった企業が一方向的に情報を発信する。もちろん読者や視聴者が投稿などで参加する機会もあるが，それを発信するのはあくまでも企業側である。このような一方向のコミュニケーションに対し，双方向性という特長をもって台頭してきたのが，インターネットである。

当初はパソコンのみで利用していたインターネットだが，現在では携帯電話やスマートフォン，タブレットなどさまざまな端末で手軽にインターネットに接続できる。とりわけスマートフォンの登場は，インターネットの利便性を飛躍的に向上させたといえよう。

インターネットは，テレビやラジオと異なって，誰もが不特定多数に向けて情報やメッセージを発信できる可能性を持っている。そのことから，従来マス・メディアが提供できなかった，開かれた議論の場としての公共圏を再生する可能性を，インターネットに期待する見解もある。しかし他方で，インターネット上では誹謗中傷やいじめ，性的被害，誤情報や個人情報の拡散などが横行している現実がある。また，インターネットを使いこなすには，情報機器の所有や通信環境，情報機器の操作への習熟などの条件を満たす必要があるが，それらの条件の格差が，デジタル・ディバイドとして問題になる。

(3) 個人間コミュニケーションの変容

他方，メディアの発達は個人間のコミュニケーションも変容させてきた。電話が普及して以来，地理的に離れた人同士の会話が可能になった。しかしその電話も，長い間，オフィスや家庭などの場所に固定されていたし，その集団の中で共同使用されていた。たとえば友人や恋人と電話で話そうと思えば，相手の家に電話をかけ，相手の家族が出たら本人に取り次いでもらわなくてはならなかったのである。したがって，誰から誰に電話があったのかを家族内で相互に把握することも容易であった。同様のことは手紙についてもいえる。手紙を郵送するには，相手の住所に送らなくてはならない。その場合，本人が直接受け取るとは限らず，場合によっては相手の家族が受け取って，誰に誰から届いた手紙かを確認するかもしれない。

やがて電話は，無線通信により持ち運んで使用することが可能となった。次第に小型化・軽量化していき，「携帯電話」として普及していった。個人単位で所有するようになったことから，本人に直接電話をかけることができるようになった。

また，デジタル化・多機能化が進み，インターネットに接続してさまざまな利用方法が可能にもなった。音声での通話だけでなく，メールで文字や画像を送受信することもできる。そのため，通話することがマナー違反となるような場所（電車の中など）でも連絡を取り合えるのである。現在では，スマートフォンの普及により，さらに利用の幅が広がっている。もはや携帯電話はたんなる電話ではない。

このような携帯電話・スマートフォンの普及により，コミュニケーションのあり方はどのように変容したのだろうか。上述してきたように，個人間のコミュニケーションは空間の制約や集団の境界から解放されてきた。その反面，同じ空間を共有している他者よりも，遠く離れた相手との相互行為を優先させることにもつながる。さらに近年では，SNS（social networking service）を利用することによって，日常的に対面的な接触のない人びととの間で交流を維持したり，新たなつながりを形成したりすることも容易になってきている。まさにインターネットを通じた社会的ネットワーク（social network）である。

このようにメディアを用いたコミュニケーションが浸透した現状に対して，対面的な人間関係が希薄化するのではないかと思われがちであるが，多くの人びとは対面的なコミュニケーションとメディアを介したコミュニケーションを併用しており，かならずしも対面的な人間関係が衰退しているとはいえない。

また，インターネットを通じた個人間のコミュニケーションは，マス・コミュニケーションの利用の仕方をも変化させてきた。たとえばテレビで放送された話題をSNSで共有しあったり，テレビで報じられたことについてインターネットの掲示板に意見を書き込んだりといったことがみられる。先ほど言及した「コミュニケーション2段の流れ」が，今日ではSNSを通じて行われているといえるかもしれない。また逆に，インターネット上で話題になっていることがテレビ番組に取り上げられることも多くなっている。

3　現代における社会関係の諸相

以上，人と人との間で取り交わされる相互行為やコミュニケーションについて述べてきたが，最後にもう少し範囲を広げて，現代社会における人間関係の傾向についていくつか取り上げていくことにしよう。

人間関係は，仕事や買い物などある特定の目的のために一面的または一時的に関わるような関係がある一方，友情や愛情といった感情をもって親しく関わる親密な関係もある。たとえば夫婦・親子といった家族関係や，恋愛関係，友人関係が後者にあたる。

ギデンズ（Giddens, A.）はとくに恋愛関係や婚姻関係に焦点を当てて，親密な関係が現代社会でいかに変容してきたかを論じた。近代になって普及した家族の形である近代家族は，家を受け継いでいくという必要性から解放され，恋愛を通じて自由に結婚相手を選ぶようになった。男女が恋愛の末に結婚して家族を築くことを理想とするようになった（「ロマンティック・ラブ」イデオロギー）。しかし同時に近代家族は，性別分業などの男女不平等な因習をともなうものであった。

後期近代
現代の社会状況を，「ポスト・モダン」すなわち近代が終焉した時代として捉える考え方があるのに対し，ギデンズらはむしろ近代的な原理がさらに徹底化した時代ととらえ，「後期近代」あるいは「第2の近代」と呼ぶ。

後期近代では，より純粋な関係性（pure relationship）が志向される。すなわち性別分業のような社会の制度や慣習といった外部の圧力を，2人の愛情にとって不純物として排除し，相手との関係それ自体を目的とした「特別な関係」を求めるのである。ギデンズはこのような愛情関係を，ロマンティック・ラブと対比してコンフルエント・ラブ（confluent love）と名づけた。コンフルエント・ラブは，因習に囚われない自由な関係性であるので，異性愛に限定されることもない。しかしその反面，制度や慣習といった外部の支えを失っているため，不安定な関係とならざるをえない。どちらか一方が関係のあり方に満足しなければ解消されてしまうのである。そこで関係の解消を恐れるあまり，たとえばDVをふるうパートナー（配偶者や恋人）と関係を断つことができないなど，共依存に陥るケースがしばしばみられる。

ところで，親密な関係は恋愛や婚姻関係だけではなく，親子関係や友人関係もある。親子関係においては児童虐待が，また友人関係においてはいじめが問題化されている。いずれも，お互いの心理的距離が近いという親密な関係の特性に根ざした問題であると考えられる。

最後に，近年社会問題として取り沙汰される「ひきこもり」について触れておこう。さまざまな社会関係から長期にわたって撤退した状態が，ひきこもりと呼ばれる。ひきこもりの状況やひきこもったきっかけは人それぞれであって，安易に一般化することは慎むべきであろう。むしろ，いったんひきこもり状態になった人がふたたび社会参加することを困難にしている状況があることに，注意を要する。学校を卒業してすぐ就職するといった，社会の中で標準的とされるライフコースを歩まねばならないという圧力を感じながら，それができていない自分自身との間に葛藤を経験しているケースもみられる。また，ひきこもり状態にあること自体がスティグマとなって，他者との関係が困難になっている場合もある。つまり，ひきこもりに対する否定的なまなざしが，ひきこもり状態をかえって助長しているという面があるのではなかろうか。

参考文献

長谷川公一・浜日出夫・藤村正之・町村敬志『社会学』有斐閣，2007 年

串田秀也・好井裕明 編『エスノメソドロジーを学ぶ人のために』世界思想社，2010 年

石川良子『ひきこもりの〈ゴール〉―「就労」でも「対人関係」でもなく』青弓社，2007 年

プロムナード

この本を執筆している 2021 年現在，新型コロナウイルス感染拡大の影響で，人びとの空間的な近接を避けることが求められています。大学の授業や会社の会議，パーティなど，通常は対面で行っていたさまざまなことが，インターネットを通じてオンラインで行われています。また，人と接近する際にはマスクの着用が必須となっています。

これは異例の事態ではありますが，このことが逆に，相互行為において対面であること，同じ空間に居合わせることの意義について，改めて考える機会を提供してくれたともいえるでしょう。授業はオンラインや動画配信でできても，学校に行ってお互いに会うことができない状況では，友達ができないという悩みを抱える学生が多くいました。コミュニケーション・メディアが発達した現在でも，対面的な人間関係へのニーズは依然として大きいようです。メディアを介して遠隔で相互行為するのと，相手を直接知覚できる距離で対面的に相互行為するのとでは，どのような違いがあるでしょうか。ぜひ考えてみてください。

学びを深めるために

長谷正人・奥村隆編『コミュニケーションの社会学』有斐閣，2009 年

文字どおり，コミュニケーションをテーマとした社会学のテキストですが，本章で相互行為または相互作用として扱った領域全般を含みます。さまざまなコ

ミュニケーションや相互行為のあり方を，多面的に考察しています。

菅野仁『友だち幻想―人と人の〈つながり〉を考える』筑摩書房，2008 年

2008 年に刊行された本ですが，およそ 10 年後に突如ベストセラーになりました。「みんなと仲良く」「理解しあう」ことが求められがちな中にあって，距離をもった人間関係の必要性を説いています。主に中・高校生に向けて書かれたものではありますが，社会学の知見を踏まえて現代の人間関係について考察した本として，参考になるでしょう。

いくつかの異なる社会的場面（たとえば家族の会話，学校での授業，福祉の現場など）を取り上げ，それらの場面で相互行為の仕方にどのような違いがあるか，本章で学んだ視点を用いて考えてみよう。

福祉の仕事に関する案内書

庄司洋子編『親密性の福祉社会学―ケアが織りなす関係』東京大学出版会，2013 年

人名索引

ア行

イリッチ, I.　33
ウェーバー, M.　4, 7, 16, 31, 53, 79
ウォーラーステイン, I.　56
エスピン-アンデルセン, G.　115
エリクソン, E.H.　153, 165
エンゲルス, F.　3, 7, 54
大野晃　82
オグバーン, W.F.　89
オルデンバーグ, R.　122, 134

カ行

カウフマン, S.R.　167
ガーフィンケル, H.　6, 174
ギデンズ, A.　6, 9, 178
クーリー, C. H.　27, 162
コーザー, L. A.　29
ゴッフマン, E.　6, 33, 129, 173
コリンズ, R.　108
コント, A.　2, 7

サ行

サムナー, W. G.　15, 28
シモン, S.　7
ジンメル, G.　4, 7, 16, 29, 42, 79, 162, 170
スペンサー, H.　3, 7

タ行

デュルケム, É.　3, 7, 16, 42, 53, 129
テンニース, F.　4, 7, 27, 52
トフラー, A.　54
富永健一　53

ハ行

パーク, R.E.　58, 80
バージェス, E.W.　80, 90
パーソンズ, T.　6, 8, 12, 16, 88, 90, 171
パットナム, R.D.　83, 111
バーナード, C.I.　30
ハーバーマス, J.　8, 119, 175
パレート, V.　52
フーコー, M.　5, 8
ブース, C.　4, 7
フッサール, E.G.A.　164
ブルデュー, P.　6, 8, 108
ブルーマー, H.　172
フロム, E.　5, 8, 20
ベッカー, H.S.　129
ベック, U.　5, 6, 9
ベル, D.　55
ホッブス, T.　16
ホワイト, Jr. W.H.　31

マ行

マクルーハン, H.M.　176
マッキーバー, R.M.　28, 79
マードック, G.P.　88
マートン, R.K.　6, 8, 12, 32, 35
マルクス, K　4, 18, 42
マルサス, T.　40
マンハイム, K.　5, 8
三浦文夫　148
ミード, G.H.　162, 173
ミルズ, C.W.　6, 8
メイヨー, G.E.　29
森岡清美　86

ヤ行

ヤング, M.D.　107

ラ行

ラウントリー, B.S.　4, 154
ラザーズフェルド, P.F.　176
リースマン, D.　20, 42
リトワック, E.　88
ルーマン, N.　5, 22, 171
レヴィ・ストロース, C.　5, 8
レスリスバーガー, F.J.　29

ワ行

ワース, L.　42, 80

事項索引

あ行

IT　54
アイデンティティ　165
アウトサイダーズ　129
アソシエーション　28, 79
新しい社会運動　119
アノミー　4
アーバニズム　80
アンダークラス　19
家　87
育児・介護休業法　45, 92, 145
育児不安　165
依存症　140
一億総活躍社会　48
一億総中流　100
189（いち・はや・く）　95
逸脱　129
5つの疾病　138
1.57ショック　44
一般化された他者　164
イデオロギー　21
居場所　132
入会地　121
印象操作　173
インフォーマル集団　29
失われた10年　152
SSM調査（社会階層と社会移動全国調査）
　5, 20, 100, 104, 109, 110
A·G·I·L　8, 16
SNS　177
SDGs　69
エスニシティ　59
エスニック・マイノリティ　111, 134
エスノメソドロジー　6, 174
エッセンシャルワーク　145
M字カーブ　145
M字型就業　106
エリートの周流　52
LGBT　130, 131
オーガニゼーション・マン　31

か行

介護　94
皆婚社会　92, 155
外集団　28
海洋プラスチック問題　69
会話分析　174
鏡に映った自己　162
核家族　88
　――の孤立化　88
格差　133
格差社会　134
各種の公害問題　120
拡大家族　88
学歴格差　109
過疎化　81
家族　27, 86, 131
家族機能の外部化　155
家族機能の縮小　89
家族周期（ファミリー・ライフサイクル）　154
過疎地域活性化特別措置法　82
過疎地域自立促進特別措置法　82
過疎地域振興特別措置法　82
過疎地域対策緊急措置法　82
過疎と過密　81
過労死　138, 148
環境問題　70
関係人口　82
間主観性　164
完全雇用　115
官僚制　31
　――の逆機能　31
機械的連帯　4, 7, 53
気候と気象　67
気候変動　67
機能　12
機能集団　28, 33
機能要件　16
規範　14
客我（Me）　164
逆機能　12
虐待　95
キャリアコンサルティング　147
旧中間階級　19
教育格差　106
共助　73, 79, 83
業績主義（メリトクラシー）　5, 107
協働　123
京都議定書　67
共有地の悲劇　122
ギルド　116
近代化　52
グランドセオリー　6
グローカリゼーション　56
グローバリゼーション（グローバル化）　6, 56
グローバルエイジング　61
グローバル・シティ　56
グローバルなケアチェーン　58
経済開発協力機構（OECD）　94, 102, 146
経済指標　21
形式社会学　4, 7
ゲゼルシャフト　4, 7, 27, 52
結婚　156
結婚歴　156
ゲノッセンシャフト　4, 27
ゲマインシャフト　4, 7, 27, 52
権威主義的パーソナリティ　5, 20
限界集落　81, 82
健康　138

健康格差　110, 111
健康保険　141
顕在的機能　13
行為　12
公害　70, 71, 120
後期近代　6, 9, 178
公共　121
工業化　18
公共空間　121
公共職業安定所　139
合計特殊出生率　38, 40
公助　73, 83
構造　12
構造機能分析　6
構造主義　5, 8
高年齢者雇用確保措置　146
合法的支配　31
甲羅のない蟹　5
合理化　53
合理的選択理論　172
行旅死亡人　157
国際移民　57
国際結婚　130
国債発行残高　118
国勢調査　41, 46, 86, 90, 157
国民所得　115
国民生活指標（NSI）　22
国民福祉指標（NNW）　22
国民の連帯と相互扶助　117
50 歳時点未婚率　46, 92, 155
個人化　154, 159
個人形成　162
子育て安心プラン　48
ごっこ遊び　162
孤独　132
孤独な群衆　20, 42
子ども食堂　124, 134
子どもの貧困　94, 102, 109
コーホート効果　153
コミュニケーション　164, 175
――2 段の流れ　176
コミュニケーション的行為　175
コミュニティ　28, 78
雇用格差　103
雇用保険　146
孤立死　132
混合福祉（福祉ミックス）　117

さ行

災害　72
災害支援ボランティア　74
災害弱者　73
再帰的近代化　6
在留外国人　60
搾取　19
サードプレイス　122, 134
3R と 4R,2R　68
産業化　18, 53
サンクション　15
三歳児神話　92
三種の神器　100
漸成的発達理論　166
三段階の法則　3
参与観察　129
GNP　21
ジェンダー　92, 105
シカゴ学派　58, 80, 129
資源動員論　119
自己アイデンティティ　33
自己像　167
自己呈示　34, 173
自殺　140
自主防災組織　78
自助　73, 83
自助・共助・公助　72, 83
私傷病　140
システムによる生活世界の植民地化　175
自然増加　40
持続可能な開発　66
自治会　78
失業　148
しつけ　165
実証主義　2
GDP　21
児童虐待　95, 165, 179
児童虐待防止法　95, 165
ジニ係数　101
社会意識　20
社会移動　20
社会運動　119
社会化　7, 162, 170, 171
――の形式　7, 170
社会化（socialization）　14, 164, 171
社会階級　18
社会階層　19, 104
社会学　3
社会関係資本（ソーシャル・キャピタル）　83, 111, 128, 134, 157
社会経済的地位　20
社会形成　162
社会構造　52
社会支出　116
社会システム論　6, 12, 22
社会指標　21
社会集団　26
社会進化論　3, 7
社会成層　19
社会増加　40
社会的行為　4
社会的孤立　132, 152
社会的自己（社会的自我）　162, 166, 173
社会的事実　4
社会的ジレンマ　71
社会的性格　8, 20, 42
社会的相互作用　4, 164
社会的相互作用論　4, 6

社会的存在　2
社会的地位　19, 107
社会的統合　124
社会的ネットワーク　177
社会的排除　128
社会的包摂　124, 129
社会統制　16
社会の反映を妨げている5つの巨人　114
社会分業論　7, 53
社会変動　52
社会保険労務士　142
社会保障給付費　48, 116
社会保障制度　116
社会民主主義レジーム　115, 116
社会的有機体論　7
自由主義レジーム　115, 116
就職氷河期　103, 147, 152
囚人のジレンマ　171
修正拡大家族　88
就労支援　139
受益圏 - 受苦圏論　71
主我（I）　164
主観的自己　166
呪術からの解放　53
循環型社会　68
準拠集団　35
準市場　117
障害者　138
生涯発達論　166
生涯未婚率　92, 156
少産少死　42
少子高齢化　38
女性の活躍推進　145
情報化　54
所得格差　100
新型コロナウイルス感染症　72
人口学　40
人口減少　38
人口構造　40
人口置換水準　41, 44
人口転換　42
人口動態　40
人口の概念　41
人口ピラミッド　41
人口変動　40
人口問題　40
人口論　40
新三種の神器　100
人種編成　59
人生100年時代　138, 166
新中間階級　19
心的相互作用　4, 7, 170
シンボリック相互作用論　4, 171, 172
診療報酬　140
スティグマ　34, 129, 173
ステップ・ファミリー　91
生活の質（QOL）　22
生活保護　116
生活様式　14
正規雇用　146
生産年齢人口　39
生殖家族　89
制度から友愛へ　90
生物多様性　67
石油危機　116, 117
セクシャル・マイノリティ　130, 131
世帯　86
世代間移動　20
世代間交流　156, 157
潜在的機能　13
潜在的パターンを維持する機能（L）　17
全制的施設　33
相互行為　12, 13, 113, 170
相互作用　13, 170
総有　122
属性主義　107
組織　30
ソーシャル・キャピタル　83, 113, 157

た行

第一次集団　27
待機児童対策　48
第三の波　54
第二次集団　27
第二次臨時行政調査会　117
第二の人口転換　44
多産少死　42
多産多死　42
脱工業社会　55
ダブルケア　94
ダブル・コンティンジェンシー　171
多文化共生社会　60
団塊の世代　46, 81, 152
短期入所生活介護と短期入所療養介護　119
男女共同参画社会　93
男女雇用機会均等法　92
地位　13, 163
地域　78
地域共生社会　83
地域社会　78
地域福祉活動計画　134
地域福祉計画　83, 134
地球温暖化　66
地球サミット　66
秩序問題　16
中範囲理論　6
超高齢社会　41
町内会　78
直系家族　89
直系家族制　87
通貨危機　116
定位家族　89
DV 防止法　95
DINKS　154
適応（A）　16
同化理論　59

統合（I）　17
同心円地帯理論　80
特定非営利活動促進法（NPO 法）　83
特別永住者　60
ドメスティック・バイオレンス（DV）　95
ドラマトゥルギー　173

な行

内集団　28
中仙道妻籠宿　120
ナショナル・ミニマム　114
難病　139
難民　57
2030 アジェンダ　69
2025 年問題　152
ニッポン一億総活躍プラン　49, 83, 140
日本型福祉社会論　118
日本創生会議　38
認知症　94
ネットワーク型組織　33
年金医療介護保険給付費　116
年少人口　39

は行

パッシング　173
発達課題　153, 166
8050 問題　94
パートナーシップ制度　131
パブリックなオープンスペース　121
パラサイト・シングル　152
パリ条約　67
ひきこもり　152, 179
晩婚化　155
非正規雇用　146
ひとり親家庭　93, 94
避難行動要支援者　73
琵琶湖の水の再生運動　120
貧困　128, 133
　――の文化　133
貧困線　154
貧困問題　134
貧困率（相対的貧困率）　94, 102
ファミリー・ライフサイクル　153
夫婦家族　89
夫婦家族制　87
フォークウェイズ　15
複合家族　89
複合家族制　88
福祉国家　114, 118
福祉指標　21
福祉社会　114, 118
福祉多元主義　117
福祉見直し　117
復旧と復興　74
復興　74
プッシュ＝プル理論　58
フランクフルト学派　5
ブルジョアジー（資本家）　18
プロレタリアート（労働者）　18
文化　14
文化資本　9, 108
文化的再生産　6, 9
平均寿命　41, 138
平均初婚年齢　46, 91, 156
ヘイトスピーチ解消法　60, 135
ベヴァリッジ報告　114
ベビーブーム　41, 44
方法論的関係主義　16
方法論的個人主義　16
方法論的集合主義　16
母子密着　155
保守主義レジーム　115, 116
ホーソン実験　5, 29
ボランタリー・アソシエーション　33
ボランティア元年　74, 83

ま行

マイノリティ　130
マス・コミュニケーション　176
未婚化　91
水俣病　120
無縁社会　132, 156
メリトクラシー　107
面前 DV　95
目標達成（G）　16
モーレス　15

や行

役割　14
役割葛藤　14, 164
役割期待　14, 163
役割距離　174
役割取得　14, 162
役割遂行　14, 163
役割認知　163
夜警国家　114
ヤングケアラー　94
有意味シンボル　164
有機的連帯　7, 53
優生思想　43
優生保護法　43
唯物史観（史的唯物観）　4
要配慮者　73

ら行

ライフイベント　153
ライフコース　106, 145, 152, 153, 154
ライフサイクル論　153
ライフスタイル　111
ライフステージ　153
ラベリング理論　129
ラムサール条約　68
理解社会学　7, 16
離婚　93
リサイクル　68
リスク社会　9

リデュース　68
リビドー発達論　166
リユース　68
レスパイト・サービス　164
労働基準監督署　142
労働者災害補償保険　143
老年期の発達課題　166
老年人口　39
老老介護　94
6次産業　82
ロスト・ジェネレーション（失われた世代）　152

わ行

ワーキングプア　134
ワークライフバランス　143

［編著者紹介］

山西裕美（やまにしひろみ）

1995年大阪大学大学院社会福祉学部人間科学研究科社会学専攻博士課程後期単位取得満期退学

現　職　熊本学園大学社会福祉学部教授

資　格　一般社団法人社会調査協会専門社会調査士

主　著　『阪神・淡路大震災の社会学第2巻　避難生活の社会学』（共著）昭和堂　1999

『社会福祉の動向と課題』（共著）中央法規　2002

『家庭内の暴力とファミリーサポート』（編著）中央法規　2005

『論点ハンドブック　家族社会学』（共著）世界思想社　2009

『社会理論と社会システム（第2版）』（共著）学文社　2013

玉里恵美子（たまざとえみこ）

1993年龍谷大学大学院文学研究科社会学専攻博士課程後期単位取得満期退学

博士（社会学）

現　職　高知大学地域協働学部教授

資　格　一般社団法人社会調査協会専門社会調査士

主　著　『高齢社会と農村構造』（単著）昭和堂　2009

『集落限界化を超えて』（単著）ふくろう出版　2009

『社会理論と社会システム（第2版）』（共著）学文社　2013

『よくわかる現代家族（第2版）』（共著）ミネルヴァ書房　2016

『小さな拠点を軸とする共生型地域づくり』（共著）晃洋書房　2018

社会学と社会システム

2021年4月20日　第1版第1刷発行

2024年1月30日　第1版第4刷発行

編著者　山　西　裕　美

玉　里　恵美子

発行者　田　中　千津子

発行所　㈱　学　文　社

郵便番号　153-0064　東京都目黒区下目黒3-6-1

電話（03）3715-1501（代表）振替　00130-9-98842

https://www.gakubunsha.com

乱丁・落丁本は，本社にてお取替致します。　印刷／新灯印刷株式会社

定価はカバーに表示してあります。〈検印省略〉

ISBN 978-4-7620-3082-6